校企合作电子商务专业精品教材

互联网+教育改革新理念教材

# 移动电子商务

主编 张冠凤 邱新泉 彭 宁

江苏大学出版社
JIANGSU UNIVERSITY PRESS
镇 江

## 内 容 提 要

本书采用任务情景的教学方式，全面系统地阐述了移动电子商务的相关概念与实践应用。全书共分为 7 个项目，内容涵盖：移动电子商务概述，移动电子商务技术基础，移动银行与移动支付，微商店铺的创建与运营，移动营销基础知识与微信营销，微博营销、App 营销和 LBS 营销，以及移动电子商务安全管理。

本书内容全面、学练结合、紧跟时代、实用性较强，可作为电子商务及相关专业学生学习移动电子商务的实用教材，也可作为电子商务相关工作人员的参考用书。

## 图书在版编目（ＣＩＰ）数据

移动电子商务 / 张冠凤，邱新泉，彭宁主编. -- 镇江 ：江苏大学出版社，2017.8（2023.6 重印）
ISBN 978-7-5684-0484-6

Ⅰ . ①移… Ⅱ . ①张… ②邱… ③彭… Ⅲ . ①电子商务 Ⅳ . ①F713.36

中国版本图书馆 CIP 数据核字(2017)第 186055 号

**移动电子商务**
Yidong Dianzi Shangwu

主　　编 / 张冠凤　邱新泉　彭　宁
责任编辑 / 吴昌兴　郑芳媛
出版发行 / 江苏大学出版社
地　　址 / 江苏省镇江市京口区学府路 301 号（邮编：212013）
电　　话 / 0511-84446464（传真）
网　　址 / http://press.ujs.edu.cn
排　　版 / 北京京华铭诚工贸有限公司
印　　刷 / 北京京华铭诚工贸有限公司
开　　本 / 787 mm×1 092 mm　1/16
印　　张 / 14.25
字　　数 / 329 千字
版　　次 / 2017 年 8 月第 1 版
印　　次 / 2023 年 6 月第 11 次印刷
书　　号 / ISBN 978-7-5684-0484-6
定　　价 / 45.00 元

# 前言
## PREFACE

移动电子商务是在移动通信技术、互联网技术和电子商务技术不断融合、发展的基础上产生的全新商务模式，其展现出的灵活、便捷、高效等特点，使人们越来越热衷于通过各种移动终端进行相关的商务活动，因此在世界范围内得到迅速推广。

我国移动电子商务市场成长迅速，大量新技术、新模式、新企业和新业务不断涌现。这些新事物不仅推动了消费者的消费习惯向"移动化"转变，也深刻地改变了传统电子商务的方式、方法和发展方向。

移动电子商务在我国发展如此迅猛，以至于引发了移动电子商务技能型人才的巨大需求。目前，各院校都很重视移动电子商务应用型和技能型人才的培养，在移动电子商务课程的教学中，他们通过校企合作或鼓励学生尝试使用移动电子商务平台进行创业等方式，积极培养应用型和技能型的移动电子商务人才。

但是，传统的移动电子商务教材以讲解移动电子商务的基本原理、支持技术、安全策略、平台构建和智能终端等 IT 技术为主，内容不实用且晦涩难懂，不适合新时代的学生使用。基于以上考虑，本书从实用的角度出发，简讲移动电子商务的技术和原理，以移动平台和功能的使用作为内容编排的重点，力图使学生看得懂、做得了、用得上；同时也使老师在教学时，能够以更加多样化的教学方式讲解移动电子商务的实用知识。

## 本书特色

本书以移动电子商务的应用为主线，以重点知识内容为节点，在每一个节点上都搭建了真实的任务和场景。在知识链接部分主要介绍方法和理论，在任务实施部分则直观地展示移动电子商务的实践过程和效果，加强理论与实践的结合。此外，在每个项目的最后，还通过就业连线这一特色栏目，将学生所学内容和具体岗位相结合。具体来说，本书具有以下几个特点。

(1) **体例新颖，安排合理，易教易学**：本书按照"学习目标－引导案例－项目任务（任务情景、知识链接、任务实施）－项目小结－就业连线－项目实训－课后习题"的思路编排每个项目，这样既便于老师教，又便于学生学，而且可以学以致用。

(2) **概念准确，语言精练，通俗易懂**：本书在讲解知识点时，力求做到概念准确，语言精练，通俗易懂。

(3) **案例丰富，针对性强，图文并茂**：本书的案例主要分为 3 类：引导案例、任务情景案例和经典案例。其中，引导案例是项目开篇的案例，通过一些具有代表性的移动电子商务案例引出本章的知识内核并据此设问，让学生带着问题去学习；任务情景案例针对的是本任务要讲解的主要内容，并与任务实施相结合，具有操作性强、针对性强等特点，目的是提高学生的实战能力；经典案例则贯穿于理论知识较强的知识链接的讲解之中，目的是帮助学生加深对所学知识的理解，并能举一反三。

（4）内容实用，学以致用，符合岗位需要：本书精心挑选与实际应用紧密相关的知识点和案例。移动电子商务知识和技术更新很快，因此在本书编写的过程中，我们力求做到内容最新、技术常用，让学生学完后能切实胜任移动电子商务相关的工作岗位。

（5）数字资源，平台辅助：本书配备了丰富的数字资源（如教学课件等），为广大师生提供了一站式教学资源。读者可以登录文旌综合教育平台"文旌课堂"（www.wenjingketang.com）体验平台式教学及下载相关教学资源包。

此外，本书还提供了在线题库，支持"教学作业，一键发布"，教师只需通过微信或"文旌课堂"App扫描二维码，即可迅速选题、一键发布、智能批改，并查看学生的作业分析报告，提高教学效率、提升教学体验。学生可在线完成作业，巩固所学知识，提高学习效率。

**教学**作业
一键发布

## 读者对象

本书可作为电子商务及相关专业学生学习移动电子商务的实用教材，也可作为电子商务相关工作人员的参考用书。

## 编写队伍

本书由张冠凤、邱新泉、彭宁担任主编，林芳、梁璐、黄继磊、陈新、吴桂华、徐鋆担任副主编。

为学习贯彻党的二十大精神，提升课程铸魂育人效果，本书专门在扉页"教·学资源"二维码中设计了相应栏目，以引导学生践行社会主义核心价值观，涵养学生奋斗精神、敬业精神、奉献精神、创新精神、工匠精神、法制精神、绿色环保意识等。

由于编者水平有限，书中难免存在疏漏与不当之处，敬请广大读者批评指正。

# 本书编委会

主　编：张冠凤　邱新泉　彭　宁

副主编：林　芳　梁　璐　黄继磊

　　　　陈　新　吴桂华　徐　鋆

# 目录
## CONTENTS

# 项目一

# 移动电子商务概述

## 项目导读

移动电子商务由电子商务的概念衍生而来，它是电子商务发展的最新趋势，融合了当前最新的商业模式和技术创新，被广泛应用于社会生活的方方面面。与传统的、基于 PC 互联网的"有线"电子商务相比，基于移动终端"无线"连接的移动电子商务更加便捷、高效，并且具有随时随地进行各种商务活动的优势，因而成为互联网经济增长的主要动力之一。本项目就带领大家全面地了解移动电子商务的相关概念，为以后的学习打下坚实的基础。

## 学习目标

### 知识目标

- 了解移动电子商务的应用背景
- 理解移动电子商务的概念
- 了解移动电子商务的应用
- 了解移动互联网思维的内涵
- 了解移动电子商务价值链的内涵
- 了解移动电子商务的商业模式

### 能力标准

- 掌握移动互联网的思维
- 能够辨识移动互联网的主要商业模式

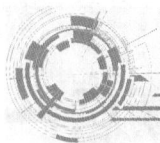

# 引导案例

## 移动电商助力烘培小店"咸鱼翻身"

小林在偏僻角落开的烘焙店生意惨淡。某天，小林暗想：为什么不能用手机进行产品销售呢？于是，她试图通过移动电子商务来打开生意的大门。

经过多方面衡量，小林决定从微信入手，并做了以下尝试。

### 1．优惠活动

小林推出了"手机支付9.9元红包给店主，可以获得原价28元的水果捞盒子和价值20元的蛋糕代金券，同时可以加入店铺微信群"的活动，以此吸引客户用手机购物。

### 2．微信群管理

为了吸引更多客户，小林承诺只要微信群里每满50人就发50元红包，并且每局抢红包手气最佳者，可免费获取原价168元的8寸蛋糕。这一活动使得那些进了微信群但没抢到大红包的人，主动拉亲朋好友一起参与活动。因此，短短几天，群里就新增了几百人。

### 3．管理客户

通过一系列活动，小林收获了一大群微信好友。她开始打造个人朋友圈（见图1-1），在朋友圈中与好友交流互动，从而维护好与客户的关系。与此同时，在客户管理过程中，小林删除了很多没有消费和互动的"僵尸粉"，逐渐把客户转化为"铁杆粉丝"，从而提高了客户忠诚度。

通过移动电子商务，小林在活动期间吸引了众多客户，并获得了很多忠诚客户。烘焙店的生意越来越红火，小林也成为当地烘焙行业的"小红人"。

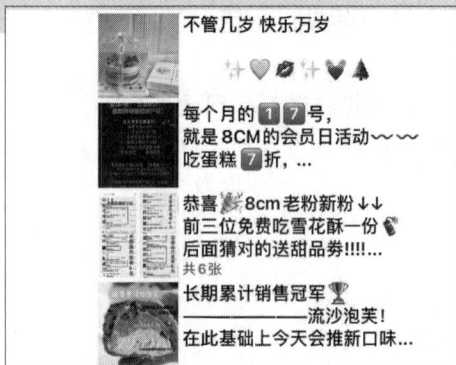

图 1-1　小林的朋友圈

**Q**

请思考：

当前，移动电子商务的应用非常广泛，已经深入到我们生活的方方面面。那么，你知道移动电子商务的应用背景吗？知道移动电子商务的概念、应用领域、价值链和商业模式吗？

## 任务一　了解我国移动电子商务的应用背景

### 任务情景

当我们走进咖啡店、餐厅、酒店或漫步在城市的大街小巷时，会发现很多人都在低头摆弄着手机、平板电脑等移动设备。人们通过这些移动设备在线看新闻、听音乐、看视频、聊天，或者进行购物、付款、扫描二维码参加商家的打折活动，甚至还可以随时随地为他人转账。

周大铭是一名电子商务专业的学生，以上的所见所闻让他意识到，在移动互联网异常繁荣的大环境下，移动电子商务正成为电子商务的重要内容，甚至代表了未来电子商务的发展趋势。因此，周大铭想好好学习移动电子商务的相关知识和应用，但在移动电子商务领域工作的学长告诉他，要学习移动电子商务，首先必须认识以下几个问题：

（1）移动互联网是什么？有什么特点？

（2）移动互联网市场的规模多大？

（3）与移动电子商务相关的移动支付、移动营销和移动购物发展现状如何？

### 知识链接

#### 一、移动互联网的概念

2007 年 6 月 29 日，智能手机 iPhone 正式发售（见图 1-2），其卓越的人机交互体验获得了社会大众的高度认可，引发了世界范围内的抢购热潮。iPhone 手机的流行标志着移动终端技术和宽带无线接入技术的成熟，人们能够随时随地从互联网获取信息和服务，移动互联网应运而生并迅猛发展。

移动互联网（Mobile Internet）是一种使用智能移动终端（如智能手机、平板电脑），通过移动无线

图 1-2　初代 iPhone

通信方式连接上互联网并获取服务的新兴互联网模式，它是互联网技术、平台、商业模式和应用与移动通信技术结合并实践的所有活动的总称。

移动互联网既继承了 PC 互联网的开放性等特征，又继承了移动网络的隐私性、便携

性、准确性、可定位等特点，如图 1-3 所示。

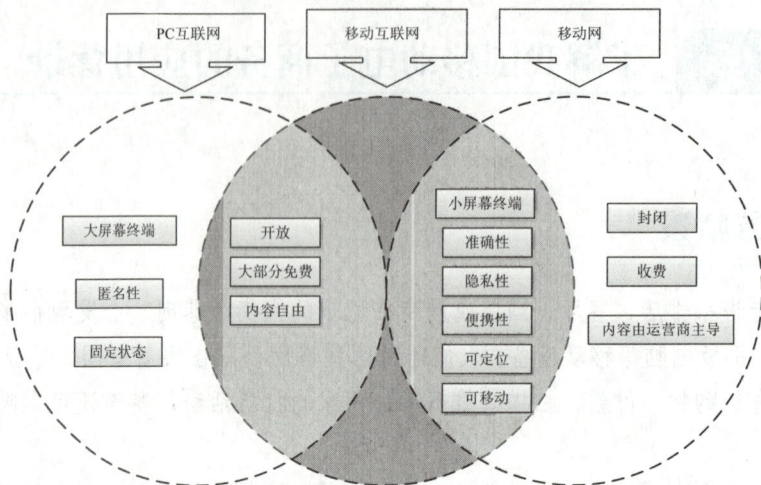

图 1-3　移动互联网的特点

## 二、我国移动互联网产业的特点

随着硬件性能的不断提高，应用的不断丰富，智能手机逐渐摆脱了单一的通信工具的范围，演变为移动购物、移动支付、移动社交、移动游戏等业务的用户入口，由此造就了一个庞大的移动互联网产业。随着参与者和技术的不断成熟，移动互联网已经发展为技术发展最快、市场潜力最大、前景最为广阔的新兴产业。目前我国移动互联网产业有以下几个特点。

➢ **移动网民规模巨大**：作为"移动先行"的有力代表，我国拥有全球数量最多的移动网民。据有关数据显示，截至 2016 年 12 月，我国手机网民规模达 6.95 亿，较 2015 年年底增加了 7 550 万人。新增网民使用手机上网的群体占比达到 80.7%，移动互联网的发展依然是带动网民增长的首要因素。具体数据如图 1-4 所示。

图 1-4　中国手机网民规模及其占整体网民比例

> ➤ **移动支付全面普及**：调查数据显示，2016 年，我国手机网上支付用户规模增长迅速，达到 4.69 亿，年增长率为 31.2%，网民手机网上支付的使用比例由 57.7%提升至 67.5%。如图 1-5 所示。此外，手机支付向线下支付领域快速渗透，有 50.3%的网民在线下实体店购物时使用手机支付结算。

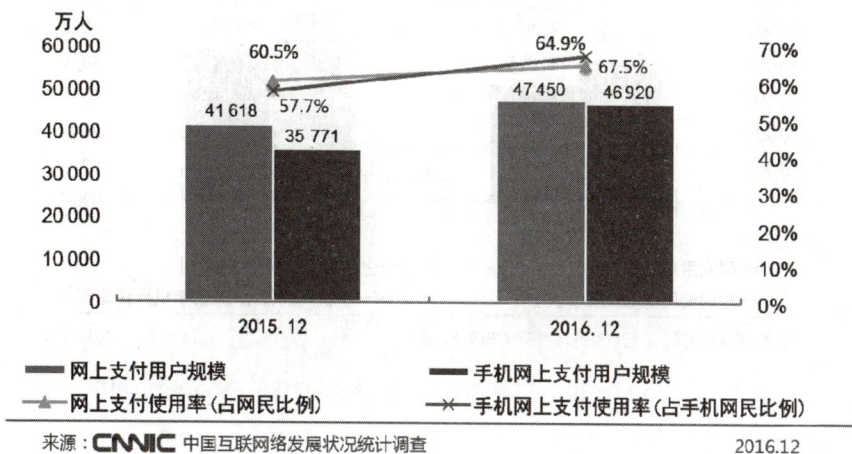

图 1-5　2015.12—2016.12 网上支付/手机网上支付用户规模及使用率

> ➤ **移动营销广受追捧**：调查数据显示，在开展过互联网营销的企业中，通过移动互联网进行营销推广的比例为 83.3%，相比 2015 年的 46.0%增长一倍，其中高达 67.8%的企业使用了付费推广。在各种移动营销推广方式中，微信营销推广使用率最高，为 75.5%，如图 1-6 所示。

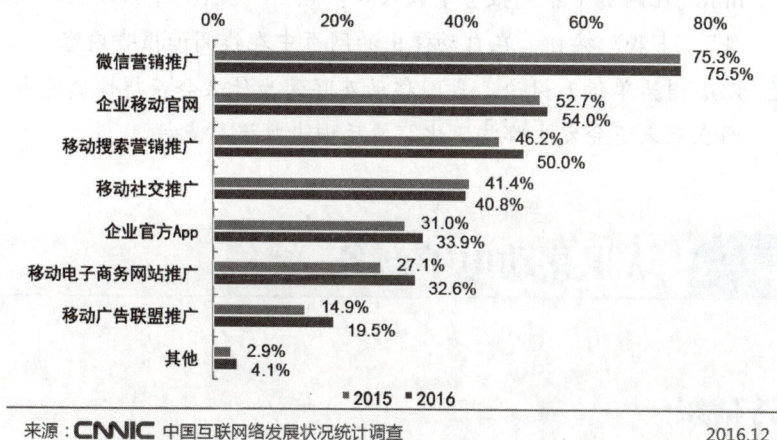

图 1-6　企业各移动互联网营销渠道使用比例

> ➤ **移动购物占据主流**：截至 2016 年 12 月，我国手机网上购物用户规模达到 4.41 亿，占手机网民的 63.4%，年增长率为 29.8%，如图 1-7 所示。2016 年，随着网民消费习惯的逐步改变，相关企业在移动端的投入持续增加，移动端成为网购消费的

主要渠道。线下消费体验和线上购物便利的双向需求将带来线上和线下购物期望值的融合，未来线上线下融合是新零售时代的重要发展趋势。

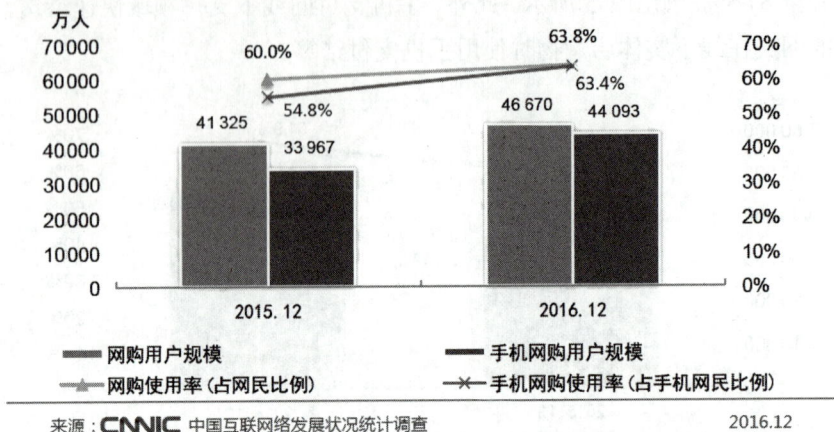

图 1-7　2015.12—2016.12 网络购物/手机网络购物用户规模及使用率

## 任务实施　阅读移动互联网行业的发展报告并进行讨论

**步骤 1**　打开本书配套素材"素材与实例">"项目一">"任务一"中的文件"TalkingData-2016 年中国移动互联网行业发展报告.pdf"；或者在网页浏览器中打开网址：http://www.cbdio.com/BigData/2017-02/17/content_5451559.htm。在网页中找到报告下载入口，点击"2016 年移动互联网行业发展报告""下载"按钮，在自动弹出的网页中在线阅读报告内容。

**步骤 2**　以小组为单位，讨论，我国移动互联网为什么会获得快速发展？移动互联网在未来还会发生哪些变化？最后由老师进行点评。

## 任务二　认识移动电子商务

### 任务情景

在珠三角东南部的某个乡镇上，阿发正在家里看电视。等广告的间隙，他的微信好友发来一条消息，是一条拼多多的团购链接。"阿发，还差 5 个人，99 块钱两斤的智利大樱桃。你老婆爱吃咧。"阿发想想市场上贵几倍价格的智利大樱桃，觉得十分划算，因此决定参加该团购。阿发虽然是第一次接触拼多多，但仍然很顺利地参加了拼团。因为在拼多多团购不必注册账号，直接以游客的身份留下手机号码和收货地址即可。团购成功后阿发用手机支付宝支付了货款。

第二天，一个快递员骑着一辆摩托车来到阿发所在的镇子，在一个十字路口，他停下车，拿起手机，拨通了一个陌生号码，"喂，是阿发仔么？你的快递到了，我在路口的台球屋等你。"十几分钟后，阿发骑着自行车从台球屋取回包裹。看着满满一盒鲜翠欲滴的大樱桃，阿发老婆一边埋怨阿发乱花钱，一边一种莫名的幸福感油然而生……

没有电脑、没有眼花缭乱的购物网页，没有复杂的支付过程，仅是一次好友间的聊天，交易就完成了，这就是移动电子商务所具备的特点。

那么，移动电子商务到底是什么？移动电子商务有何特点？移动电子商务如何分类？移动电子商务有哪些应用？如何培养移动互联网思维？

## 知识链接

### 一、移动电子商务的概念

移动电子商务由传统电子商务发展而来，但又与传统电子商务在形式、思维到模式方面都完全不同。从狭义上来说，移动电子商务就是利用移动设备连接上互联网并开展电子商务的活动，即利用手机、平板电脑等移动终端设备进行的 B2B、B2C、C2C 或 O2O 模式的电子商务。

在实际应用中，移动电子商务将互联网、移动通信技术、短距离通信技术及其他信息处理技术完美地结合，使人们可以随时随地采取线上、或线上线下相结合的方式进行各种交易活动、商务活动、金融活动和综合服务活动，如购物（见图 1-8）、订票、转账、交电话费等。从此看出，移动电子商务的"移动"是手段，"商务"是目的，这两者是移动电子商务的重要特征，国外也常用"Mobile Commerce"来表示移动电子商务。

图 1-8 在出租车里扫码购物

移动通信技术的发展是促使移动电子商务诞生和发展的关键，其发展经历了 1G、2G、3G、4G 等多个阶段。在 2G 时代，以诺基亚为代表的移动通信设备商生产了大量物美价廉的手机，使得手机迅速普及，此时许多企业开始向手机用户提供信息查询、广告发送等服务，这些服务构成早期的移动电子商务应用。

随着移动通信设备及技术的升级，在 3G 和 4G 时代，移动电子商务应用从移动信息服务逐渐扩展到购物、娱乐、学习等生活中的各个方面。

## F 延伸阅读
FURTHER READING

### 美媒: 引领世界潮流, 中国正带我们迈入未来电子商务

美国《福布斯》杂志网站 2017 年 4 月 3 日发表了一篇题为《为什么说中国正带领我们迈入未来电子商务》的文章。文章称, 中国的电子商务就能让大家一窥未来电子商务的面貌: 一种移动电商、社交电商和娱乐电商三者融合的电子商务。以下为文章内容节选。

**移动电商:** 在中国, 电子商务主要就是移动电商。在去年中国的"双十一"购物节上, 82%的中国购物者通过手机购物。相比之下, 去年美国的"黑色星期五"购物节, 只有 36%的美国人通过手机购物。

**社交电商:** 在中国, 电子商务与社交媒体融为一体。目前, 中国的微信活跃用户逾 8 亿, 企业可以用微信内置的支付系统直接向消费者售卖产品或服务。发展迅速的微信已然成为社交商务的"中央枢纽"。在这里, 各品牌商可以通过建立公众号推广品牌, 可以与消费者开展一对一互动, 完成交易过程中的每一个环节。而在美国, 社交媒体和电子商务是分开的, 比如, 用户使用脸谱与亲朋保持联络, 使用亚马逊购物。

**娱乐电商:** 在中国, 电子商务也与娱乐合二为一, 产生一种叫作"娱乐电商"的新型电子商务。在去年中国的"双十一"购物节上, 阿里巴巴直播了一场 8 小时的"即秀即买"时装秀。此后, "直播购"在中国电商中逐渐成为主流。而在美国, 直播与购物几乎不沾边。企业或个人可能会直播表演、广告或发布消息, 但消费者不能在直播平台上购物。在这方面中国遥遥领先。

最令人称奇的是在中国, 移动电商、社交电商和娱乐电商浑然一体。如果这代表了未来的电子商务, 那么美国的企业必须赶紧行动起来。

## 二、移动电子商务的特点

相对于基于 PC 互联网的电子商务而言, 移动电子商务主要具有以下几个特点。

(1) 便捷性: 移动电子商务的用户可以在任何时间、任何地点查询所需的商品或服务信息, 启动、协调和完成交易。

(2) 准确性: 移动通信终端的私有性可以帮助交易双方确认对方身份, 这使得移动电子商务供应商能精准地与最有希望达成交易的用户交互, 从而提高了交易的成功率。

(3) 相关性: 利用 GPS 全球定位技术和 LBS 基于位置服务技术, 可以帮助移动电子商务服务提供商更准确地识别用户所在位置, 从而向用户提供与其位置相关的信息和服务, 如附近的旅游景点、饭店和宾馆等。

(4) 创新性: 由于移动电子商务领域涉及 IT、无线通信、无线接入、软件等技术, 并且商务方式更具多元化、复杂化, 因而在此领域内很容易生产新的技术。随着我国 4G

网络的普及，这些新兴技术将转化为更好的产品或服务。所以移动电子商务领域将是下一个技术创新的高地。

## C 课堂讨论
LASS DISCUSSION

结合大家的现实生活体验，谈一谈移动电子商务为我们的生活、购物、商务、金融等活动带来了哪些变化，对企业有哪些影响，最后比较一下移动电子商务与传统电子商务的优缺点。

### 三、移动电子商务的分类

移动电子商务是电子商务在移动互联网的延伸，两者的业务类型基本一致。参照电子商务，可以将移动电子商务划为以下几种类型。

#### （一）按照交易对象分类

按照交易对象分类，移动电子商务可以分为企业对企业（B2B）、企业对消费者（B2C）、政府对企业（G2B）、政府对消费者（G2C）、消费者对消费者（C2C）等类型。

## F 延伸阅读
URTHER READING

微商是移动电子商务领域中最广为大众所关注的一种形式。微商虽然诞生于微信和微博，但并不能将其简单地理解为微信电商或微博电商，它实质上是企业或者个人基于社会化媒体开店的新型电商。

企业将移动社交应用作为一种新的网络销售渠道，在社会化媒体上开店，被称为B2C微商；个人创业者在社交媒体上开设个人店铺，利用自身的网络社交关系推广产品，就被称为C2C微商。移动社交电商代表着电子商务的未来，企业开辟移动端的网上销售渠道是大势所趋，被大众所看好；然而C2C微商则由于受到传销风波、广告刷屏、产品质量和售后无法保障等因素的影响，其发展过程一直饱受质疑。

#### （二）按照交易方式分类

按照交易方式移动电子商务可以分为线上完成交易和通过线上线下结合完成交易两种类型。

（1）**线上完成交易**。存在两种情况，一种是没有物流只有资金流和信息流，或只有信息流。这种类型的移动电子商务表现为手机在线充值、阅读、玩游戏、看视频或听音乐等；另一种是有物流，如利用移动终端在京东或天猫上购买实物产品。

（2）**线上线下结合完成交易**。通过线上线下（O2O）结合完成交易，如线上支付、线下实现实物或服务交易等。目前，二维码已成为线上线下融合的一个关键切入点，二维码为移动电子商务的发展提供了接口和路径。

请讨论下述手机应用场景分别属于何种移动电子商务（按交易对象和交易方式分类）：通过美图网购买旅游景点门票或预订酒店；使用共享单车；在淘宝上购买首饰；在京东上购买手机；在饭店吃饭时利用支付宝付款。

### 四、移动电子商务的应用

移动电子商务的应用形式多样，除从传统 PC 电子商务中扩展而来的一些应用外，其还有许多新的应用正被逐渐开发出来。下面介绍目前较为成熟的移动电子商务应用。

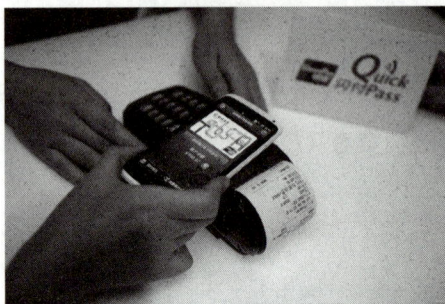

图 1-9　移动支付

（1）移动信息服务。移动信息服务包括短信、移动即时通信、移动新闻、移动信息搜索等服务，典型应用包括微信、手机微博、手机 QQ、今日头条等。

（2）移动支付和转账。移动支付（Mobile Payment）也称为手机支付（见图 1-9），即允许用户使用手机对所消费的商品或服务进行账务支付的一种方式；移动转账是指利用手机进行转账。移动支付和转账的实现形式包括第三方平台（如手机支付宝、微信钱包）、手机银行等。

（3）移动购物或预订。消费者可以利用手机在手机京东、微信商城、手机淘宝和美团等网站平台购买商品或服务；也可以利用手机在携程旅行、艺龙旅行等预订机票、火车票、酒店、旅游线路等。移动购物和预订目前已经融入人们的日常生活中。

（4）移动娱乐。移动娱乐（见图 1-10）就是传统在线娱乐方式在手机、平板电脑等移动通信终端上的应用。移动娱乐业务以移动游戏为代表，也包括移动视频、移动音乐等。

（5）移动交通。移动交通包括在手机端利用百度地图、高德地图进行导航和定位，利用网约车出行，使用共享单车等。

（6）移动学习。移动学习是一种利用移动设备在任何时间、任何地点都可以学习的平台。例如，可利用微课、慕课等进行学习。

图 1-10　移动娱乐

（7）**移动企业应用**。包括面向企事业单位的移动客户服务、移动办公、移动物流和移动后勤管理等。特别是移动客户关系管理、移动 ERP（企业资源计划）和移动供应链管理等，对移动电子商务企业有极其重要的意义。

## C 课堂讨论
### LASS DISCUSSION

> 结合平时的所见所闻，谈一谈除了以上几种应用类型，移动电子商务还有哪些应用？未来有哪些行业极有可能"移动电子商务化"？

### 五、移动互联网思维

在 PC 互联网时代，消费者就已经反客为主，基本拥有了消费主权，而移动互联网则更进一步地巩固了这种形势。在移动电子商务中，供应链上除消费者之外的其他角色，如品牌商、分销商和零售商的权力在淡化、衰退甚至终结，话语权逐渐从零售商转移到了消费者手中，全球消费者共同参与、共同分享的开放架构正在形成。

在这种背景下，传统电子商务提供的"大而全、一站式的购物体验"已经很难满足当前消费群体的需求，企业必须从传统思维切换到移动互联网思维中来，提供满足每个消费者个性化需求的"小而美、极致的私人购物体验"。因此，思维模式的转变就显得尤为重要，下面就来简单了解几种常见的移动互联网思维。

#### （一）碎片化思维

在移动互联网时代，消费者在一天中任何时间和地点（无论是地面店、移动商店还是社交媒体），只要产生了购买某件商品的冲动，就可以立即购买。作为个性化的消费群体，"只要我中意，符合我的调调，能够打动我，彰显我的个性"，就会立即购买。

从以上情景可以看出，移动互联网加剧了消费者的 3 个碎片化趋势：一是消费者购物时间的碎片化；二是消费者购物地点的碎片化；三是消费者购物需求的碎片化。

因此，移动互联网时代的商家和企业需要适应消费者的碎片化趋势，并提供适应这种趋势的相关商品和服务。

#### （二）粉丝思维

企业粉丝是一群认同企业价值观，对企业的品牌、产品甚至企业的一切充满期待和热情的用户。

在移动互联网时代，企业需要培养自己的粉丝，这是因为粉丝对企业品牌具有很高的忠诚度，他们不仅会经常购买企业的产品，而且还会通过网络传播企业品牌。在移动互联网时代，每个消费者都是一个自媒体，通过一层层的口碑传播，可以帮助企业的业务获得快速增长。

例如，在手机市场中，每个手机品牌都致力于培养一大批粉丝：iPhone 手机有"果粉"、华为手机有"花粉"、小米手机有"米粉"（见图1-11）等。

图1-11　小米手机的粉丝营销

### （三）简约思维

简约思维主要包括3点，就是产品看起来简洁、用起来简化、说起来简单。

例如微信"摇一摇"功能，如图1-12所示，其界面就足够简约，没有任何按钮和菜单，只有一张图片，这张图片告诉用户只需要做一个简单动作，就是"摇一摇"。

很多企业都喜欢给产品做一些使用说明，觉得这是一种既贴心又有用的服务。但是在移动互联网时代，如果需要通过使用说明才能让用户使用自己的产品，那么就证明产品的设计有问题，因为没能通过功能本身就让用户明白产品的使用方法。

### （四）快一步思维

快一步思维又称迭代思维，有两个内涵：首先是在最短的时间内推出产品；其次是以最小的成本推出产品。之所以叫快一步，就是要通过快来解决问题，抢在其他人前面推出产品，并在后期不断完善产品，优化用户体验。

例如，美图秀秀之前只有PC版本，开发手机端版本时，由于时间紧急、人手不够，导致产品非常简陋，但研发团队还是将手机版迅速上线了。刚上线美图秀秀手机版时，看到其并不完美的相片处理效果，研发者们心里很难受，但用户反馈很快抚慰了他们，当时用户们渴望有一个能够修饰自己相片的软件，由于当时市场上没有同类产品，所以用户理所当然地选择了他们的产品，如图1-13所示为美图秀秀App。

图1-12　微信摇一摇功能

图1-13　美图秀秀App

美图秀秀手机版在占据市场第一的位置后，不断获取用户反馈并不断更新产品，用不断优化的客户体验巩固了市场地位。

### （五）社会化思维

所谓社会化思维，是指企业利用社会化媒体（如微信和微博）重塑企业和用户的沟通方式，以及企业管理和商业运作模式的思维方式。社会化思维要求企业善于利用社会化媒体与用户沟通，平等交流，并通过社会化媒体实现市场推广。相比传统 PC 互联网，移动互联网增强了社会化媒体的营销威力，社会化思维因此被企业在移动电子商务活动中广泛应用。

## ● 任务实施　　欣赏并讨论移动电子商务成功案例

**步骤 1**　阅读"移动社交电商拼多多"案例。

官方资料显示，拼多多已经成为目前国内成长最快的移动电商之一（图 1-14 为拼多多 logo）。在发展初期，拼多多上线当月即问鼎微信支付笔数前三，单日成交额破 1 000 万元，第二个月付费用户破 2 000 万，据估计目前用户数将近 1 亿。同时，在一年时间内，拼多多接连获得两轮投资，2016 年 7 月底更是获得了来自高榕资本和腾讯等机构的 1.1 亿美元投资。

那么拼多多为何有这样突出的表现，甚至引起腾讯这样的巨头的关注呢？先来看看拼多多的模式——核心的购物模式被称为"拼单"（见图 1-15），用户只要拉到同样需求某件商品的同伴一起购买就可以获得一个拼团价，这个价格一般低于主流电商平台的价格；另一方面，拼多多的信息传播依附于用户的社交链，在拼团玩法下，用户想要快速成团，把商品信息通过社交圈传播是相当快速高效的途径。换个角度来看，在移动互联网时代，每个人的时间都碎片化严重，尤其是微信、微博等社交工具占据了用户的大量时间，只有那些真正对用户产生价值的内容和信息才能获得关注并传播，拼多多代表的形式正符合了这一发展趋势，让每个人都成为流量中心，自主地传播信息。

**步骤 2**　阅读"水果哥"的创业故事。

许熠是某大学的一名学生，在过去 3 个月里，他和他的微信水果店"优鲜果妮"在学校火了一把。许熠所在学校共有学生 1.7 万名，其中女生大概有 6 000 名。许熠发现：女生几乎每天都要吃水果，如果按每个女生一个月消费 50 元来估算，微信卖水果大有赚头。开业之初，许熠的生意并不好做，常常等上一天才有一笔几元的订单。微信营销的基本条件之一是有足够多的好友，于是许熠和他的同学采用"扫楼"的方式来增加好友：将印制的"优鲜果妮"宣传单发到学校的教学楼、食堂、宿舍楼；利用课间 10 分钟在各个教室播放"优鲜果妮"宣传短片。几个月下来，关注"优鲜果妮"微信的粉丝达到近 5 000 人，这些用户大多是许熠的同学。许熠还经常推出个性化产品，如各类水果套餐（见图 1-16）。"考验套餐""情侣套餐""土豪套餐"等，频频吸引同学的眼球。此外，许熠的公众平台还经常推送各种有价值的消息，如天气预报和失物招领等吸引粉丝。半年之后，"水果哥"许熠已经实现了月入4万元的"小目标"。

图 1-14  拼多多 logo　　　图 1-15　"拼单"购物模式　　　图 1-16　"水果套餐"

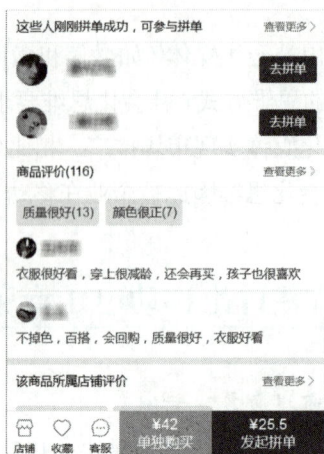

**步骤 3**　以小组为单位进行讨论，简单阐述"拼多多""优鲜果妮"分别体现了移动电子商务的哪些特点、分类、应用和思维。最后由老师进行点评。

# 任务三　认识移动商务的价值链和商业模式

## 任务情景

　　李新达是一家网络公司的总经理，近年来移动电子商务蓬勃发展，产生了许多商机，这极大地鼓舞了李新达投入移动电子商务的热情。从企业的角度考虑，在做决策之前，首先需要了解移动电子商务的价值链和商业模式，以使决策更有针对性和更加准确。

　　李新达注意到，苹果公司主导的 "iPhone+App Store" 模式是一个非常独特的创造，受到众多移动互联网企业的追捧。因此李新达吩咐秘书小谭做一份关于 App Store 模式的简要分析报告。

　　本任务就是和秘书小谭一起研究 App Store 的商业模式，学习有关移动电子商务价值链和商业模式的知识。

## 知识链接

### 一、移动电子商务的价值链

移动电子商务的价值链是指直接或间接地通过移动平台进行产品或服务的创造、提供、传递或维持，在获得利润的过程中形成价值传递的链式结构。其由网络运营商、内容提供商等主体构成，并由这些主体将商品（实物和服务）传导到移动用户（个人用户和商业用户），从中获得利润，如图 1-17 所示。

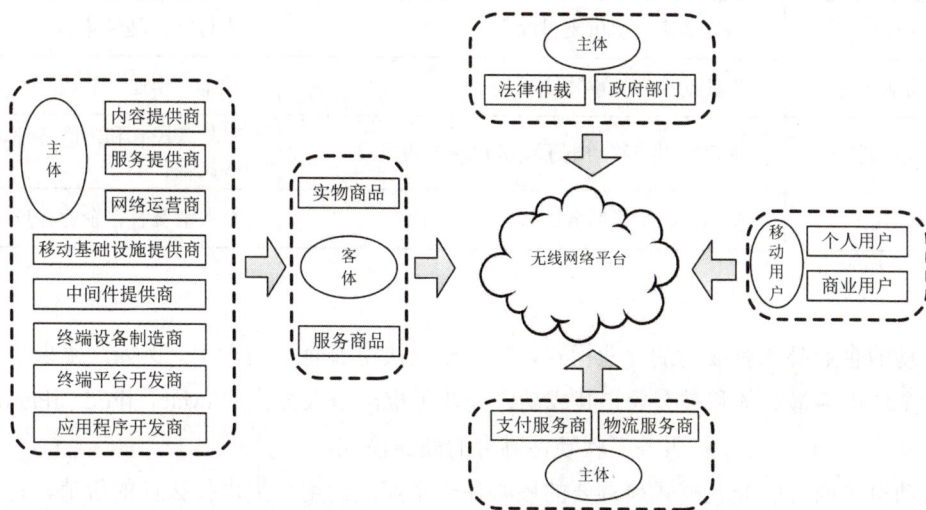

图 1-17　移动电子商务价值链结构

移动电子商务价值链上各参与者的作用如表 1-1 所示。移动电子商务价值链的核心是移动用户，因为移动用户是价值链内各个企业利润的来源，价值链上的企业只有时刻理解移动用户的需求及消费行为，才能不断创造出价值。

表 1-1　移动电子商务价值链上各参与者的作用与示例

| 参与者 | 作用 | 示例 |
|---|---|---|
| 内容提供商 | 提供原始的商品、信息、资源但没有网络平台 | 商家、报社、自媒体创业者 |
| 服务提供商 | 通过网络运营商提供的接口，向用户提供信息服务 | 淘宝 App、每日头条 App |
| 网络运营商 | 进行网络运营和提供网络接入服务。目前固定网络提供商（电话）、移动网络提供商（4G 网络）和电缆网络提供商（宽带）正在加速融合 | 中国移动、中国联通、中国电信 |
| 移动基础设施提供商 | 为网络运营商提供基础设施 | 华为、中兴、朗讯、西门子 |

续表

| 参与者 | 作用 | 示例 |
|---|---|---|
| 中间件提供商 | 中间件提供商提供的软件产品为移动应用开发商提供了一个简单、统一的开发环境，不必再为程序在不同系统上的移植而重复工作 | 微软、IBM、金蝶 |
| 终端设备制造商 | 制造终端设备（例如智能手机和平板电脑） | 苹果、三星、华为、小米 |
| 终端平台开发商 | 开发终端操作系统 | 苹果、飞思卡尔 |
| 应用程序开发商 | 开发手机终端应用程序 | 腾讯、百度、360 |
| 支付服务商 | 为移动用户提供支付服务 | 支付宝、财付通 |
| 物流服务商 | 为移动用户提供物流服务 | 顺丰、申通、韵达 |
| 政府部门 | 规范和引导移动电子商务市场健康发展 | 中华人民共和国商务部、中国人民银行 |
| 移动用户 | 使用移动电子商务的客户 | 个人消费者、企业客户 |

## 二、移动电子商务的商业模式

成功的企业必然有成功的商业模式，商业模式决定着企业的命运。例如，苹果公司成为当前全球市值最高的科技公司，其成功之处在于推出令人惊艳的 iMac，iPod，iPhone 和 iPad 产品，开创了"终端+服务"软硬件融合的商业模式。

移动电子商务的商业模式最重要的核心在于企业能给用户提供什么样的价值，其一切内容都是围绕如何为用户提供价值并获得回报来展开的。目前，在移动电子商务活动中运用较多的商业模式有 O2O 模式、平台模式、免费模式、软硬件融合模式等。

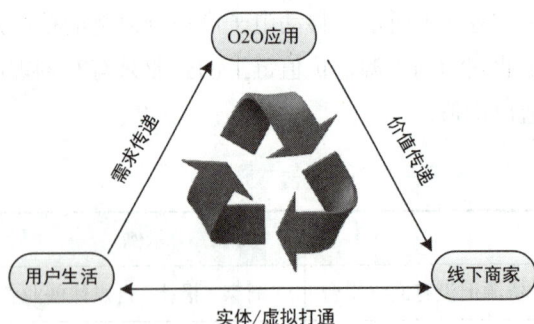

图 1-18　O2O 模式示意图

### （一）O2O 模式

O2O 是 Online to Offline 模式的简称，即线上订购，线下消费。具体来说，O2O 模式就是把线上的消费者带到现实的商店中去，在线支付购买线下的商品和服务后，再到线下去享受服务。O2O 模式实现了线上虚拟经济与线下实体经济的融合。一个标准的 O2O 模式的交易流程如图 1-18 所示。

具体表现为如下过程。

（1）线上平台（移动网站、移动 App 应用、PC 网站等）通过与线下商家沟通，针对商品或服务及开展经营活动的时间达成协议。

（2）线上平台通过各种渠道和推广手段将准备开展的经营活动向自身的用户进行推

介，用户则向线上平台付款，从而获得线上平台提供的商品或服务消费"凭证"。

（3）用户持"凭证"到线下商家获取商品或享受服务。

（4）用户获得商品或享受服务后，线上平台与线下商家进行结算，线上平台获得一定比例的佣金，线下商家获得提供商品或服务的款项，完成交易。

**经典案例**

### 苏宁："门店到商圈+双线同价"的 O2O 成功转型

　　苏宁施行 O2O 转型的主要内容就是整合线下门店与线上零售渠道。苏宁将自己的线下门店与线上零售平台打通，实现了全产品全渠道的线上线下同价，帮助苏宁打破了实体零售向 O2O 转型发展过程中与自身电商渠道左右互搏的现状。

　　O2O 模式下的苏宁实体店不再是只有零售功能的门店，而是一个集展示、体验、物流、售后服务、休闲社交、市场推广为一体的新型 O2O 门店。苏宁线下门店内开通了免费 Wi-Fi、实行全产品的电子价签，方便到店客户使用手机扫描二维码查看商品信息、获取营销广告，在交易时还可以进行手机便捷支付。店内还了布设多媒体的电子货架，凡是网上展示的商品，实体店中都能体验。此外，通过社交功能，顾客还能通过手机实时评价商品或与其他顾客进行交流，大大提升了购物体验。

　　2014 年下半年，苏宁的 O2O 转型布局已逐渐站稳了脚跟，并迅速进入效益凸显期。"双十一"网络购物节期间，苏宁发起第二届 O2O 购物节，祭出门店、网站、手机、TV "四端协同作战计划"，取得了不俗的成绩。

　　移动互联网的技术发展为 O2O 提供了无限延伸的空间。消费者通过手机连接移动互联网，在移动社交平台或移动商店，或通过在实体店的传单上扫描二维码等方式，查找和获得自己需要的产品和服务，然后利用手机支付进行购买，最后到线下实体店进行消费。随着技术的不断发展，O2O 模式更趋多元化。

　　目前，按照 O2O 平台在线下服务上的介入程度而言，O2O 暂时可以分为轻型 O2O 和重型 O2O 两种。

➢ **轻型 O2O**：轻型 O2O 平台在线下服务上介入程度浅，不具体提供产品或服务。这类平台包括大众点评、美团网等，其优势是资产相对较轻、易于跟踪数据、流量购买相对容易、团队构成单一、产品在投放时面临的地域文化冲突较少。轻型 O2O 最大的缺点是平台对服务体验缺乏有效地控制。

➢ **重型 O2O**：由于线下服务业的标准化程度低、规范化程度低、从业人员 IT 水平低、企业的业务定位会随着时间和市场改变等因素影响，导致重型 O2O 本地服务的出现。重型 O2O 平台在本地服务上的介入程度较深，如神州租车等。重型 O2O 的优势包括对服务体验有较强的控制和保障，在和商家合作时有较强的议价能力，可以很快收到佣金，还能提供个性化服务，而且不易被竞争对手复制。

## C 课堂讨论 CLASS DISCUSSION

请大家讨论一下，时下广受关注的共享单车是移动电子商务 O2O 模式吗？如果你认为共享单车属于 O2O 模式，那么其属于哪种 O2O 类型，拥有哪些 O2O 的特征？

### （二）平台模式

#### 1. 平台模式的定义

在互联网的帮助下，企业和消费者实现了一对一的互动交流，运营商，内容提供商和终端厂商等产业链上的不同角色打破传统的分工限制，纷纷直接面对客户。这时，企业要么选择搭建自己的网络平台来吸引参与者（产业链上的其他伙伴和消费者），或联合在一个优质的平台下，形成新的产业体系。

在网络环境下，平台不是一种传递供需信息的技术，而是一种新的商业模式：生产者在平台上进行价值创造，消费者进入平台，选择自己所需的相关产品或服务。因此，平台模式最核心的功能就是连接多个参与方（供应商和消费者），通过价值传递和价值创造让双方产生交互。

平台为了吸引参与者，让生产者和消费者进行交互，首先会构建一个动机，激励参与者重复进入平台，例如，苹果应用商店会给予应用开发商 70% 的销售分成；其次，平台会提供参与者创造价值、传递价值的中心基础设施，例如淘宝网会提供网络店铺、营销工具和物流工具，方便买卖双方达成交易；最后，平台还可以通过生产的内容/商品/服务，匹配参与双方，例如，饿了么通过提供网络订餐服务，匹配了餐馆和消费者之间的连接。

#### 2. 平台模式的结构

所有的平台都拥有以下三个层级：网络/市场/社区层、基础设施层、数据层。

（1）网络/市场/社区层：一些平台可能会有用户关系相互连接，例如社交网络。一些平台的用户之间可能就没有任何联系，但是会交换物品，比如电商（marketplace）。有的平台也许会有一个隐性的社区层，比如说理财 App，在这种社区里面个人的使用情况能够和其他用户对比。用户可以在这种隐形的社区中受益，但并不需要与其他用户发生明显的连接。

网络/市场/社区层是大多数生产者（供应商、自媒体）创造价值的地方。为了让这种价值产生，我们需要第二层：基础设施。

（2）基础设施层：这是创业者们通常"创造"的东西。基础设施本身没有多少价值，除非用户与合作伙伴在上面创造价值。生产者就是在基础设施之上进行价值创造活动的。例如开发者在 Android 之上开发 App；视频主播在 YouTube 上面托管视频；卖家在淘宝上托管商品。基础设施层可能占主导地位，譬如 Android 这样的开发平台。

大量的价值创造，会导致过量，相关性下降。YouTube 上的视频太多了，怎么才能找到我喜欢的呢？这就引出了第三层：数据。

（3）数据层：平台都需要通过不同的方式利用数据。数据通常的作用是提供相关性，把最相关的内容、商品或服务与最合适的用户进行匹配。有些情况下，数据本身就是在平台创造的关键价值。

经典案例

## 贝贝网的成长秘诀

贝贝网是 2016 年表现最为出色的电商品牌之一，其不仅成为母婴电商行业的老大，在中国电商行业的排名也仅次于淘宝系、京东、唯品会和蘑菇街。

贝贝网（见图 1-19）是一家移动电商品牌，没有 PC 网站，所有流量均来自于移动终端。截至 2016 年年底，其已经拥有 5 000 万用户，月度活跃用户数已经超过千万。

针对移动终端消费者没有那么多的时间挑选商品，并且手机的屏幕也明显不如电脑等特点，贝贝

图 1-19  贝贝网

网通过搜集客户的行为数据，将最合适的商品呈现给消费者，而不是依赖于消费者的主动搜索。

更重要的是，围绕妈妈这个核心人群，贝贝网一开始选择了做童装童鞋等非标准品的品牌特卖，而其他友商则热衷于做奶粉、纸尿裤等标准品。对于这些非标准品，贝贝网采取了平台模式，鼓励更多的品牌厂商来贝贝网平台销售，为他们提供从获取用户到完成交易的端到端服务。

如今，贝贝网上 75%的商品仍然是非标准品，它们丰富了贝贝网的交易品种，给贝贝网带来了很大的流量，同时为贝贝网带来了非常厚的"护城河"。由于不需要自营，也不需要占用过多的资金，贝贝网的现金流状况一直都很好。

## （三）免费模式

手机用户使用的 Android 操作系统是免费的、微信通信软件是免费的、360 手机卫士

是免费的、高德地图和导航功能也是免费的。与俗话说"天下没有免费的午餐"相悖的是，移动互联网当中处处可见免费的服务，由此可见，"免费"已经成为移动电子商务的一个竞争利器。

"免费"的商业模式在传统互联网行业中早已大行其道，免费经济几乎与互联网经济成为同义词。在中国的移动电子商务市场中，大多数企业都会首先使用"免费"模式留住客户，再考虑如何在用户身上挣钱。

另外，免费商业模式还是提高"网络效应"的有效手段。所谓网络效应，是指一个产品的网络价值取决于该产品网络用户的数量，用户数量越大，该产品的网络的价值就越大，即其越是受到人们的欢迎，人们对其评价就越高，需求量也就越大。试想，当某个消费者使用某公司的邮箱或者通信工具时，其余大部分人都不使用这一工具，那么，该消费者如何能与别人顺利地完成沟通和交流呢？

## T 小 提 示
TIPS

在传统电子商务中，淘宝靠免费模式赢得了市场，然而在移动电子商务中，一些最初采取完全免费模式的移动电商服务平台却最终不得不开始收费，例如，2016年曾声称永久免费的有赞商城"迫不得已"走向收费。这是为什么呢？最关键的原因在于，移动电商"去中心化"的特性。

移动互联网上的流量是碎片化的，散落在不同App上的，相当多的流量在微信上，但这些流量分散在朋友圈、在公众账号、在微信群，七零八落，无法集中，平台自然也就无法作为流量入口来向广告商收费。而淘宝等传统电子商务却是一个高度集中流量的中心。这也是移动电子商务没有形成传统电商的"双十一"购物节、京东购物节等品牌化促销节日的原因。因此，像有赞商城这样的移动电子商务服务平台，不是像淘宝网那样的流量入口，不能做"流量贩子"，就不可能走广告模式。因此，这样的移动电商服务平台实行单纯的免费模式就很难生存。

### （四）软硬件融合模式

现在，越来越多的移动互联网企业，不仅要靠卖终端赚钱，而且还要控制操作系统、靠开放聚集大量应用和服务来赚钱，这种构建"终端+软件+服务"全产业链的业务体系称为软硬件融合商业模式。

软硬件融合商业模式最大的特点就是打造终端、操作系统、应用和服务一体化的生态系统，它们相辅相成、不可分割，从而使企业更有竞争力，在产业链中拥有更多的话语权。这种模式的收入来源更趋多元化，终端厂商不仅靠卖终端盈利，还可以通过增加内容应用获得收入，另外还可以向第三方收取广告费，这都增加了企业盈利点。

内容和应用对于用户来说越来越重要，一款智能终端必须在硬件上进行改进，以适应软件的发展；同样，软件也需要与硬件深度结合，以便为用户提供更加优秀的用户体验。在未来，软硬件垂直整合的趋势只会加强。

## ● 任务实施　分析"苹果 App Store"创新模式

> **步骤 1** 以小组为单位，在网络上搜索与 App Store 相关的信息，阅读百度百科中有关 App Store 的词条。

> **步骤 2** 从 App Store 的平台模式、产业链地位、盈利模式等方面进行分析。最后由老师进行点评。

可参考如下资料。

（1）App Store 是一个应用平台。

简单来说，App Store 就是一个应用平台。这个平台一边连接的是成千上万的应用开发者，另一边连接的是持有苹果手机的用户。对于一个平台而言，加入的双边用户越多，平台价值就越大。对于终端客户来说，App Store 营造出的是一个 App 的长尾市场，正是由于 App Store 拥有海量的 App，充分满足了客户长尾需求，从而表现出对用户极强的吸引力。2016 年，苹果 iOS 设备销售量突破十亿台，App Store 应用程序超过百万款，App Store 应用下载量已经达到数百亿次，应用开发者成千上万，平均每部手机下载超过一百多个应用软件。

（2）App Store 是产业链的整合者。

苹果 App Store 产业链简单明晰，共涉及三个主要参与者，即苹果公司、开发者和用户。虽然产业链还涉及第三方支付公司，但其只作为收费渠道，不是产业链的主要参与者。苹果公司、开发者和用户各自在产业链中的分成、角色和职责如下：① 苹果公司，收益分成30%，负责提供平台和开发工具包、应用的营销推广、收费与结算、软件上线的审核与发布、搜集数据分析资料指导开发者开发和定价；② 开发者，收益分成 70%，负责开发应用程序、负责运行维护自由产品或应用、定价及促销；③ 用户，应用程序的使用者，只需要注册并登录 App Store 即可。

从交易双方的关系看，App Store 模式是典型的 C2C 模式，任何人都可以加入到开发者行列，除了注册门槛外，没有其他费用和成本。此外，高达七成的收益分成也极大地吸引了开发者的参与热情，使得第三方开发者既收获了不菲的收入，又为 App Store 平台制造了人气，吸引了大批的用户。App Store 最终整合了终端、服务、支付、网络通信等所有资源，是真正的产业链的整合者。

（3）App Store 的盈利模式。

苹果公司的盈利模式为手机销售（独享）、应用程序销售（分成）和运营商服务费（分成）的盈利模式，具体为：① 通过销售终端获取利润。在苹果公布的 2017 年 Q1 财报中，苹果 iPhone 销售额创下了 554 亿美元的新高，预计出货量达到了 7 830 万台，苹果公司的营业收入主要来源包括 iPhone 手机、iPod 音乐播放器、iPad 平板电脑、Mac 笔记本以及配件产品和应用软件。② 广告收入。苹果提供部分免费程序下载，但程序中会植入广告。实际上，广告业务拥有非常大的潜力，据统计，iPhone 顶级应用软件每天的广告费为 400 到 5 000 美元，而平均成本不到 2 美元。③ 基于终端提供的 App Store 应用软件内容分成所得的收入。目前，App Store 付费应用约占 77%，苹果公司分得其中的三成收益。④ 通过与诸如移动、联通和电信等运营商签订协议，将运营商绑定在终端上，为运营商提高用户规模和收益，从而分取运营商的服务收入。iPhone 手机目前采用运营商独家代理、捆绑销售的售机策略，促进了 iPhone 与合作运营商网络之间的结合。

从苹果公司的收入结构来看，从 App Store 直接获得的利润很少，而通过 App Store 平台构建"iPhone 手机+App Store"的商业模式，使得 App Store 平台极大地促进了苹果各类产品的热销，很难想象，如果没有 App Store，苹果公司的产品会有如此骄人的销售业绩。

## 项目小结

移动电子商务的发展与移动互联网的发展密不可分，移动互联网行业的繁荣为移动电子商务提供了广阔天地，了解当前移动互联网行业的发展现状，对于理解移动电子商务的诞生和发展有着重要的作用。

移动电子商务虽然由传统电子商务发展而来，但又重新定义了电子商务的形式与内涵，其在移动信息服务、移动支付、移动购物、移动娱乐、移动学习、移动企业应用等方面的巨大发展改变了电子商务当前的面貌，引领着电子商务未来发展的方向。

移动互联网时代是一个全新的技术变革时代，企业应该转变思维，充分理解和吸纳移动互联网思维，打造企业的移动电子商务竞争力。

随着移动通信技术的发展和升级，移动电子商务的价值链上引入了更多的参与者，并且促使原有参与者进行了组合和分化。因此，基于移动电子商务价值链的电子商务模式创新层出不穷，理解 O2O 模式、平台模式、免费模式、软硬件融合模式等移动电子商务的概况有助于我们分析当前移动电子商务的典型企业，深入理解移动电子商务的商业模式。

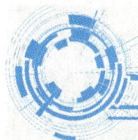

# 就业连线

## 岗位介绍：移动运营专员

### 【岗位职责】

1. 负责公司移动端产品的运用和推广工作；通过线上和线下手段进行 App 推广。

2. 参与撰写市场推广文案，产品在线销售方案的设计和制作。

3. 逐步制订产品的改善方案，积极寻求移动市场推广资源，负责对外与市场资源合作。

4. 推广渠道数据监控和反馈跟踪，对推广数据进行分析，有针对性地调整运营策略。

5. 移动产品运营优化，并提出改进需求，提升用户体验，优化推广效果。

6. 整理每日、每周、每月监控的数据，包括产品管理、活动排期和客户管理。

7. 负责 App 的日常运营工作。

### 【岗位要求】

1. 熟悉并热爱各种互联网流行的新兴传播手段，热爱网络流行文化。

2. 具有 App、WAP 产品推广与运营经验。

3. 有较强的数据分析能力，了解市场动态和目标用户心理。

4. 熟悉 App 运营的流程并能进行流程梳理和流程优化。

5. 能独立操作 App 产品陈列，增加产品销量，提高点击率和浏览量，完成销售目标。

6. 熟悉移动互联网行业。

7. 熟悉电商运营，具备较强的分析与解决问题的能力。

8. 能根据产品的生命周期、节庆因素和竞争对手因素策划并执行活动。

项目实训

# 下载京东 App 体验移动购物

## 项目背景

　　手机购物是移动电子商务最基本的形式，是利用手机上网，实现网购的过程。其中，京东手机 App 依托京东商城强大的自身优势，为用户提供每日最新的购物信息，同时具有搜索比价、订单查询、购买、收藏和导航等功能，为用户带来方便快捷的手机购物新体验。京东手机 App 购物流程如图 1-20 所示。

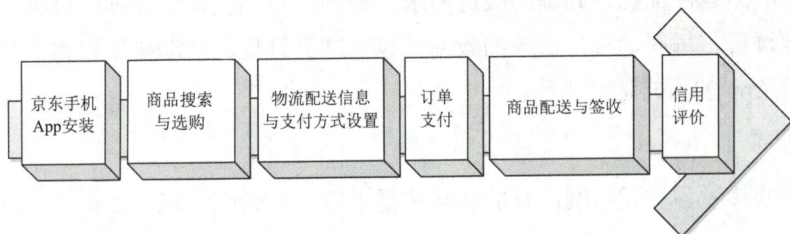

图 1-20　京东手机 App 购物流程

## 实训目的

1. 通过手机购物，了解移动商务网店的基本购物流程。
2. 体验移动电子商务的基本应用。

## 实训内容

### 一、京东手机客户端的下载与安装

**步骤 1**　打开京东商城（https://www.jd.com）首页，将鼠标指针移至顶部右侧"手机京东"文字上方，弹出手机京东下拉菜单，如图 1-21 所示。用手机（微信"扫一扫"功能）扫描手机京东客户端软件二维码，进入应用商店下载京东 App，下载完成后在手机应用中将出现手机京东 App 图标，如图 1-22

所示。（也可直接在手机应用商店搜索"手机京东"关键字，找到应用并下载。）

**步骤2** 打开手机京东 App，其首页界面如图 1-23 所示。

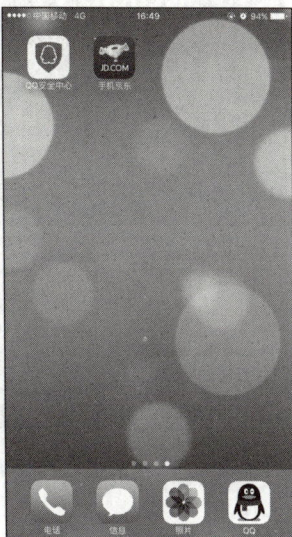

图 1-21　打开"手机京东"下拉菜单　图 1-22　手机京东 App 图标　图 1-23　手机京东 App 首页界面

## 二、商品的搜索与选购

**步骤1** 商品或店铺搜索。手机京东为方便用户购物提供了功能强大的站内分类索引和快速搜索功能。站内分类有京东秒杀、爱生活、享品质、购特色、逛商场、发现好店、优选清单、直播、为你推荐等板块。而通过首页顶部的快速搜索框还可以直接搜索所需商品的关键字。例如，输入"t 恤"并搜索，进入选购界面，如图 1-24 所示。

**步骤2** 商品选择。如果找到需要的商品，可以点击"加入购物车"按钮，然后在弹出的页面中设置所需的服装尺寸和颜色，点击"确定"按钮，将商品放入购物车内，如图 1-25 所示。将商品加入购物车后可继续挑选商品。

**步骤3** 购物车管理及订单确认。若选购好了商品，用户可以点击屏幕下方的"购物车"栏目进入页面，如图 1-26 所示。在购物车界面中，用户可以修改商品的选购数量，或删除不需要购买的商品。再次确认购物车中所选购商品信息后，点击"去结算"按钮。

图1-24 搜索"t恤"商品　　　图1-25 将商品加入购物车　　　图1-26 确认订单

## 三、物流配送信息及支付方式设置

**步骤 1** 登录账号并设置物流配送信息。点击"去结算"按钮后，进入京东账号登录页面，使用京东账号登录或注册新账号登录。登录完成后进入"填写订单"页面。点击页面顶部"收货地址"管理栏，进入收货地址设置页面，新建收货地址，如图1-27所示。设置完成后点击"保存并使用"按钮。系统将根据用户指定的送货区域匹配相应的配送方式及配送机构。

**步骤 2** 返回填写订单页面后，点击"提交订单"按钮，进入"京东收银台"页面。

**步骤 3** 设置支付方式。在"京东收银台"中有"京东支付""微信支付""微信好友代付"三种支付方式，如图1-28所示。这里点击"微信支付"。

## 四、订单支付

**步骤 1** 同意"手机京东"打开手机中的微信 App，进入"确认支付"页面。在"确认支付"页面中点击"立即支付"按钮。

**步骤 2** 在弹出的支付密码输入框内输入微信支付密码，如图1-29所示。最后点击"完成"按钮完成支付。

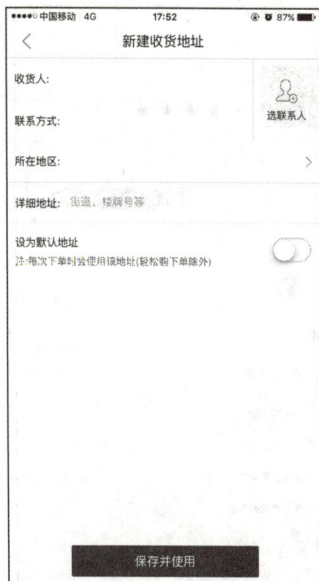

图 1-27　设置收货地址　　　图 1-28　选择支付方式　　　图 1-29　输入支付密码

## 五、商品配送与签收

**步骤 1**　商品物流。支付成功后，将进入商品的物流配送环节，用户可以在手机上查看自己订单的物流信息及当前的配送状态，如图 1-30 所示。

**步骤 2**　货物签收。当用户收到配送机构送达的商品后，可按以下步骤进行签收：

① 检查货物的外包装是否完好，包括封条是否完整、有无拆开痕迹、有无进水痕迹等，若发现有类似迹象，应立即拒收货物。

② 若货物外观无异常，打开包装检查包装内货物有无破损、单据是否齐全、单据商品信息是否与实物一致等，若发现有异常，应立即拒收货物，并联系网站客服反馈信息；若无异常可直接签收，货到付款的订单需要现场全额付款。

③ 若用户在打开包裹后因为货物异常或其他原因要求退货，请协助配送人员现场包装好货物，以免在货物返回过程中出现货物丢失或调包的情况。

## 六、信用评价

当签收商品且没有发现问题时，应点击"确认收货"按钮确认收货，操作完成后界面如图 1-31 所示；然后对卖家进行信用评价，其中包括商品符合度、店家服务态度、物流发货速度和配送员服务态度 4 方面，如图 1-32 所示。

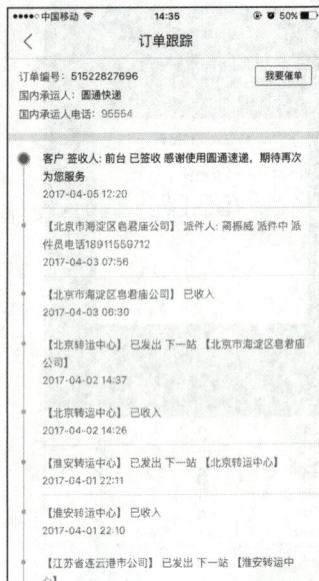

图 1-30　查看物流信息

图 1-31　确认收货

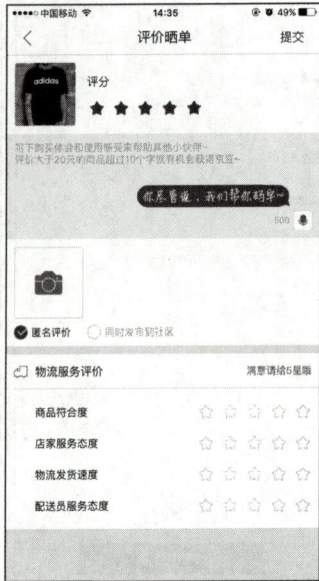

图 1-32　进行信用评价

## 课后习题

### 一、选择题

1. 移动电子商务实际上是一个（　　）的概念。
   A. 产业层次 　　　　　　　　B. 行业层次
   C. 虚拟层次 　　　　　　　　D. 文化层次

2. 移动终端设备不包括（　　）。
   A. 手机 　　　　　　　　　　B. 个人数码助理
   C. PC 电脑 　　　　　　　　D. 笔记本

3. 下列选项不是电子商务价值链的主体的是（　　）。
   A. 电信运营商 　　　　　　　B. 服务提供商
   C. 内容提供商 　　　　　　　D. 终端设备商

4. "平台模式"中的"平台"一词是指（　　）。
   A. 一个网站 　　　　　　　　B. 一种商业生态系统
   C. 手机或平板电脑 　　　　　D. 应用商店

5．O2O 模式的核心在于（      ）。

    A．用户处于移动状态         B．在线支付

    C．必须线下消费         D．和定位服务捆绑

## 二、填空题

1．移动电子商务就是利用_____开展_____的活动。

2．O2O 是 Online to Offline 模式的简称，即_____，_____。

3．平台模式最核心的功能就是连接多个参与方（供应商和消费者），通过_____和_____让双方_____。

## 三、思考题

1．试阐述我国移动互联网行业的发展现状。

2．移动电子商务的具体含义是什么？移动电子商务与传统电子商务有何不同？

3．移动互联网思维有哪些内容？

4．移动电子商务的商业模式有哪些？

# 项目二
# 移动电子商务技术基础

## 项目导读

　　电子商务得以摆脱"有线"的束缚，进而自由"移动"，主要依托于移动通信技术和无线网络技术的成熟与发展。移动通信技术的更新换代，也正对应着移动电子商务的不同发展阶段。

　　互联网、移动通信技术和其他技术的完美结合催生了丰富多彩的移动电子商务形态，本项目针对实现移动电子商务有关技术进行简单介绍。

## 学习目标

### 知识目标

- 了解移动通信技术
- 了解无线网络技术
- 了解二维码技术
- 了解射频识别技术
- 了解定位服务技术
- 了解 HTML5 技术

### 能力标准

- 能够辨识不同的移动通信技术
- 能够制作具有不同功能的二维码
- 认识 HTML5 文件的基本结构和主要标签

## 引导案例

### AT&T 研发出黑科技：用输电电线来传输高速无线网络

2016 年 9 月，国际知名的移动运营商 AT&T 发布消息称，他们发明了一种能通过输电电线来直接传输千兆级高速无线网络信号的新技术。根据 AT&T 的描述，这种新技术能以更为廉价、更为便捷的方式，将互联网带到那些人迹罕至的偏远地区。

这项新技术被 AT&T 称之为 "AirGig"。根据 AT&T 的描述，"AirGig" 需要将一个特制的天线放置在电线杆的顶端，天线所发出的无线信号会绕着输电电线表层向外传递，从而以千兆级的速度为用户提供高速的网络服务。

AT&T 的首席战略官表示，任何房子周围有电线的居民都能在他们的房子里，很容易地接收到无线网络信号。如果用户选择了特定频率的无线网络信号，还能在距离电线很远的地方接收到信号。

AT&T 表示，他们已经提交了有关这项技术的相关专利申请文件，并在寻找一个好地方，以期在 2017 年进行实地测试。

这项依托电线来传输无线网络信号的技术有着非常明显的优势，那就是目前世界各地都已建成了海量的输电网络，包括那些传统宽带或无线网络信号还未触及的偏远地区。因为无须安装额外的新线缆，所以它可以以非常廉价的方式，将高速的网络宽带服务输送到城市或是偏远郊区。

图 2-1　输电电线

**Q**

请思考：

输电电线（见图 2-1）是日常生活中极为常见的基础设施，如果有一天可以把输电电线当作 Wi-Fi 一样使用，毫无疑问会给随时随地连接网络带来极大的便利，移动电子商务应用也将延伸到更多的地方。那么，Wi-Fi 指的是什么？支持移动电子商务的基础技术有哪些？还有哪些技术的创新和发展带动了移动电子商务的应用？

## 任务一　认识移动电子商务的基础技术

### 任务情景

老李出差去客户那里，乘坐火车回来时，突然发现手机里有一份重要的电子合同忘了发给客户。屋漏偏逢连夜雨，手机这时候也欠费停机了，而火车上又不提供 Wi-Fi，他为此心急如焚。旁边座位的小伙子了解情况后，在自己的手机上开启了"个人热点"功能，老李连接个人热点后，顺利地将合同发到了客户的邮箱。

老李心里大为感慨，以前在火车上连接互联网几乎是不可想象的，而现在则依靠手机和无线通信技术变为了现实。

### 知识链接

无线通信技术包括移动通信技术和无线网络技术。无线通信技术与互联网技术的结合为移动电子商务的诞生提供了基础条件，移动电子商务实际上也正是依托于无线通信网络而存在的商业活动，移动电子商务的发展进程与无线通信技术的发展息息相关。

#### 一、移动通信技术

##### （一）移动通信技术的基本概念

移动通信（Mobile Communications）简单来说就是指通信双方至少有一方在移动中（或临时停留在某一非预定的位置上）的通信方式。近十多年来，我国移动通信高速发展，移动通信网也已实现从模拟网（语言传输服务）向数字网（包括语言、数据和多媒体传输服务）的转换。

移动通信网主要由两个特征来描述：数据速率和覆盖范围。移动通信网的数据速率已由几比特每秒（bps）的窄带低速率发展到 1 Gbps 甚至更高宽带高速率；覆盖范围由户内、城区向高速移动拓展。各种移动终端可以在不同地点和运动状态下实现无线网络接入，获得各种网络信息与网络服务。

### 小提示

数据速率是一段时间内传输数据的平均比特数，其单位有比特每秒（bps）、千比特每秒（Kbps）、兆比特每秒（Mbps）及吉比特每秒（Gbps）。其换算关系为：

1 Kbps=1 024 bps，1 Mbps=1 024 Kbps，1 Gbps=1 024 Mbps。

### （二）移动通信技术的发展

移动通信技术共经历了 1G、2G、3G 和 4G 等几个主要发展阶段（见表2-1），目前 5G 技术尚在研发当中。

表 2-1　移动通信技术主要发展阶段

| 移动通信技术 | 主要制式 | 最高数据传输速率 | 主要应用 |
|---|---|---|---|
| 1G | AMPS/NMT/TACS | — | 语音 |
| 2G | GSM/TDMA/CDMA | 9.6 Kbps | 语音、短信 |
| 2.5G | GPRS | 115 Kbps | 通信、娱乐 |
| 3G | CDMA2000/WCDMA/TD-SCDMA | 2 Mbps | 通信、娱乐、商务 |
| 4G | TD-LTE/FDD-LTE | 100 Mbps | 通信、娱乐、商务 |

#### 1. 1G

第一代移动通信系统（1G）诞生于 20 世纪 80 年代，其采用模拟信号，只能用于语音传输，且语音品质低、信号不稳定、覆盖范围也不够全面。第一代移动通信技术在我国的典型应用为 20 世纪 90 年代前后风靡一时的"大哥大"。

#### 2. 2G

2G 即第二代移动通信技术。我国从 1995 年开始正式挥别 1G，进入 2G 移动通信时代。2G 移动通信以数字语音传输技术为核心，同时比 1G 多了数据传输业务，因此从这一代开始手机就可以上网了。

2G 使用的网络制式包括 GSM、TDMA 和 CDMA。其中，GSM 是全球移动通信系统（Global System for Mobile Communication）的简称，是由欧洲电信标准组织 ETSI 制定的一个数字通信标准，是 2G 移动通信时代使用最为广泛的移动通信网络制式，其数据传输速率约为 9.6 Kbps。

**T 小提示 IPS**

前几年使用手机上网时经常遇到的一个术语是 GPRS，它是通用分组无线服务技术（General Packet Radio Service）的简称，也被称为 2.5G 技术。GPRS 在原 GSM 网络的基础上叠加了支持高速分组数据的网络，向用户提供 WAP 浏览（在移动终端上浏览因特网页面）、发送 E-mail 等功能，其数据传输速率可达到 56 Kbps 甚至 114 Kbps。

### 3. 3G

随着人们对移动网络的需求不断加大，第二代移动通信技术已不能满足需要，必须制定出新的标准，提供更高的数据传输速率。3G 即第三代移动通信技术，它最大的特点是可达 384 Kbps 的高速数据传输速率，在室内稳定环境下甚至可达 2 Mbps，同时移动接入和数据传输也更加稳定，因此 3G 被视为是开启移动互联新纪元的关键。

3G 主要有 3 种网络制式：TD-CDMA、WCDMA 和 CDMA。我国于 2009 年 1 月 7 日颁发了 3 张 3G 牌照，分别是中国移动的 TD-SCDMA，中国联通的 WCDMA 和中国电信的 CDMA 2000。

### 4. 4G

4G 即第四代移动通信技术，它是 3G 技术的延伸，能以高达 100 Mbps 的速率传输数据。4G 技术包括 TD-LTE 和 FDD-LTE 两种网络制式。TD-LTE 作为我国具有自主知识产权的 3G 后续技术，被列为第四代移动通信两大国际主流技术标准之一。

2013 年 12 月，中国移动、中国电信、中国联通获得"LTE/第四代数字蜂窝移动通信业务（TD-LTE）"经营许可，也就是 4G 牌照。至此，我国移动互联网的网速达到了一个全新的高度。

**F 延伸阅读**
**FURTHER READING**

> 　　严格意义上说，目前我们使用的 4G 智能手机已不能简单划归为"电话机"的范畴，而是一台多功能的移动终端，用户可以使用它在网上买东西、订票、玩游戏、看电影等。除智能手机和平板电脑外，眼镜、手表等都有可能成为 4G 终端，如图 2-2 所示。

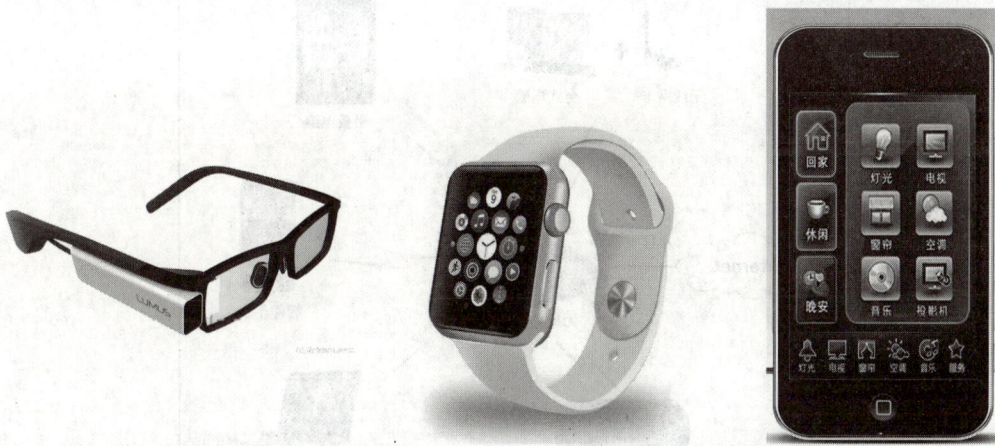

图 2-2　各种 4G 终端设备（智能眼镜、智能手表、智能家居）

## 二、无线网络技术

无线通信网络既包括允许用户建立远距离无线网络连接的全球语音和移动通信网（如GPRS、3G 或 4G），也包括为近距离无线连接服务的无线局域网和无线个域网。

### （一）无线局域网

无线局域网的英文全称为 Wireless Local Area Networks（WLAN），它是在射频技术的基础上，使用电磁波取代旧式双绞铜线所构成的无线局域网络。

无线局域网最初使用的标准是 IEEE（电气和电子工程师协会）制定的 802.11，速率最高只能达到 2 Mbps。由于它在速率和传输距离上都不能满足人们的需要，IEEE 随后又相继推出了 802.11b，802.11a，802.11g，802.11n 和 802.11ac 等标准。

其中，作为 WLAN（无线局域网）原型的 802.11 标准已被淘汰。从传输速率上看，基于 802.11b 标准的无线设备理论速率为 11 Mbps，802.11g 标准的为 54 Mbps，802.11n 标准的为 600 Mbps，802.11ac 标准的则达到 1 Gbps。

我们经常说的 Wi-Fi（Wireless Fidelity，无线保真）其实是一个基于 IEEE 802.11 系列标准的无线网络通信技术的品牌，目的是改善基于 IEEE 802.11 标准的无线网络产品之间的互通性，由 Wi-Fi 联盟（Wi-Fi Alliance）所持有。Wi-Fi 联盟成立于 1999 年，最初叫 Wireless Ethernet Compatibility Alliance（WECA），于 2002 年正式改名为 Wi-Fi Alliance。

无线局域网的典型应用场景有：楼宇之间的网络连接；餐饮、零售及医疗场景中的网络服务；企业办公地、家庭、仓储、会展等场所中的网络接入；监视系统的网络连接等。

要组建简单的无线局域网，通常只需要一台无线宽带路由器即可：首先将无线宽带路由器通过 ADSL、小区宽带等方式接入 Internet，然后将手机、平板电脑、笔记本电脑等终端设备连接上无线宽带路由器（无线热点）即可，如图 2-3 所示。

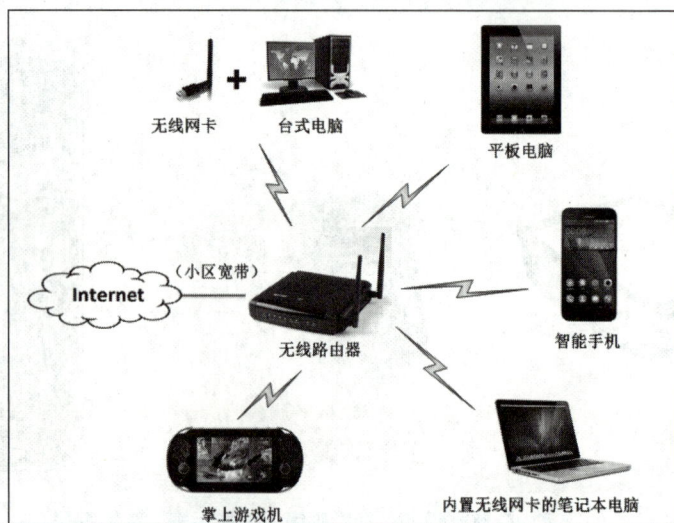

图 2-3　无线局域网连接示意图

如今，许多家庭、商家、学校都组建了无线局域网，提供 Wi-Fi 热点，方便用户将手机接入 Internet。请问，使用 Wi-Fi 方式和 4G 方式将手机接入 Internet 的区别是什么？组建家庭无线局域网需要哪些硬件设备？

### （二）无线个域网与蓝牙

无线个域网（Wireless Personal Area Network，WPAN）覆盖范围较小，用于实现同一地点终端与终端间的连接，如连接手机和蓝牙耳机等，如图 2-4 和图 2-5 所示。

图 2-4　手机蓝牙传输信息

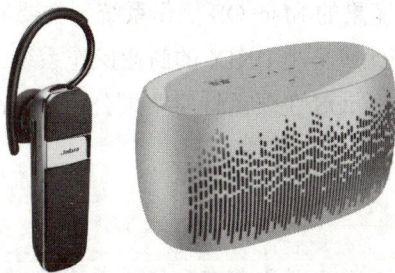

图 2-5　蓝牙耳机和蓝牙音箱

蓝牙是大家熟知的无线联网技术，也是目前 WPAN 应用的主流技术。蓝牙标准是在 1998 年，由爱立信、诺基亚、IBM 等公司共同推出的 IEEE802.15.1 标准。蓝牙技术为固定设备或移动设备之间的通信环境建立通用的无线空中接口，将通信技术与计算机技术进一步结合起来，使各种 3C 设备（通信产品、电脑产品和消费类电子产品）在没有电缆相互连接的情况下，也能在近距离范围内实现相互通信。蓝牙可以提供 720 kbps 的数据传输速率和 10 m 的传输距离。

### 三、移动操作系统

移动操作系统是对智能手机、平板电脑等移动终端设备的硬件和 App 进行控制和管理的系统，它是用户与移动终端设备之间的接口。目前主要有两大移动操作系统：谷歌的 Android 和苹果的 iOS，其中 Android 操作系统的市场占有率较大。

**T** 小 提 示
TIPS

App 是指安装在手机上的各类应用软件。需要注意的是，Android 和 iOS 系统支持的 App 不能兼容，如 Android 版的微信不能安装在 iOS 系统中。

### （一）Android 操作系统

Android 是一种基于 Linux 的开放源代码开发的操作系统，中文名被国内用户俗称为"安卓"，主要用于智能手机及平板电脑等便携设备。

Android 操作系统最初由 Andy Rubin 开发，于 2005 年被 Google 收购。2007 年 11 月，Google 与 84 家硬件制造商、软件开发商及电信运营商组建开放手机联盟，共同研发改良 Android 系统。随后，Google 以 Apache 免费开源许可证的授权方式发布了 Android 的源代码。第一部 Android 智能手机发布于 2008 年 10 月，此后 Android 的应用领域逐渐扩展到平板电脑及电视、数码相机、游戏机等设备。

### （二）iOS 操作系统

iOS 是由苹果公司开发的移动设备操作系统，于 2007 年 7 月发布第一版。iOS 最初是设计给 iPhone 手机使用的，后来陆续应用到 iPod touch、iPad 以及 Apple TV 等苹果产品上。iOS 与苹果的 Mac OS 操作系统（主要应用于苹果电脑）一样，都是基于 UNIX 的操作系统，因此属于类 UNIX 的商业操作系统。

由于 iOS 主要是针对苹果公司的产品进行开发的，因此，不支持其他公司的移动终端。

## 课堂讨论
CLASS DISCUSSION

目前同学们都有手机，请讨论一下苹果手机和安卓手机的优缺点。此外，你认为选购一款手机时需要注意哪些参数？

## 任务实施　设置"个人热点"分享手机流量

**步骤 1**　以 iPone 为例（其他手机设置过程类似），点击"设置"功能按钮，进入手机设置界面，在该界面中可以看见"蜂窝移动网络"选项，点击该选项，进入其设置界面，可看到个人热点默认是关闭的，如图 2-6 和 2-7 所示。

**步骤 2**　点击"个人热点"选项进入其设置界面。在该界面的右上角有功能开启按钮，用手摁住触摸屏滑动即可开启，如图 2-8 所示。

**步骤 3**　弹出"蓝牙已关闭"界面，提示个人热点此时只能通过"无线局域网和 USB"连接方式，这里选择"仅'无线局域网'和 USB"连接，如图 2-9 所示。

**步骤 4**　选择好连接方式之后，即成功开启了个人热点，并有文字提示该热点的名称，下方一栏还显示了加入该热点所需的密码，如图 2-10 所示。

**步骤 5**　此时，使用另外一部手机搜索无线局域网，即可发现该热点的网络连接名称，如图 2-11 所示。点击该网络连接名称并输入密码，即可使用分享个人热点的手机的流量上网。

图 2-6　手机设置页面　　图 2-7　蜂窝移动网络设置界面　　图 2-8　个人热点设置界面

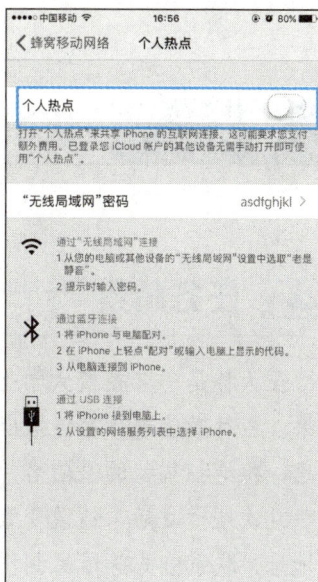

（注意：由于开启个人热点后使用的是分享个人热点的手机的流量，所以需要注意流量的使用情况，以免产生不必要的费用。同学们也可通过蓝牙方式分享和连接个人热点）

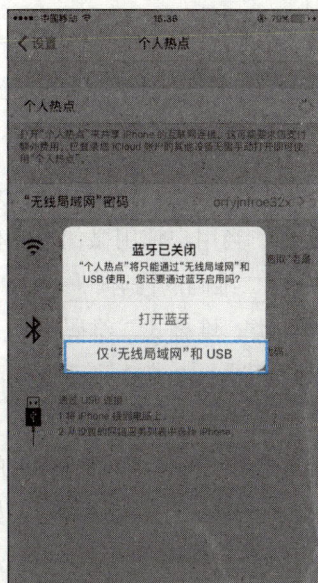

图 2-9　选择个人热点连接方式　　图 2-10　开启成功　　图 2-11　个人热点显示在无线局域网

## 任务二　认识移动电子商务的应用技术

### 任务情景

王大林是一名在校大学生，闲暇时间自己经营着一家微店，主要出售一些文具用品和水果。在对微店进行宣传推广时，很多同学因为不想加一些陌生人为好友或不想收到垃圾信息，拒绝扫描他的微信名片二维码。

几次碰壁之后，他改变策略，不再出示添加微信好友的二维码，而是将产品链接、微店地址、联系方式等信息制作成二维码，再配以个性、生动的广告贴画，大大提升了微店推广的效率。

二维码技术在移动电子商务中的应用非常广泛，是连通线上线下的一个重要工具。本任务就是学习移动电子商务中的二维码和定位服务（LBS）技术等。

### 知识链接

#### 一、二维码技术

二维码（2-Dimensional Bar Code）是利用构成计算机内部逻辑基础的"0""1"二进制编码原理，使用若干个与二进制相对应的几何图形来表示信息，当用户使用微信、支付宝等带有二维码扫描功能的 App 扫描二维码图形，就可以识别出二维码的内容。

二维码可以分为堆叠式（行排式）二维码和矩阵式二维码两类。堆叠式二维码形态上由多行短截的一维码堆叠而成，目前国内常用的有 PDF417 码，如图 2-12（a）所示。矩阵式二维码以矩阵的形式组成，在相应位置上用深色模块（方点、圆点或其他形状的模块）表示二进制的"1"，浅色模块表示二进制的"0"，模块的排列组合确定了矩阵码所代表的意义。目前国内常见的矩阵式二维码有 QR Code、Data Matrix、Maxi Code、汉信码等，如图 2-12（b）～（e）所示，其中 QR Code 码在移动电子商务领域最为常用。

　　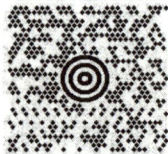　

（a）PDF417　　　　（b）QR Code　　（c）Data Matrix　　（d）Maxi Code　　（e）汉信码

图 2-12　常用二维码

QR Code 是一种矩阵二维码，QR 是英文 Quick Response 的缩写，即快速反应的意思。QR Code 二维码用特定的数据压缩模式表示中国汉字和日本汉字，仅用 13 位即可表示一个汉字，比其他二维码表示汉字的效率提高了 20%。

QR 图有 40 个版本号，分别为 1～40。QR 码的最大容量取决于选择的版本号、纠错级别和编码模式。版本 1 就是一个 21×21 的矩阵（见图 2-13），可以存储 27 个纯数字或 17 个字母数字混合字符或 11 个 8 位字节数据，如果想要存储更多的数据，必须采用更高的版本。QR 码每增加一个版本号，矩阵的大小就增加 4 个模块，因此，版本 40 就是一个 177×177 的矩阵。如图 2-14 所示为 QR 码的版本 2。

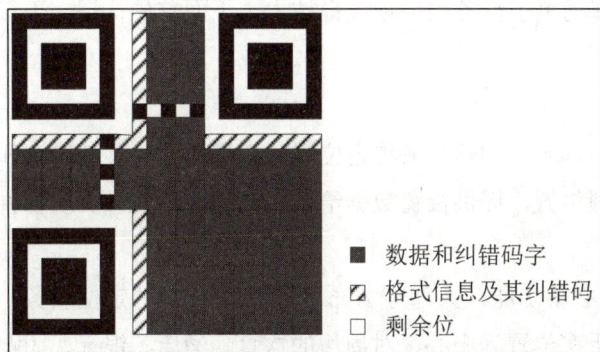

■ 数据和纠错码字
▨ 格式信息及其纠错码
□ 剩余位

图 2-13　QR 码的版本 1　　　　图 2-14　QR 码的版本 2

二维码是移动电子商务中一个非常重要的技术应用，下面列举其一些典型应用：

➤ **信息获取**：用户扫码，即可获得如名片、地图、Wi-Fi 密码等资料。
➤ **网站跳转**：用户扫码，即可跳转到微博、微信、手机网站或其他 App 上。
➤ **广告推送**：用户扫码，可直接浏览商家推送的视频、音频等。
➤ **手机电商**：用户扫码，可直接购物下单。
➤ **防伪溯源**：用户扫码，可查看商品的生产地、加工、运输和销售等信息。
➤ **优惠促销**：用户扫码，可下载电子优惠券或抽奖等。
➤ **会员管理**：用户扫码，可获取电子会员信息，享受 VIP 服务。
➤ **手机支付**：用户扫码，可利用移动支付功能对现实交易进行结算。

随着我国移动互联网的爆发式发展，我国二维码的应用率在全球遥遥领先。目前，世界上 90%的二维码个人用户在中国。其中，二维码在移动支付方面的应用在我国尤为普及。

## C 课堂讨论
### CLASS DISCUSSION

2017年6月29日，某地警方接事主谢某报警称，其店铺用来收款的二维码被人更换，导致当天营业额全部损失。接报后，民警立即开展案件侦查工作，调取案发地周边监控录像锁定嫌疑人，发现犯罪嫌疑人趁店主忙碌期间，将事先准备好的收款二维码粘贴覆盖在店主收款二维码之上。

7月3日，警方将涉嫌诈骗的嫌疑人刘某抓获。经审讯，嫌疑人刘某对其更换二维码的行为供认不讳。

大家讨论一下，使用二维码付款和收款涉及哪些安全问题？

## 二、基于位置服务（LBS）技术

基于位置服务（LBS）技术也是移动电子商务的一项关键技术，下面首先认识一下该技术，然后介绍手机导航功能。

### （一）认识基于位置的服务

基于位置服务（Location Based Services，LBS）又称定位服务，是指通过移动终端和移动网络的配合，确定移动用户的地理位置，提供位置数据给用户本人或他人，实现各种与位置相关的业务。

目前，LBS可以说是手机App的必备功能，大部分App都会提供相应的定位服务。特别是在地图产品中，当客户以当前所在位置为中心，对周边的饮食、酒店、银行、团购优惠等信息进行搜索时，手机中的地图工具就能详细地列出相应的商家地址。以利用高德地图搜索身边服务为例，其步骤如下。

**步骤 1** 登录手机高德地图，点击屏幕底部"搜索×××附近"，进入搜索周边服务界面。

**步骤 2** 在界面中的醒目位置显示有"美食""酒店""景点"等选项按钮，如果仍不能满足搜索需求，还可以点击"更多"按钮继续进行搜索，如图2-15所示。

### （二）手机导航

利用手机导航（Mobile Navigation）功能可以把用户从当前所在地导航到目的地，它能在用户当前位置和目的地之间选择最佳路线，并在行进过程中提示用户是左转还是右转等。

现在市面上的手机导航技术分为3类：第一类是通过太空中的卫星进行GPS导航，精度在3～5 m；第二类是通过基站网络进行粗略的导航，称为CELLID导航，这种导航一般定位误差为100 m，如中国移动手机在室内定位时使用的就是该技术；第三类是

AGPS+CELLID+GPS 定位，这种导航最为精确，在室内默认是 CELLID 定位，在室外先利用 AGPS 搜到星图，达到快速定位的目的，然后自动切换到 GPS 高精度定位并进行导航。

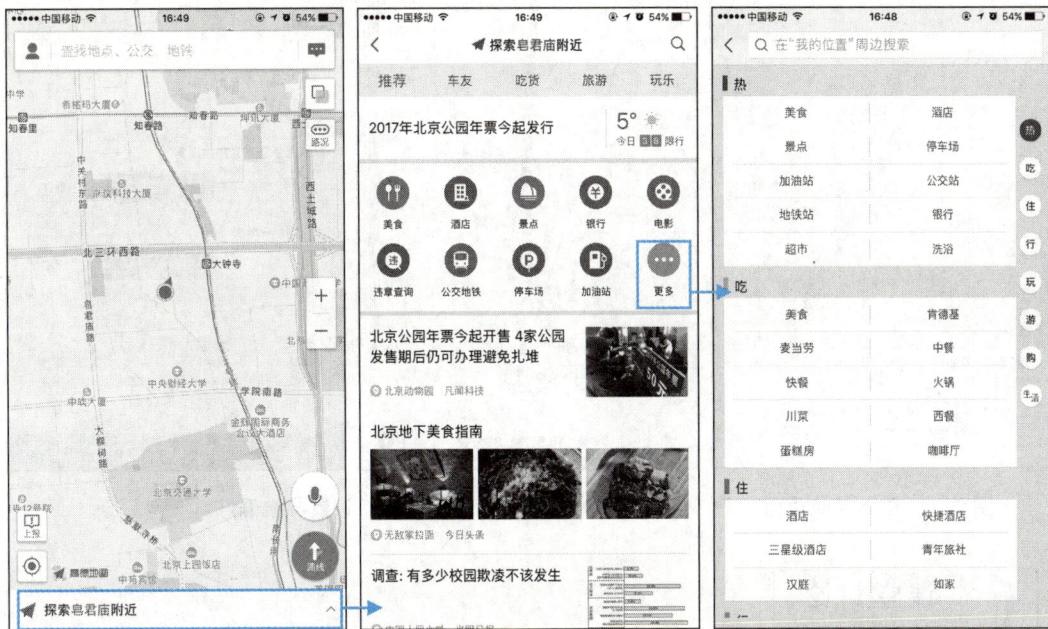

图 2-15　搜索周边的服务

目前国内知名的手机地图有高德、百度和腾讯 3 家，它们使用的都是上述导航技术的第三类。以高德地图为例，使用它为汽车进行导航、查看实时路况的具体操作步骤如下。

**步骤 1**　登录手机高德地图 App，在屏幕顶部搜索栏输入目的地的地址。

**步骤 2**　在底部出现的目的地操作区域中点击"导航"按钮，进入导航页面，如图 2-16 所示。

**步骤 3**　点击导航页面右下角的设置按钮进入设置页面，可以对导航进行相关设置，并且可以搜索沿途的商家和服务设施，如图 2-17 所示。

**步骤 4**　在手机高德地图中点击屏幕，再点击实时路况按钮，当图标被点亮时，即可在地图上显示实时路况信息。

图 2-16　进入导航页面

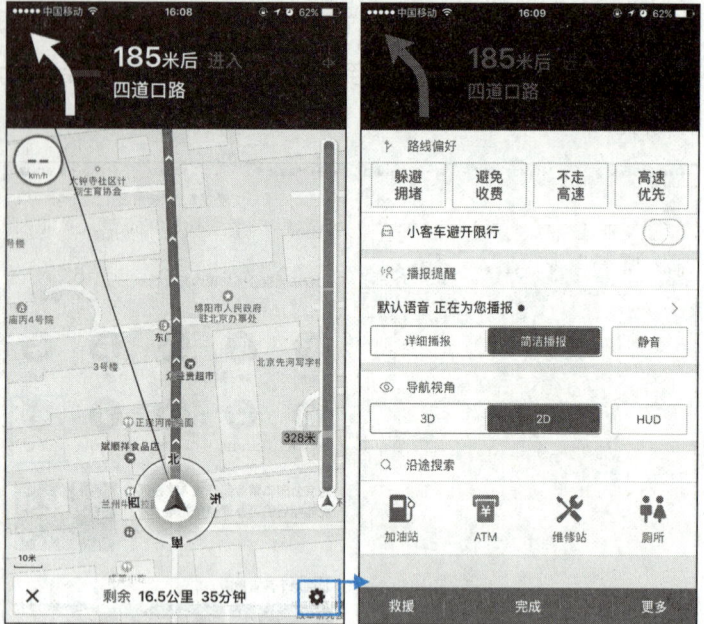

图 2-17　设置导航偏好

## 课堂讨论 CLASS DISCUSSION

利用手机地图，企业可以进行哪些商业活动？

### 三、HTML5 技术

HTML 是超文本标记语言的英文缩写，是为"网页创建和其他可在网页浏览器中看到的信息"设计的一种标记语言，用于创建 Web 页面。

超文本标记语言的结构包括"头"（Head）部分和"主体"（Body）部分。其中"头"部提供关于网页的信息（如网页标题），"主体"部分提供网页的具体内容，"超文本"指页面内可以包含图片、音乐、程序等非文字元素，如图 2-18 所示。

完整的 HTML 文件至少包括<HTML>标签、<HEAD>标签、<TITLE>标签和<BODY>标签，并且这些标签都是成对

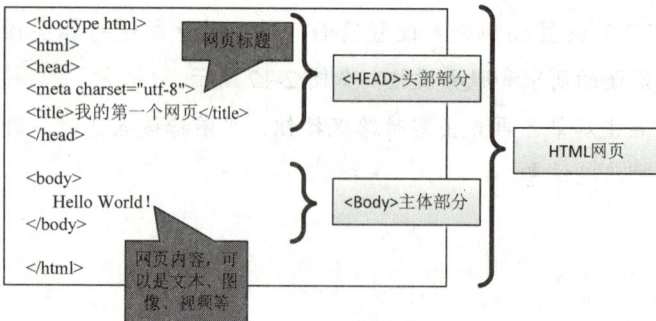

图 2-18　HTML5 代码

出现的，开头标签为<>，结束标签为</>，标签对之间是具体的内容。

HTML5 是 HTML 的第 5 次重大修改，其允许网页制作者建立文本与图片相结合的复杂页面，这些页面可以被网上任何其他浏览，无论是在个人电脑还是移动设备上。因此，HTML5 会带来一个统一的网络，无论是笔记本、台式机还是智能手机都可以浏览基于 HTML5 的网站。

● **任务实施**　**制作手机二维码**

### 一、制作文本功能二维码

**步骤 1**　打开网页浏览器，输入网址 http://www.liantu.com，进入联图网网站。

**步骤 2**　在左侧导航栏点击图标，然后在文字输入框中输入文本信息。此处输入文字："移动电子商务"。输入完成后，将自动在右侧产生相应文本的二维码，如图 2-19 所示。如果对二维码图片的显示效果不满意，还可以在图片下方的设置区域进行参数设置，设计个性化的二维码图片。最后可点击"保存图片"按钮保存二维码图片以备使用。

**步骤 3**　用微信的"扫一扫"功能扫描该二维码，显示结果如图 2-20 所示。

图 2-19　制作文本二维码　　　　　图 2-20　手机扫描后还原的文本信息

### 二、制作名片功能二维码

**步骤 1**　返回联图网首页，在左侧导航栏点击图标，然后在"输入联系人信息"区域按照格式要求输入相应的个人信息，输入完成后将自动在右侧产生个人名片信息的二维码，如图 2-21 所示。

**步骤 2**　对生成的二维码进行个性化设置，然后点击"保存图片"按钮保存二维码图片以备用（如可将该二维码发送给别人）。

**步骤 3** 用微信的"扫一扫"功能扫描该二维码，显示结果如图 2-22 所示。最后可点击"保存"按钮保存该名片信息到手机通讯录中。

图 2-21　制作名片二维码

图 2-22　手机扫描后还原的名片信息

### 三、制作网址二维码

**步骤 1** 返回联图网首页，在左侧导航栏点击图标 ，然后在"输入 URL 网址"区域按照要求输入一个网址（如企业网站首页或者产品链接网址），此处输入京东商城首页的网址，输入完成后将自动在右侧产生网址的二维码，如图 2-23 所示。

**步骤 2** 用微信的"扫一扫"功能扫描该二维码，扫描后将直接跳转到京东商城首页，如图 2-24 所示。

图 2-23　制作网址二维码

图 2-24　手机扫描后直接跳转到链接页面

#### 四、制作地图信息二维码

**步骤1** 返回联图网首页，在左侧导航栏点击图标 📍，然后在"选择地理位置"区域找到需要标注的地点进行标注，这里选中北京一家东来顺餐馆。标注完成后将自动在右侧产生地图信息的二维码。

**步骤2** 如果需要在二维码图片中嵌入 logo，需要首先准备一张高质量的 logo 图片，然后点击右侧二维码图片下方的"嵌入 Logo"选项卡，再点击 ➕点击添加图片 按钮，在打开的界面中选择准备好的 logo 图片即可，如图 2-25 所示。

**步骤3** 用微信的"扫一扫"功能扫描该二维码，扫描后将自动跳转到百度地图链接并指示步骤 1 中标识的位置。

图 2-25 嵌入 Logo 图片

## 项目小结

本章介绍了与移动电子商务相关的一些基础技术，包括移动通信技术和无线网络技术、移动操作系统等。还简单了解了移动电子商务在移动终端上的几个主要应用技术，包括二维码技术、定位服务技术和 HTML5 技术，旨在让读者从技术层面对移动电子商务有全面深入的了解。

# 就业连线

## 岗位介绍：商务经理（移动互联网方向）

### 【岗位职责】

1．开拓及管理互联网及无线互联网、手机厂商等媒介资源，与媒体、代理进行沟通和配合，建立长期稳定的合作关系。

2．协助公司完成季度、年度KPI。

### 【岗位要求】

1．熟悉新媒体、互联网媒体及无线互联网媒体，2年以上相关行业工作经验。

2．拥有互联网、无线互联网、手机厂商等媒体、渠道资源；并有很强的商务拓展和谈判能力。

3．逻辑思维强，对数据敏感度高，有良好的数据分析及广告、活动策划能力。

4．具备良好的语言和文字表达能力。

5．有高度的责任心，踏实，细致；具备很强的学习能力。

6．良好的团队精神和协调沟通能力，能在压力下工作。

7．具有市场营销、广告、公关及新媒体运营实操经验者优先。

# 项目实训  使用 HTML5 设计手机网页

## 项目背景

HTML5 将成为新一代的 Web 技术标准，改变整个 Web 应用领域的游戏规则（如实现移动商务应用的本地化，摆脱对 Flash 和 Silverlight 等浏览器插件的依赖），它在给移动 Web 应用带来无限可能性的同时，还能带来更快、更好、更炫的用户体验。本实训项目的目的是学会使用 HTML5 设计简单的移动电子商务页面，其预览效果如图 2-26 所示。

## 实训目的

1. 了解移动 Web 页面设计技术的形态。
2. 认识 HTML5 的基本结构和主要标签。

## 实训内容

### 一、准备页面素材

本实训中的手机网页素材包括页面描述文字和图片两个部分。打开本书配套素材"素材与实例">"项目二">"mobilepage"文件夹，如图 2-27 所示。

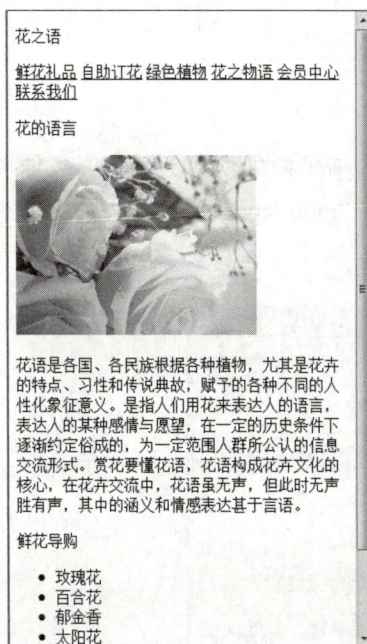

图 2-26　手机页面设计参考效果

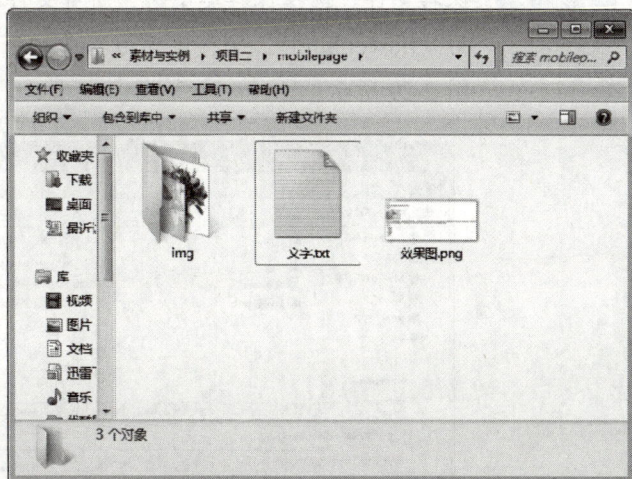

图 2-27　手机网页素材

### 二、使用 HTML5 设计手机页面结构

**步骤 1**　新建一个记事本文件，输入如图 2-28 所示的代码。

图 2-28　HTML5 设计代码

**步骤 2**　保存文件。选择保存类型为"所有文件"，编码类型为"UTF-8"，文件名为"flower.html"，保存位置为本书配套的"mobilepage"素材文件夹，如图 2-29 所示。

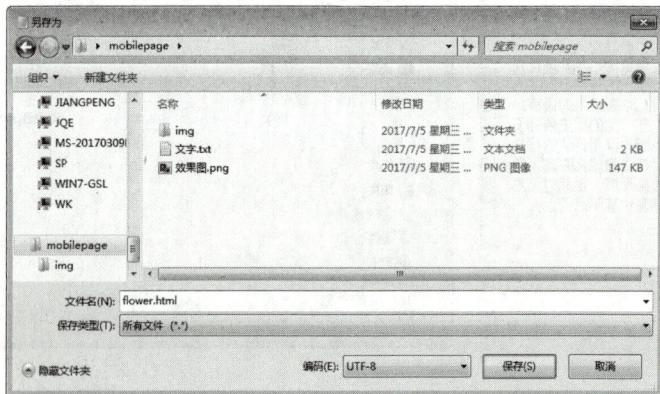

图 2-29　保存制作的网页文件

**步骤 3**　利用浏览器打开"flower.html"文件进行预览。

# 课后习题

## 一、选择题

1. 移动通信是指通信双方（　　）。
   A. 必须双方都在移动中
   B. 只能有一方在移动中
   C. 至少有一方在移动中
   D. 必须使用中国移动手机卡

2. 2017 年，移动通信技术已经跨入（　　）。
   A. 2G 时代
   B. 3G 时代
   C. 4G 时代
   D. 5G 时代

3. 下列二维码中，属于堆叠式二维码的是（　　）。
   A. PDF417 码
   B. QR Code 码
   C. Data Matrix 码
   D. 汉信码

4. RFID 技术是通过下列选项（　　）来识别特定目标并读写相关数据的。
   A. 超声波
   B. 电缆
   C. 红外线
   D. 无线电信号

5. 下列导航技术的导航精度在 3～5 m 的是（　　）。
   A. 基站网络导航
   B. GPS 导航
   C. AGPS+CELLID+GPS 定位
   D. 以上都不是

## 二、填空题

1. 无线通信网络既包括允许用户建立远距离无线网络连接的_____和_____，也包括为近距离无线连接服务的_____及_____。

2. 移动数据网主要由两个特征来描述：_____和_____。

3. _____作为我国具有自主知识产权的 3G 后续演进技术，已经正式被列为第四代移动通信两大国际主流技术标准之一。

4. 二维码可以分为_____二维码和_____二维码两类。

## 三、思考题

1. 实现移动电子商务的基础技术有哪些？
2. 二维码技术对移动电子商务有什么意义？
3. HTML5 解决了移动电子商务中的什么问题？

# 项目三
# 移动银行与移动支付

## 项目导读

　　随着移动支付的便利性不断提升，大众消费行为逐渐向移动端迁移，消费者对移动支付的使用度、信任度、接受度日益增强，可以说，移动支付已经深入到各个消费场景之中，成为移动电子商务的重要支撑。

　　当前大部分移动支付活动主要由银行和第三方支付机构主导，本项目就带领大家简单了解移动银行和移动支付相关的知识。

## 学习目标

### 知识目标

- 理解移动银行的相关概念
- 理解移动支付的含义
- 了解移动支付的业务类型
- 掌握移动支付的主要支付模式及其支付流程
- 掌握移动支付的支付形式

### 能力标准

- 能够使用移动银行 App 进行基本操作
- 能够使用移动支付工具进行消费结算

## 引导案例

### 海南航空接入支付宝　万米高空实现"移动支付"

2017年3月8日上午，支付宝、喜乐航、海南航空三方共同宣布，在海航首批15架飞机上正式开通空中移动支付服务，用户可以在万米高空消费购物和付费升舱。

乘客乘坐海南航空互联网航班时，连接由喜乐航提供的机上 Wi-Fi，即可浏览喜乐航商城，选择好折扣商品并填写收货信息，在结算时会自动跳转至支付宝页面。

不过需要注意的是，由于国内法律规定，飞机上严禁开启手机，因此乘客目前只可以使用平板电脑或笔记本电脑连接 Wi-Fi 购物（见图3-1）。

此外，根据支付宝风控规则，在新的网络环境或者新设备等特殊情况下支付，都需要通过手机接收短信验证码进行验证。针对高空飞行这一特殊场景，支付宝方面表示，三方采取了新型安全系统和流程，配置了无须短信验证的新风控方案，解决了这一难点，不开手机也可以实现支付。并且在整个支付流程中，即便用户使用飞机上的公用平板电脑，其数据也是完全封闭的，即用即清，不会造成数据泄露。

喜乐航官方表示，空中移动支付将伴随着互联网客机改装计划推进铺开。预计至2017年年底，互联网客机改装规模将达到129架，包括海南航空、首都航空及扬子江航空等多家航空公司在内，每周将覆盖60余万乘客。此次移动支付首次覆盖国内航空的万米高空，也标志着"无现金社会"正在加速到来。

图3-1　飞机上的移动购物

**Q**

请思考：

移动支付是移动电子商务的重要环节，也是移动电子商务得以顺利发展的基础条件。目前，中国是移动支付普及率最高的国家。那么，你了解移动支付、移动银行吗？它们涉及哪些技术？有哪些类型？具体如何操作？

## 任务一　使用移动银行

### 任务情景

相信大家都深有体会，在银行排队办理业务是一件极其浪费时间的事。在效率至上，时间就是金钱的移动互联时代，手机银行提供了随时、随地、随心的便捷服务，为广大用户带来了福音。

小何最近下载了交通银行的手机银行 App，立刻就被它丰富的功能所吸引，转账汇款不仅即时到账，并且还全免手续费。本任务就是带领大家学习移动银行的相关知识，并使用交通银行手机银行进行一次转账汇款，体验手机银行的便捷。

### 知识链接

#### 一、移动银行概述

移动银行也被称为手机银行，是一种较为典型的移动商务应用。简单来说，移动银行就是以手机、平板等移动终端作为银行业务平台中的客户端来完成某些银行业务。消费者能够在任何时间和任何地点，通过移动终端以安全的方式进行诸如转账、交费等业务，而不需亲自去银行或向银行打电话咨询，如图 3-2 所示为某手机银行首页。

当前，在互联网金融和利率市场化改革的双重压力下，商业银行传统业务的盈利空间和发展前景变得愈来愈狭窄，

图 3-2　某手机银行首页

为了适应互联网时代的市场需求，各银行必须在传统业务之外开展电子银行业务（包括网上银行、电话银行、手机银行、自助银行，以及其他离柜业务），而手机银行凭借其成本低、不受时间地点限制等优势，正成为各家商业银行今后业务发展的重点。

### 小提示
### TIPS

手机银行和电话银行虽然同属于电子银行业务，但二者仍然具有一定差异：电话银行是基于语音的银行服务，而手机银行是基于短信的银行服务。通过电话银行进行

的业务都可以通过手机银行实现，此外手机银行还可以完成电话银行无法实现的二次交易。比如，银行可以代用户缴付电话、水、电等费用，但在资金划转前要经过用户的确认。

## 二、移动银行的主要应用类型

作为与用户手机号码关联的银行账户的管理者，银行的角色十分重要。一方面银行可以自己进行移动客户端应用开发；另一方面还可以与流量平台合作。

### （一）手机银行客户端

说到手机银行，必须先讲一下其客户端软件的功能，现在各大银行都推出了自己的客户端应用，提供给所有智能手机用户免费使用。

**延伸阅读**
*FURTHER READING*

2017 年以来，华夏银行进一步加快互联网金融创新步伐，通过持续优化产品功能全面提升客户体验，使客户数量和质量快速得到提升。其中，移动银行客户数仅用了17 个月的时间，就达到个人网银推广 11 年 8 个月的客户数总量。

截至 2017 年一季度末，华夏银行移动银行客户数突破 200 万户。2017 年一季度，移动银行移动账交易金额达到 815.84 亿元，同比增长 252.31%；移动账交易笔数达到330.56 万笔，同比增长 69.72%。

各大银行推出的手机银行客户端功能虽然各不不同，但大体上主要有五大主要功能。

- ➢ **基础业务**：除现金业务外，手机银行基本可以满足日常金融生活的大部分需求，包括查询、转账、汇款、缴费等基础业务。而且手机银行一个很大的吸引力是手机银行转账汇款手续费全免。

- ➢ **理财投资**：手机银行也可以适用于基金、黄金、外汇、银行理财产品等投资理财产品的选购。

- ➢ **增值服务**：用户可以通过手机银行进行预订机票、话费充值、购买电影票、商城购物、水电煤缴费等增值服务。

- ➢ **预约取款**：工行、建行、交行和广发银行等均推出手机银行预约取款服务，用户不带现金不带卡，也可以通过手机银行的预约取款功能，去就近网点取现。

- ➢ **扫码支付**：交通银行 App 目前还提供了"立码付"功能。用户可通过手机银行App 生成二维码，在有扫码枪等设备或提供相应收付款二维码的商场可针对个人和商户进行扫码支付。

### （二）与微信合作

由于互联网公司在平台、流量和大数据获取等方面具有天然优势，客户群体庞大，因此许多银行选择与其化竞争为合作，共同开展移动金融业务。其中具有代表性的便是"微信银行"。

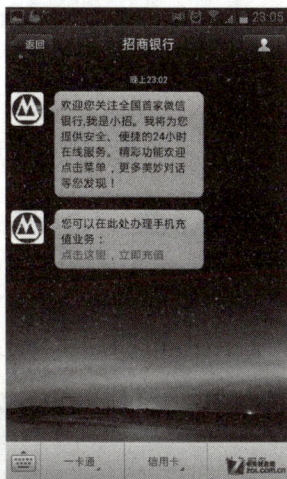

图 3-3 招商银行微信银行

➤ **微信公众号**：2013 年招商银行就升级了微信公众平台号，推出全新概念的首家"微信银行"，如图 3-3 所示。服务范围从单一信用卡服务拓展为集借记卡、信用卡业务为一体的全客群综合服务平台，可以实现转账汇款、手机充值、预约办理等一系列服务。

➤ **微信小程序**：自 2017 年以来，多家银行又陆续上线微信小程序，包括浦发银行、招商银行和中信银行等银行的信用卡小程序纷纷亮相，为消费者提供一些具有特色的银行业务。

银行公众号及其信用卡微信公众号推出的小程序，更多的是提供了一个新的业务渠道。和手机银行 App 大而全的功能相比，微信小程序走的是灵活、轻量的路线，主推某一项或几项服务。银行推出小程序，主要是以特色的服务来吸引新客户。

## 三、移动银行的发展现状

手机银行已成为商业银行客户服务主渠道之一。据数据统计，当前移动银行 App 发展迅猛，在 2017 年 3 月的金融类 App 排名榜上占据了前十的半数席位。如图 3-4 所示。

移动银行 App 活跃用户整体保持平稳上升，中国建设银行、中国工商银行、工银融 e 联以 3 606.18 万、3 521.09 万、2 318.97 万位列银行服务类 App 的前三甲。

用户的增长得益于银行对手机银行 App 发展的重视。例如，2017 年 3 月，建设银行推出新版手机银行，新增功能近 150 项，优化功能超过 350 项，全面满足客户生活、工作、理财、娱乐等多方面需求，从而提高客户黏性。

| 排名 | App 名称 | 领域名称 | 月度活跃用户规模（万人） | 活跃用户环比增幅（%） |
|------|---------|---------|----------------|----------------|
| 1 | 支付宝 | 支付 | 35353.6 | 4.87% |
| 2 | 中国建设银行 | 银行服务应用 | 3606.18 | 15.75% |
| 3 | 同花顺炒股票 | 证券服务应用 | 3595.04 | 10.67% |
| 4 | 中国工商银行 | 银行服务应用 | 3521.09 | 17.60% |
| 5 | 工银融e联 | 银行服务应用 | 2318.97 | 19.01% |
| 6 | 招商银行 | 银行服务应用 | 2136.32 | 14.57% |
| 7 | 农行掌上银行 | 银行服务应用 | 2089.59 | 16.65% |
| 8 | 东方财富网 | 证券服务应用 | 1633.05 | 17.23% |
| 9 | 掌上生活 | 银行服务应用 | 1617.42 | 14.29% |
| 10 | 大智慧 | 证券服务应用 | 1530.87 | 21.03% |

图 3-4 2017 年 3 月金融类 App 排名

## 任务实施　使用交通银行手机银行进行转账和缴费

### 一、登录交通银行手机银行界面

**步骤 1**　以 iOS 操作系统的手机为例，进入手机 App Store，搜索交通银行客户端，将其下载并安装到手机中。进入交通银行手机银行 App，点击首页右下角的"我的" 图标，进行自助注册，如图 3-5 所示。注册成功后点击"现在登录"按钮登录手机银行。

图 3-5　自助注册手机银行账号

**T 小提示 TIPS**

　　各大银行的 App 客户端在服务内容和形式上有一定区别。例如，在各大银行的 App 上注册和开通账号的流程虽然大同小异，但开通对外转账权限的方式却不尽统一。工商银行实现对外转账需要在注册手机银行的账户后，携带有效身份证件到全国任意营业网点开通手机银行的对外转账权限；而交通银行则可自行在 App 中开通对外转账权限。个人可根据需要选择相应的银行客户端 App。

相对于支付宝和微信转账，银行 App 转账可设定更高的手机转账限额。例如交通银行，如果采用短信动态密码认证方式，日最高转账限额为 5 万元；如果采用智慧网盾认证方式，则日最高转账限额为 100 万元。用户可在交通手机银行 App 中点击"我的" > "设置" > "安全工具"进入认证工具管理，对已有的认证形式进行管理。

**步骤 2**　在交通银行手机银行的首页中，点击"全部"按钮，可显示手机银行的全部服务，主要有金融服务和生活服务两类，此外还有利率查询和存（贷）款计算器，以及银行卡管理等工具，如图 3-6 所示。使用交通银行手机银行，可以享受很多便捷的移动金融服务，如在旅行的火车上能进行国债或基金交易；在逛街时使用手机银行"立码付"功能直接用银行卡余额为消费结算（需有扫码枪），或者随时为信用卡还款。

图 3-6　交通银行手机银行的基本服务

## 二、使用交通银行手机银行转账

**步骤 1**　在交通银行手机银行首页中，点击"转账汇款"按钮，进入转账汇款页面。在页面中填写收款方的姓名、账户及转账金额，然后点击"确认转账"按钮，如图 3-7 所示。

**步骤 2**　进入交易密码和短信密码验证环节，如图 3-8 所示。交易密码为银行卡的取款密码，短信密码由系统即时发送到银行卡预留的手机号上，用户需要正确填写两个密码。输入完成后，点击"确定"按钮。

**步骤 3** 转账成功后将转到提示页面，如图 3-9 所示，点击"完成"按钮。

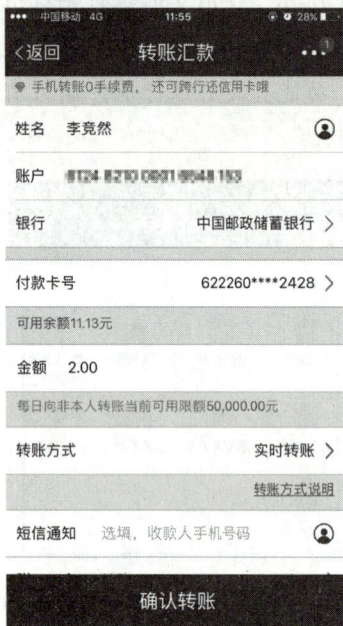

图 3-7　填写收款方的信息　　　图 3-8　输入密码　　　图 3-9　转账成功

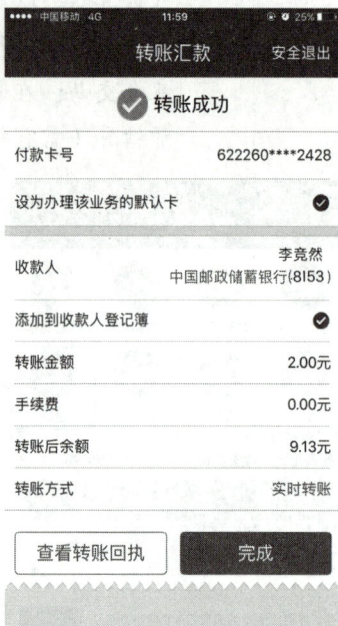

## 三、使用交通银行手机银行缴费

使用手机银行还可以进行手机充值、生活缴费（如缴纳水费、宽带、暖气费等）、缴交通罚款、Apple Pay 充值等许多缴费功能。

**步骤 1** 在交通银行手机银行的首页中，点击底部的"生活"按钮，进入生活服务功能页面。继续点击"生活缴费"，如图 3-10 所示。

**步骤 2** 进入生活缴费页面，手机银行会自动定位用户所在城市，并提供"本地联通、本地移动、本地电信、燃气、水费、暖气费"费用的缴纳功能，如图 3-11 所示。

**步骤 3** 在"生活"服务功能页面中，点击"交通罚款"按钮，可输入车辆信息进行违章查询并缴纳交通罚款。如图 3-12 所示。

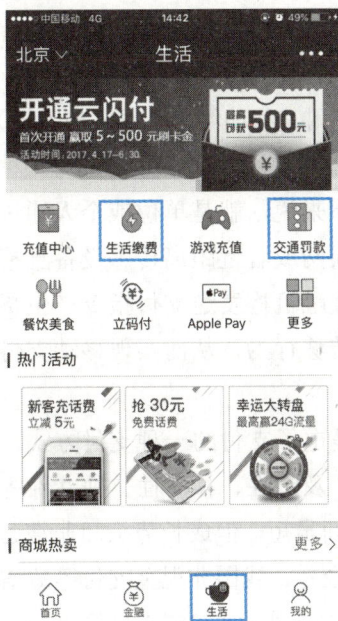

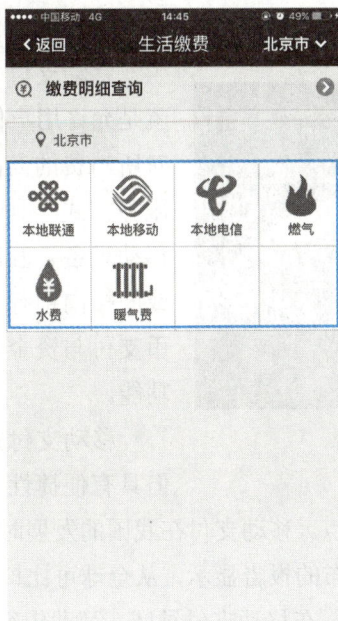

图 3-10　"生活"页面　　　　图 3-11　"生活缴费"页面　　　　图 3-12　"交通罚款"页面

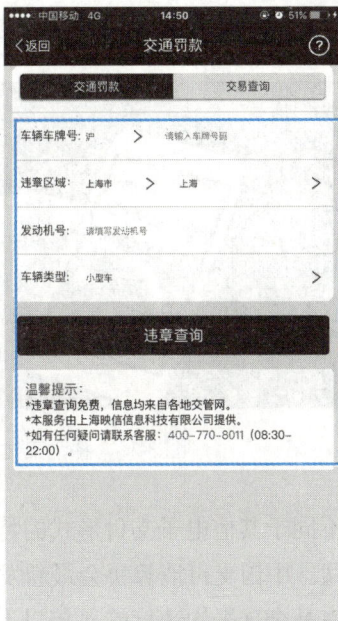

## 任务二　使用移动支付

### 任务情景

　　小华是一家水果店的老板，最近半年，来店里的顾客经常会询问能不能微信支付或者支付宝支付。有时候顾客得到否定回答，还会露出失望的表情。随着这种情况越来越多，小华意识到提供移动支付方式的重要性。

　　作为近年来新兴起的一种新型支付方式，移动支付（Mobile Payment）正处于飞速发展阶段，它极大地改变了人们的消费习惯和商业形式。本任务的目的是学习移动支付的相关知识，并为小华的店铺开通移动支付功能。

### 知识链接

#### 一、移动支付概述

　　如果将移动商务比作一只展翅翱翔的雄鹰，那么移动支付就是托起雄鹰羽翼的气流。每一次移动商务的最终实现，都要跨过移动支付这道关卡。显然，移动支付是支撑移动电子商务发展的重要保障平台与必要后盾。

图 3-13　移动支付

移动支付（见图 3-13）也称手机支付，就是允许用户使用其移动终端（通常是手机）对所消费的商品或服务进行账务支付的一种服务方式。具体来说，就是单位或个人通过移动设备、互联网或者近距离传感设备直接或间接向银行金融机构发送支付指令产生货币支付与资金转移行为，从而实现移动支付功能。

移动支付是电子支付的一种支付方式，但具有便捷性、及时性、移动性、独立性等不同于其他电子支付形式的特点。移动支付在我国的发展时间虽短，但成长势头却非常迅猛。中国支付清算协会最新发布的报告显示，从全球可比口径看，我国非现金支付笔数增速是全球平均速度的 4 倍以上。在移动支付领域，商业银行共处理业务 257.1 亿笔，金额为 157.55 万亿元。而银行卡取现业务则出现负增长，下降 10.46%，这种现象说明我国已经在慢慢步入"无现金社会"。

在移动支付市场上，第三方支付占据着主要的市场份额，近 90%的用户使用第三方支付形式进行移动购物。与前两年相比，作为第三方移动支付市场的领头羊，支付宝的市场霸主地位受到了以微信支付和 QQ 钱包为主导产品的财付通的强有力挑战，如图 3-14 所示。

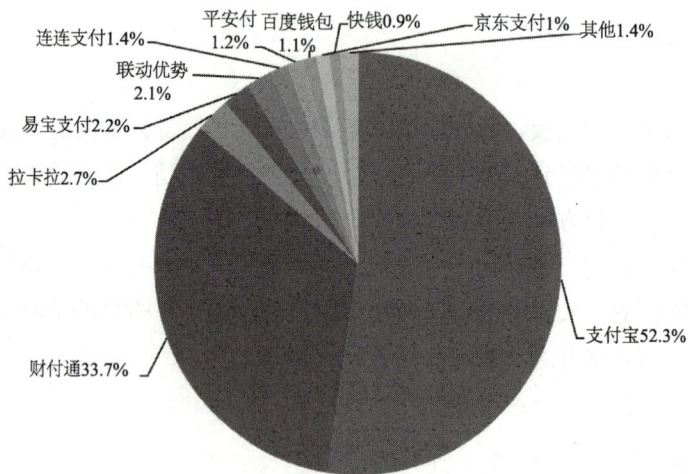

图 3-14　2016 年中国第三方移动支付交易规模市场份额

## 二、移动支付的类型

按照不同的分类标准，移动支付可以分为不同的类型，如表 3-1 所示。

表 3-1　根据不同标准对移动支付进行分类

| 分类标准 | 分 类 | | |
|---|---|---|---|
| 按用户支付额度的大小分类 | 小额支付 | 大额支付 | |
| 按照支付地点的远近分类 | 近场支付 | 远程支付 | |
| 按支付账户的性质分类 | 银行卡支付 | 第三方支付账户支付 | 通信代收费账户支付 |
| | 直接采用银行的借记卡或信用卡账户进行支付的形式 | 第三方支付机构为用户提供与银行相关结算系统对接的接口和通道服务，实现交易过程中用户和商户两端线上的资金转移和支付结算 | 用户购买虚拟产品时，将账单记录在用户的通信费账单中 |
| 按支付的结算模式分类 | 即时支付 | 担保支付 | |
| | 支付服务提供商将资金从买家的账户即时划拨到卖家账户 | 支付服务商不仅负责资本的划拨，同时还要为互不信任的买卖双方提供信用担保 | |
| 按用户账户的存放模式分类 | 在线支付 | 离线支付 | |
| | 用户账户存放在支付提供商的支付平台，用户消费时，直接在支付平台的用户账户中扣款 | 用户账户存放在智能卡中，用户消费时，直接通过 POS 机在用户智能卡的账户中扣款 | |

　　以支付宝为例，由于支付宝账户属于银行和客户之外的第三方，因而是一种第三方支付账户支付，同时支付宝中产生的交易大多数是小额零售消费，因此属于一种小额支付。在使用支付宝结账时，如果使用"扫一扫"功能在商场为商品付款结算，则属于近场支付；如果通过支付宝账户为诸如移动淘宝 App 购物车中的商品付款，则属于远程支付。

### 三、移动支付的支付模式及其流程

　　在按支付账户性质的分类中可以看出，移动支付有银行、第三方支付机构和移动运营商这三种不同主导核心的支付模式。其中以银行和第三方支付机构为主导核心的支付模式最为常见，下面对这两类支付模式流程进行简单介绍。

#### （一）以银行为主导

　　以银行为主导的移动支付实际上是传统支付的延伸，在这种模式下，银行独立提供移动支付服务，消费者和银行之间利用手机借助移动运营商的通信网络传递支付信息。在众多支付产品中，由中国银联联合各商业银行推出的"云闪付"就是这一模式的代表。

　　云闪付（见图 3-15），即以智能手机为基础，是一种基于 NFC 技术的支付方式。客户使用"云闪付"卡可以用手机代替实体银行卡，在 POS 机上进行付款，享受便捷、安全、快速的支付体验。

中国支付清算协会发布的《中国支付清算行业运行报告（2017）》统计，目前，国内主要商业银行均已支持包括 HCE、Apple Pay、Samsung Pay、Huawei Pay、Mi Pay 在内的银联"云闪付"产品。"云闪付卡"累计发行已超过 2 200 万张，全国支持"云闪付"终端数超过 800 万台，覆盖餐饮、购物、游乐等各生活领域，2016 年全年累计实现交易 1.9 亿笔、实现交易额达到 217 亿元。

图 3-15　云闪付

### 延伸阅读 FURTHER READING

NFC 近场通信技术由非接触式射频识别（RFID）及互联互通技术整合演变而来，在单一芯片上结合感应式读卡器、感应式卡片和点对点功能，能在短距离内与其他兼容设备进行识别和数据交换。目前新出的智能手机大部分都具有 NFC 功能，可以实现公交刷卡（前提是公交开通了手机刷卡功能）、线下支付等功能。

使用"云闪付"进行移动支付的流程如下。

➢ **首先：**需要拥有一部具备近场支付（NFC）功能的智能手机；

➢ **其次：**持卡人需在所属银行的手机 App 中绑定自己的银行卡，生成一张云闪付卡，相当于实体银行卡的网络"替身卡"；

➢ **最后：**在超市、商场收银台具有银联"闪付"标志的 POS 机前，收银员输入消费金额后，消费者只需点亮手机并将其轻轻放置在 POS 机附近，在"滴"的一声后输入密码，就完成了整个支付过程。

### 延伸阅读 FURTHER READING

中国银联 2017 年 5 月 27 日正式推出"银联云闪付"二维码产品，发力移动支付领域。兴业银行作为银联重要合作伙伴之一，旗下互联网金融平台"钱大掌柜"成为首批 40 余家支持银联二维码支付的银行 App。

消费者在放有云闪付二维码受理标识的付款处，打开钱大掌柜 App，首次绑卡后，通过"向商户付款"功能生成"付款码"，收银员使用扫码枪读取后即可完成支付，或通过"扫一扫"功能扫描商户收款码后完成支付。

#### （二）以第三方支付机构为主导

第三方支付是指具备一定实力和信誉保障的独立机构，采用与各大银行签约的方式，通过与银行支付结算系统接口对接而促成交易双方进行交易的网络支付模式。

第三方支付机构是第三方支付这种支付方式得以实现所必需的媒介，是买卖双方在交易过程中的资金"中间平台",其作用是在银行监管下保障交易双方的利益。2016 年,第三方支付机构共处理移动支付业务 970.51 亿笔,总金额达到 51.01 万亿元,同比分别增长 143.47% 和 132.29%。

目前国内最主要的第三方支付平台是支付宝和财付通。其中,支付宝是全球领先的第三方支付平台,成立于 2004 年 12 月,致力于为用户提供"简单、安全、快速"的支付解决方案。旗下有"支付宝"与"支付宝钱包如图 3-16 所示"(支付宝 App 版)两个独立品牌。

图 3-16　支付宝钱包

## 小 提 示 TIPS

2016 年中国的第三方移动支付领域,支付宝和财富通分别占 55% 和 37% 的市场份额。我们所熟悉的微信钱包、QQ 钱包,它们的功能都是基于财付通实现的。微信支付、QQ 钱包是前端产品,而财付通则是它们背后的平台支撑。

在进入移动支付领域后,支付宝迅速成为全球最大的移动支付厂商,为零售百货、电影院、连锁商超和出租车等多个行业提供移动支付服务。使用支付宝钱包等第三方移动支付平台进行移动支付的流程如下(见图 3-17)。

(1)消费者在手机电子商务平台、现实商场、超市或者出租车等消费场景选购商品或服务。

(2)支付时使用支付宝钱包支付(使用手机上的支付宝钱包扫码支付,或由电子商务 App 内跳转至支付宝 App 进行支付)。消费者在支付宝钱包上选择支付的银行卡(此卡已绑定支付宝账号,开通快捷支付功能),输入支付密码确认支付。

(3)支付宝钱包将用户信息和支付请求转发到相关银行系统。

(4)相关银行系统处理支付请求,从消费者银行账号扣款,并发送短信到消费者手机通知账户资金变动信息;同时将处理结果发送给支付宝钱包。

(5)支付宝钱包收到支付成功的处理结果后向商户的支付宝账号转账。

(6)商家支付宝账户资金到账后,便为消费者提供产品或服务。至此,消费者和商家之间的交易过程完成。

(7)后续,银行会就消费者的支付行为、商家的提现行为等与支付宝钱包进行清算。

消费者　　　　　　　　　　　　　　　　手机电商或手机收单商家

（1）

（6）

（2）

（7）

（5）

（4）

（3）

（4）

第三方支付服务器　　　　　　　　　　　　发卡银行相关系统
（支付宝钱包）

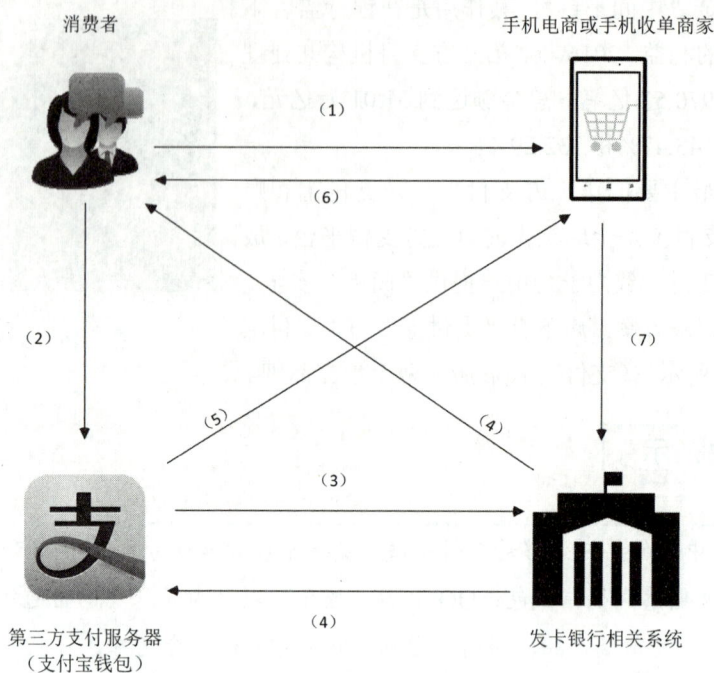

图 3-17　第三方移动支付交易流程图

## F 延伸阅读
### FURTHER READING

　　任何一家支付机构后台都要接入一堆银行接口。目前银行开放给第三方机构（包括第三方支付平台）的接口大概有四类：POS 收单接口、网银接口、快捷支付接口和代扣接口。其中，快捷支付接口和代扣接口都允许用户只要一次性签约，第三方机构就可以将资金从用户的签约银行账户里直接划走，省去了注册和登录网银的过程。这两种接口都需要三方签约，即用户、第三方机构及银行三方签约。

　　从用户体验上讲，用户只需要与第三方机构一次性签约，以后资金就会按消费情况被第三方机构划走，而无须用户再输入密码或其他验证手段。这里要注意的是，第三方支付平台的支付密码是支付平台为了保证用户的支付安全，而要求用户设置的，与银行无关。如果支付平台对用户及自己系统的安全性绝对的信任，是完全可以不要求用户设置支付密码的。因此，在保障支付安全或者支付金额较小的情况下，大型第三方支付平台也在积极尝试无须密码的直接支付方式，以提升用户体验。

## 四、移动支付使用的技术

　　中国移动支付使用的支付技术包括扫码支付、NFC 支付、虹膜支付、光子支付、声波支付 5 种方式。

## （一）扫码支付

扫码支付就是扫描二维码进行交易支付，这是当前应用最广泛的移动支付方式。扫码支付主要是第三方支付企业使用，如支付宝、微信支付等。目前，扫码支付已经逐渐成为移动电子商务的标配和基本。

## （二）NFC 近场支付

NFC 近场支付是当前最安全的支付方式，是手机制造商切入移动支付的重要入口。NFC 近场支付的全过程不需要使用移动网络，也无须输入银行卡号和密码，因此被视为当前最安全的支付方式。但是应用 NFC 近场支付需要手机具有 NFC 功能。此外，还存在 NFC 成本高、手机厂商与线下实体门店存在弱关联，推广难等问题。

## （三）虹膜支付

虹膜在人体中具有唯一性、稳定性、非接触性等特点，虹膜识别技术通过对比虹膜纹理特征之间的相似性，可有效确定人的身份，准确性和稳定性高于指纹和人脸识别，因此是目前世界上最精准、最安全的生物识别技术之一。目前第三方支付企业和商业银行都在积极尝试推广虹膜支付方式。

图 3-18　虹膜支付

2017 年 5 月，民生银行推出"虹膜支付"（见图 3-18），将虹膜识别技术应用于移动支付等多种支付场景，实现"眼神秒付"。本次民生银行的支付推广，是虹膜识别技术在中国支付领域的首次推广应用。

## （四）光子支付

光子支付对硬件要求较高，市场应用普及率较低。光子支付需要通过手机闪光灯照射 POS 机上安装的光子感应器，进行交易信息的传输、识别和验证。这种支付方式无须网络和其他设备，因此安全性也比较高。但是光子支付对硬件要求高，需要手机具备闪光灯功能。除此之外，还需要收款方配备相应的光子感应器，目前此技术仅在个别城市试点运行。

## （五）声波支付

声波支付是利用声波的传输，完成两个设备的近场识别。其具体过程是，在第三方支付产品的手机客户端里，内置有"声波支付"功能，用户打开此功能，用手机麦克风对准收款方的麦克风，手机会播放一段"咻咻咻"的声音，售货机听到这段声音之后就会自动处理，用户在自己手机上输入密码，售货机就会"吐出"商品。

## ● 任务实施　　为商店开通移动支付功能

在所有的交易中，商家都是与最终消费者发生交易的主体，没有商家的积极响应，很难想象移动支付会大范围的普及。商家愿意接受移动支付，主要是因为它可以降低交易成本、提高服务质量，从而促进销售额的增长。

在商家应用移动支付时，通常有两种支付路径，一种是个人对个人的转账；另一种则是以商家的身份向消费者收款。下面以支付宝为例进行说明（微信支付的过程也大致相同）。

## 一、个人对个人的转账

在线下的一部分移动支付场景当中（特别是路边摊或者小商贩），移动支付往往表现为消费者通过扫描商家的个人二维码所进行的个人转账。

**步骤 1** 在手机上进入支付宝钱包 App，其首页如图 3-19 所示。点击"收钱"按钮，进入收钱功能界面，如图 3-20 所示。

**步骤 2** 获取收钱二维码图片。点击"保存图片"将收钱二维码图片保存到手机上。将图片从手机上传输到电脑上，然后将其打印出来，张贴在收银处即可。

**步骤 3** 设置固定金额的转账。"设置金额"功能可省去顾客输入金额的过程，方便顾客快捷转账。与顾客确认好交易金额后，商家可点击"设置金额"按钮输入交易的金额，顾客直接点击转账即可，如图 3-21 所示。

图 3-19 支付宝 App 首页　　　图 3-20 收钱功能界面　　　图 3-21 设置固定金额的转账

## 二、以商家的身份向消费者收款

除了个人转账外，商家还可以申请支付宝收钱码（需向支付宝付款 3 元钱）。通过收钱码功能，商家可管理和查看每天的收入清单；并且收钱和提现都不需要手续费；顾客在扫码支付时还可以获得由支付宝提供的奖励金，为商家带来更多销售额。

**步骤 1**　在收钱功能页面，点击"商家收钱"按钮，进入申请收钱码页面，如图3-22所示。填写好联系方式和邮寄地址后，点击"立即申请"按钮即可。

**步骤 2**　支付宝公司会向商家邮寄收钱码贴纸。此时，商家收钱功能区域出现"收钱码账单"和"更多服务"两个按钮。点击"收钱码账单"可查看通过收钱码进行的所有交易账单；点击"更多服务"可查看更多管理功能，如图3-23所示。

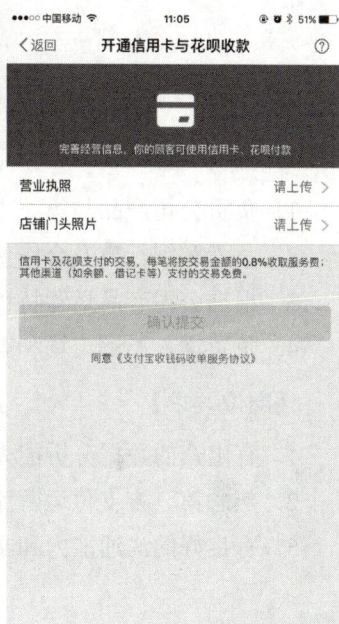

**步骤 3**　在管理页面中，开通信用卡与花呗收款是一项较为重要的服务。点击"信用卡与花呗收款"按钮可进入开通此功能的页面，商家需上传营业执照和店铺门头照片。上传完成后点击"确认提交"即可。如图3-24所示。

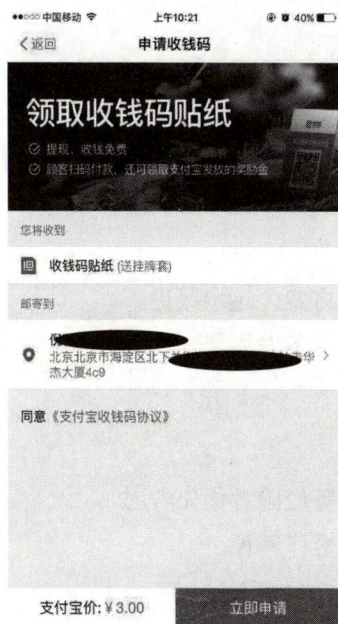

图 3-22　申请收钱码页面　　图 3-23　"商家收钱"管理页面　　图 3-24　开通信用卡与花呗收款

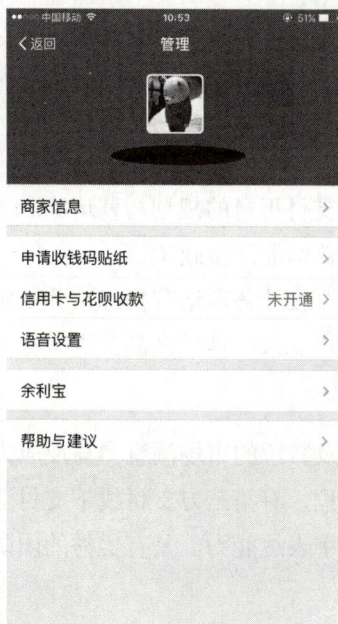

## 项目小结

本项目在第一个任务中主要介绍了移动银行的概念、类型及商业银行App客户端的发展情况。在第二个任务中，主要介绍了移动支付的相关概念，包括移动支付的含义，移动支付的类型，移动支付的主要支付模式及支付流程、移动支付的主要支付技术。

随着移动设备的普及和移动互联网技术的提升，移动支付以其便利性、快捷性优势覆盖了人们生活的各个场景，涵盖网络购物、转账汇款、公共缴费、商场购物等诸多领域。

移动支付的核心价值在于连接商户和消费者，以及积累商业数据。因此，移动支付的消费场景越全面，搜集的消费数据越多，对客户的画像就越精准，产生的商业价值就越大。

未来无论是商业银行，还是第三方支付机构，都会不遗余力地推进无现金社会的进程，通过提供便捷的支付服务将用户纳入自己营造的支付生态体系之中。在这种形势下，移动支付必将为移动电子商务提供更好的支持，为消费者提供更加良好的消费体验。

# 就业连线

## 岗位介绍：支付运营经理

### 【岗位职责】

1. 负责公司产品与第三方支付平台的规划与营运。
2. 负责和银行方及合作伙伴沟通同步政策等。
3. 根据公司产品运营特色，设计各项运营指标，并制定方案，逐步跟进。
4. 负责深入了解市场和客户需求，推进产品改进，推动业务发展。

### 【岗位要求】

1. 有出众的数据分析能力及敏锐的市场洞察力与反应力。
2. 熟悉第三方支付运营流程，有第三方支付线下支付业务经验者优先考虑。
3. 有良好的沟通能力和文字表达能力，具有优秀的团队合作精神。

# 使用网约车出行并完成支付

## 项目背景

网约车是时下较为流行的出行方式，它涵盖了出租车、专车、快车、顺风车、代驾等多项业务。网约车改变了传统的打车方式，颠覆了路边拦车的概念，它利用移动互联网的特点，将线上与线下相融合，从打车初始阶段到下车使用线上支付车费，画出一个乘客与司机紧密相连的 O2O 完美闭环，最大限度地优化乘客乘车体验，也改变了传统出租车司机等客方式，让司机师傅根据乘客目的地按意愿"接单"，节约司机与乘客的沟通成本，降低空驶率，最大化节省司乘双方资源与时间。

## 实训目的

1. 通过使用网约车出行，了解移动支付的具体流程。
2. 体验移动支付的便利性和优势。

## 实训内容

### 一、呼叫出租车

步骤 **1**　在手机上安装任意一款网约车 App，或者在支付宝首页中点击相应的小程序按钮，如图 3-25 所示。

步骤 **2**　打开网约车平台页面后，页面默认为出租车界面，在顶部点击"快车"按钮，切换到快车页面。在快车页面中的"你要去哪儿"编辑框中输入要去的目的地名称。此时页面中会提供拼车和不拼车两种方式的预估车费，此处选择不拼车，然后点击"呼叫快车"按钮，如图 3-26 所示。

图 3-25　打开网约车平台

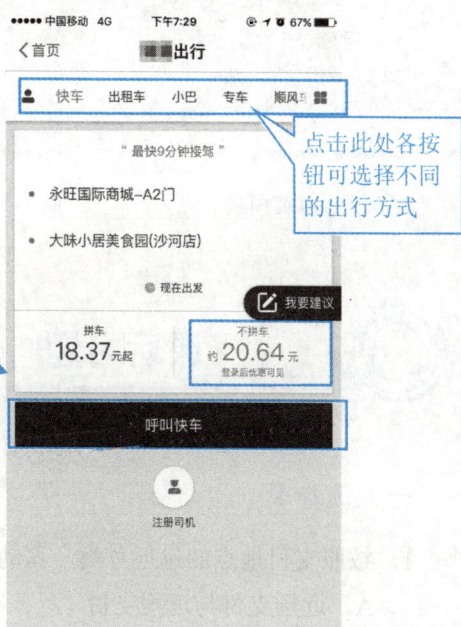

点击此处各按钮可选择不同的出行方式

图 3-26　输入目的地

**步骤 3** 此时约车订单已发给距离最近的网约车司机，如图 3-27 所示。乘客接下来要做的就是等待司机。司机接单后，将在乘客主机屏幕上显示司机及其车辆的信息，乘客可根据这些信息寻找目标车辆并上车。此外还可以打电话联系司机或将司机的信息发送给朋友。

## 二、支付费用

**步骤 1** 乘客到达目的地后，司机会点击"到达目的地"，这时乘客的手机上会收到行程账单与支付信息，如图 3-28 所示。

**步骤 2** 此时乘客点击"立即付款"按钮，如图 3-29 所示，在弹出的页面中输入支付密码。操作完成后，手机屏幕上会出现支付成功页面。

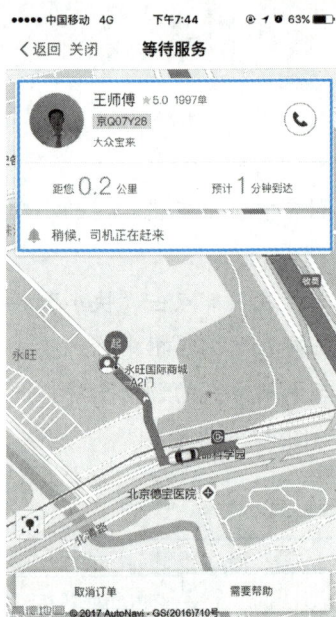

图 3-27　等待司机　　　　图 3-28　确认支付　　　　图 3-29　使用支付宝付款

# 课后习题

## 一、选择题

1. 按照支付地点的远近分类，移动支付可以分为（　　　）。

　　A. 近场支付与远程支付　　　　B. 即时支付与担保支付

　　C. 小额支付与大额支付　　　　D. 银行账户支付与非银行账户支付

2．移动支付最常使用的方法不包括（　　）。

    A．短信支付　　　　　　　　　　B．扫码支付

    C．声波支付　　　　　　　　　　D．摇一摇支付

3．（　　）是指支付服务提供商将交易资金从买家的账户即时划拨到卖家账户。

    A．即时支付　　　　　　　　　　B．担保支付

    C．在线支付　　　　　　　　　　D．离线支付

4．各大国有银行均推出了各自的手机银行客户端软件，其功能不包括（　　）。

    A．资金转账　　　　　　　　　　B．购物付款

    C．理财投资　　　　　　　　　　D．预订外卖

5．在移动支付市场上，支付宝和财付通已经覆盖了近（　　）的用户。

    A．50%　　　　　　　　　　　　B．30%

    C．90%　　　　　　　　　　　　D．70%

## 二、填空题

1．手机银行已成为商业银行_____主渠道之一。

2．移动支付是_____的一种支付方式。

3．_____是手机支付的最早应用，它将用户手机_____与用户本人的_____建立一种一一对应的关系。

## 三、思考题

1．简述我国移动支付的发展现状及趋势。

2．简述第三方移动支付的流程。

# 项目四

# 微商店铺的创建与运营

## 项目导读

随着移动通信技术的飞速发展，移动支付业务的日趋成熟，越来越多的消费者开始尝试在移动终端上购物。移动购物极大地改变了网上开店的内涵和形式，以微信平台为基础的微商店铺运营逐渐取代淘宝开店，成为当前电商行业普遍关注的热点。

有赞微商城是一个帮助商家有效创建与应用微商店铺的网络工具，提供创建店铺、店铺装修和交易管理等基础功能。本项目就通过试用有赞微商城的各项服务，学习微商店铺创建和运营的相关知识。

## 学习目标

### 知识目标

- 了解微商与微商城的概念
- 了解微商城的优势
- 掌握创建微商店铺的流程
- 掌握微商店铺上架商品的流程
- 掌握微商店铺店面装修的流程
- 掌握微商店铺交易处理的流程

### 能力标准

- 能够在微商城中创建店铺并上架商品
- 能够装修微商城主页及其他微页面
- 能够在微商城中处理交易订单

## 引导案例

### 微商城最成功案例 良品铺子如何一年网销20亿

作为一个已经熟悉了基于 PC 互联网为主的电商生态和运营环境的零售企业，当消费者大量转移到移动互联网上时，应该怎么做？这是摆在良品铺子面前的一个大问题。

良品铺子（见图 4-1）有两条路：一是随波逐流做一个手机上的 App，二是做点什么迎合当前消费者的变化。经过讨论，良品铺子认为不能试图用一个 App 去拉消费者，而是要去消费者玩的地方找他，学着和消费者互动和连接，再转化成交易。因此，社交电商大有可为。

微商城是良品铺子社交电商试水的重要部分。2013 年年底，良品铺子从电商平台团队里抽出一部分老员工，又招聘了一批新成员，正式上线官方微信平台，随后还通过有赞微商城建立了官方店铺。除了与消费者沟通互动，良品铺子还尝试在微商城上推介和销售优惠产品，推出"降价拍"等社交玩法，在微信上开展主题营销活动。由于通过微商城购物的多为年轻人，良品铺子在微商城销售的商品包装更特别，会使用更多新潮元素吸引顾客，"会说话的星空棒棒糖""来往饼"就是来自其微商城的专属商品。

对于良品铺子来说，建立微商城的意义绝不仅仅是增加一个零售渠道而已。微商城不仅是零售企业一个可控的销售渠道，还是企业和自己的用户交流，达到以较低成本获取新客的目的。在良品铺子，经过测算，线下商铺获取新客的成本可能有 4 元一个，通过线上和线下门店打通，微信新客获得成本仅为 2 元。所以，像良品铺子这样拥有线下门店的企业，持续聚焦微信平台，将进店消费者固化为微信粉丝，将会拥有巨大的势能。

2016 年良品铺子年销售额达到 60 亿元，比前一年增长 30.4%，其中线上销售额就达到了 20 亿元。

图 4-1 良品铺子

**Q**

请思考：

在微信上开店是目前电商较为主流的发展趋势，不仅增加了零售渠道，同时还加强了与用户的交流，起到了固化品牌粉丝的作用。那么，微信商城究竟是什么？在有赞微商城这类服务应用上，如何创建和运营微商店铺？

## 任务一　　创建微商店铺

### 任务情景

为了将移动电子商务理论知识与实践结合起来，周大铭和小桔、小霞等几个同学一起组成了"星光社微商运营团队"，准备筹建一个针对校内消费的服装类微商店铺。

在成立微商店铺之初，指导老师介绍到，由于微信并非是一个专业的营销工具，平台上的商业环境很简陋，因此个人建设微商店铺的过程十分困难和烦琐。而微商城则提供了一套强大的微店铺系统，为商家解决微信开店所遇到的各种问题。

这时小桔说："不久前在网上看到有一个叫'有赞'的微商城，就是专门为建设微店服务的。"指导老师笑道："小桔说的没错。使用'有赞'可以快速、低成本地搭建一个微商城。"本任务就来学习移动购物和微店运营的有关知识，并通过注册"有赞"微商城账号创建个人商城店铺。

### 知识链接

#### 一、微商的概念

目前业界对"微商"这一概念还没有统一的定义，一般指的是通过手机开店来完成网络销售的电商模式，同时也是对移动电商从业人员的一个称谓。随着移动电商向社群化的转变，狭义上也可以将微商与移动社交电商画等号，具体指基于移动生态体系的新型社会化分销模式。

相比传统电子商务，微商模式投入小、门槛低、传播效率高，近两年发展非常迅猛。

### T 小提示
### TIPS

虽然微信聚集了超过80%的移动用户，绝大部分微商都立足于微信进行店铺创建和营销宣传，但微商并不是一种"微信电子商务"。随着技术和商业模式的不断创新，微商的内涵和形式也必将延展和蜕变，最终发展成为完善的移动电子商务系统。

## 二、微商的类型

狭义上的微商是一种企业或者个人基于社会化媒体开店的新型电商，从模式上来说主要分为两种：基于微信公众号的微商称为 B2C 微商，基于朋友圈的微商称为 C2C 微商。微商和传统电商有类似之处，B2C 微商相当于在天猫上开网店，C2C 微商则相当于在淘宝上开网店。微商与淘宝体系不同的地方在于，淘宝 App 及天猫 App 本身就是流量入口，而微商店铺则立足于社交媒体"连接一切"的信息传播网络，依靠社交平台来吸引流量。

➤ **B2C 微商**：是企业直达消费者的一种交易模式，在微信平台主要表现为基于企业服务号的开店，相当于线下企业或者传统电商开辟微信销售渠道。该模式下商家通过微店平台直接面向消费者销售产品和服务。移动电商的发展趋势在不断鼓励着越来越多的线下企业与传统电商进军微商市场，全渠道战略也逐渐成为企业共识。从发展来看，拥有稳定货源和完备售后服务能力的 B2C 微商正成为主流。

➤ **C2C 微商**：相当于传统的个人淘宝店。任何一个人，只要有微信，只要有朋友圈，都可以成为 C2C 微商。这种模式一般适用于个人微商的初创者，对产品、渠道以及客户数量没有太高的要求，投资低、起步快，可以直接在朋友圈宣传，利用熟人关系进行销售。这种模式的缺点在于无法保障产品质量，交易的支付过程也存在风险，售后服务也难以跟上。

## 三、微商城的概念

微商城，又叫微信商城，是第三方开发者基于微信而研发的一款社会化电子商务系统，集成了店铺创建、店面装修、营销管理、会员管理、资金结算和售后服务等多种微商流程，与微店 App、微信小店等微商城一起为广大微商提供平台设施，三者的对比如表 4-1 所示。

微商城大致可以分为两类，一是适合传统电商或线下企业的微商城，例如有赞微商城，入驻的大多数是有线下渠道或有微信公众号、致力于经营自己粉丝的企业；另一类是适合个人的微商城，如微店 App 等。

表 4-1　常见微商平台对比分析表

|  | 微店 App | 微信小店 | 微商城（以有赞微商城为例） |
|---|---|---|---|
| 开发公司 | 北京市口袋时尚科技有限公司 | 由微信开发运营 | 杭州起码科技有限公司 |
| 开店门槛 | 零门槛 | 必须是企业认证的服务号；必须开通微信支付功能 | 分别有针对个人的订阅号和针对企业的服务号，个人和企业均可开店 |
| 是否免费 | 个人卖家入驻平台完全免费 | 微信认证 300 元；微信支付接口需要两万元押金；还有一定数额的押金 | 有赞商城启用会员制，需要支付最少 4 800 元一年期的会员费，如果是企业服务号，还需要 300 元的微信认证费 |

| | 微店 App | 微信小店 | 微商城（以有赞微商城为例） |
|---|---|---|---|
| 运营模式 | 供应商把产品发到微店 App，微店卖家自由挑选商品到自己的网店中（或上传自己的商品），然后在微信中分享自己的店铺地址销售商品。如果供货商收到订单，则店主获得佣金（或获得商品利润） | 通过公众账号售卖商品，可以实现包括开店、商品上架、货架管理、客户关系维护、维权等功能。微信小店要实现的最终效果就是类似于移动端的天猫 | 有赞微商城提供的是底层整套的店铺系统，通过把微信平台账号绑定到有赞店铺上之后，微信平台则成为店铺面向消费者的重要接口 |
| 主要功能 | 商品管理、微信收款、订单管理、客户管理、促销管理 | 添加商品、商品管理、订单管理、货架管理、维权等简单功能 | 具有商品管理、订单管理、交易系统、会员系统、营销系统，店铺页面管理系统有极高的自由度，可供店主自由设计和定制 |
| 推广方式 | 通过转发链接、二维码等方式将商品分享到朋友圈；不绑定微信公众号 | 通过转发链接、二维码方式将商品分享到朋友圈；通过微信公众号传播 | 通过转发链接、二维码方式将商品分享到朋友圈；绑定微信公众号 |
| 消费者保障 | 有担保交易和七天无理由退货保障 | 可以在微信公众平台上查看客户的维权信息并进行处理 | 为消费者提供消费保障 |
| 平台界面 |  | 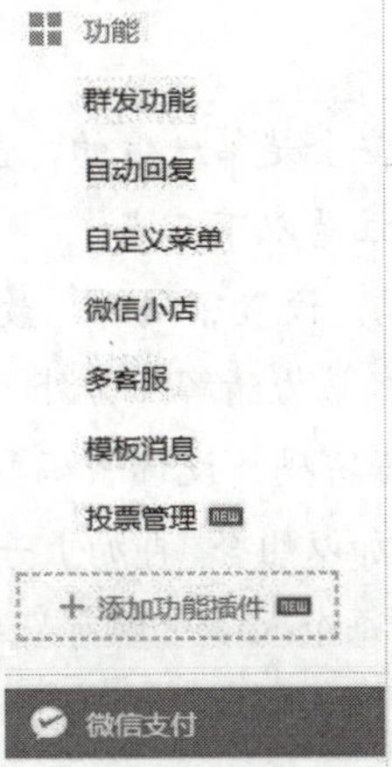 | 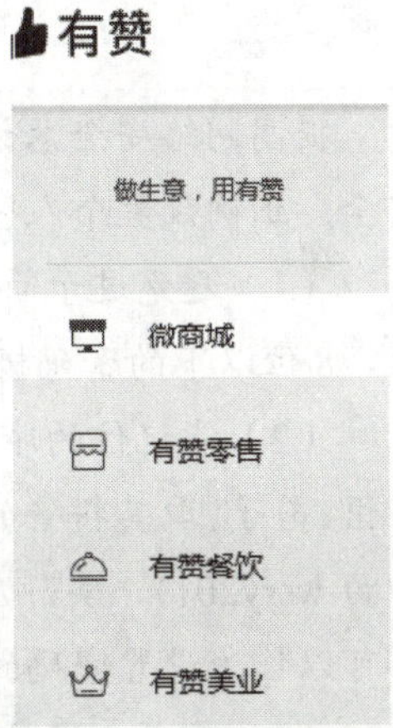 |

## ● 任务实施　在"有赞"微商城上创建微商店铺

### 一、注册有赞账号

**步骤1**　在网页浏览器中打开网址：https://www.youzan.com。点击右上角的"注册"按钮，进入注册页面，如图 4-2 所示。

**步骤 2** 在注册页面中，输入个人的手机号码，点击"获取验证码"，等待几秒后输入系统发送到手机短信上的验证码。然后继续设置个人昵称和密码。最后点击"确认注册"按钮完成注册，如图4-3所示。

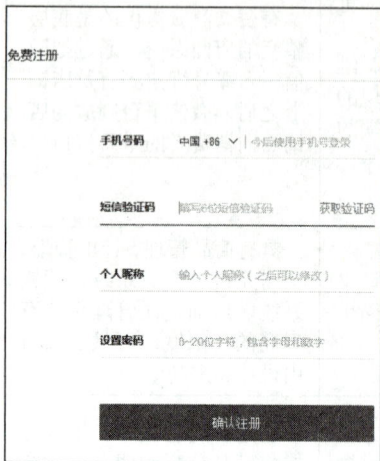

图 4-2　有赞微商城注册页面

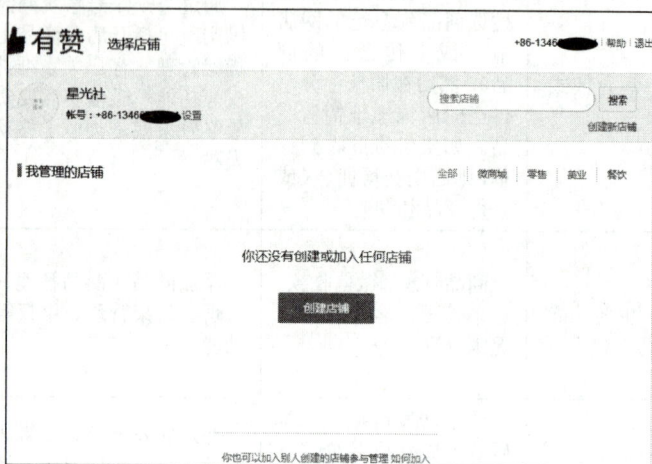

图 4-3　有赞微商城账号注册完成的页面

## 小提示 TIPS

　　提高网络安全意识，密码安全是第一位的，密码设置的好坏直接关系到个人隐私安全。正确设置个人密码需要注意以下三点：

　　（1）避免过于简单的密码。设置密码时，最好将密码的口令位数设置在 8 位以上，8 位以下的密码极易被黑客暴力猜解。另外不要用纯数字或纯字母简单排列。

　　（2）能记住的密码才是好密码。设计密码要既安全又方便，找自己印象深刻的俗语、句子，取其拼音的首字母加以组合，再加上一些有意义的数字，如万事如意 2017，即为 wsry2017。实际应用中，每个人心中都有好的句子、短语甚至电影书籍的名字，都可以作为设置密码的依据。

　　（3）养成良好的密码使用习惯。应该避免将密码保存在网页中。同时还需要定期更换密码口令来增强密码的安全性。

## 二、创建有赞店铺

　　周大铭跟小桔、小霞说："有了账号就可以创建店铺了，但在这之前，我们还要给店铺取一个好听的名字。"考虑到网络店铺的主要消费群体是年轻人，追星是大家的爱好，所以店铺就叫"星光社网络服装店"。想好了店铺名字，就可以创建店铺了。

**步骤 1**　登录刚刚注册的有赞账号，在有赞账号的首页显示"你还没有创建或加入任何店铺"。此时,点击"创建店铺"按钮即可。

**步骤 2**　进入创建店铺界面，首先需要选择创建的店铺类型。点击"了解更多"可了解更详细的内容，本例选择,点击"有赞微商城"模块下方的"立即开店"按钮。如图4-4所示。

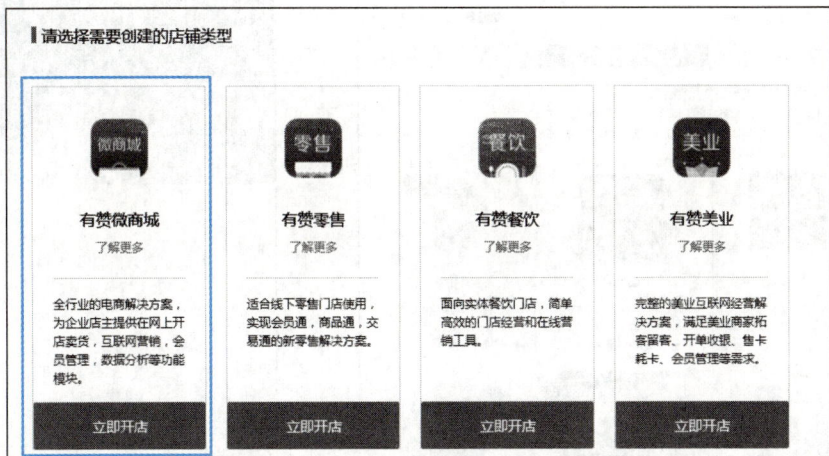

图4-4　选择店铺类型

进入创建店铺界面。此处可以看到创建微商城需要三步，分别是：（1）创建店铺；（2）选择推荐模板；（3）完成。

**步骤 3**　在第一步"创建店铺"中，于"店铺名称"一栏中输入"星光社网络服装店"；于"主营商品"一栏中选择"男装"类目；在联系地址中输入自己的地址；公司名称为非必填项，作为学生没有成立公司可选择不填。最后勾选"我已阅读并同意有赞微商城代理销售服务和结算协议和担保交易服务协议"左侧的复选框，点击"创建店铺"按钮完成操作。如图4-5所示。

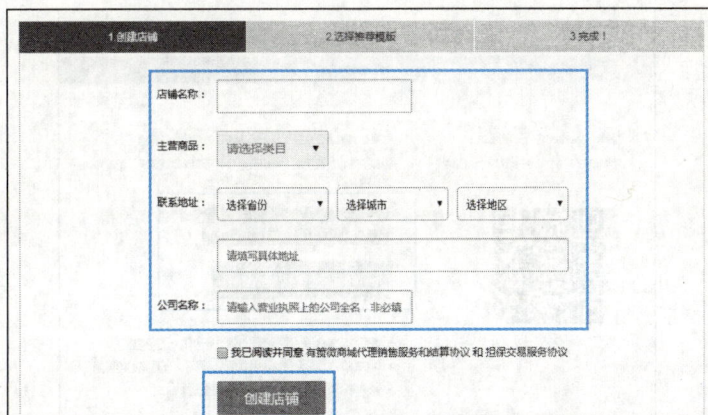

图4-5　创建店铺页面

**步骤 4** 在第二步"选择推荐模板"中，需要选择行业模板。每个行业模板都已经默认配置和启用合适的功能，便于用户快速开店。此处选择"通用模板"，如图 4-6 所示。此时将鼠标悬停在通用模板区域上方，将出现一个二维码，使用微信扫描二维码可预览模板效果，如图 4-7 所示。最后点击"确定"按钮，选择模板完毕。

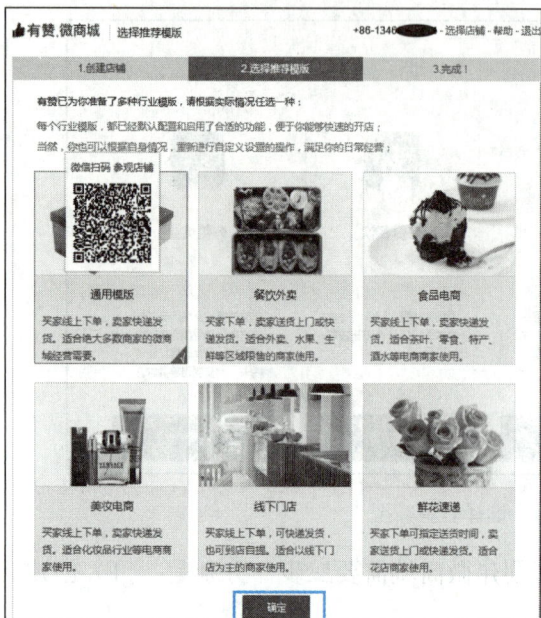

图 4-6  选择行业模板

图 4-7  微信扫码预览模板效果

**步骤 5** 进入第三步"完成"页面。在页面左侧，系统提示需要将店铺与微信公众号打通。也可以选择"稍后再说，进入店铺后台"对店铺进行装修，后期再进行绑定，如图 4-8 所示。关于微信的绑定和店铺装修方面的内容后续任务将会进一步说明。

图 4-8  店铺创建完成

## 任务二　上架微商店铺商品

### 任务情景

创建店铺的任务完成后，周大铭带领着团队继续进行下一步：解决店铺商品的问题。周大铭通过对校内消费人群进行市场调研后得出结论：本校男生多于女生，店铺创建时选择了男装类目，商品以时尚男装为主；根据在校生的消费水平，应该选择种类多样、价格低廉和质量过关的商品。

指导老师这时介绍，在有赞微商城上发布商品有三种方式。一种是代销，在平台上选好供应商和商品，直接转发就可以，没有资金压力，无须压货；第二种是与淘宝上架商品一样，在微店上架商品也需要从找货、进货、拍照、作图一步步完成；第三种是批量转发淘宝店铺上的商品。

为了熟悉平台的操作和学习与有关微店商品上架的知识，本任务选择第二种方法进行商品的发布上架。

### 知识链接

不同的产品适合采用不同的销售方式，微商也有其适用范围。所以在上架商品之前，需要搜集适合开展微商的产品。产品是否适合微商要从产品的性质、目标市场、交易方式等多种因素考虑。目前，微商销售比较火爆的产品主要有以下几种，如表4-2所示。

表4-2　适合微商的产品

| 产品 | 产品图 | 备注 |
| --- | --- | --- |
| 化妆品 | | 经营化妆品微，商店铺需要一些必需的资质和执照，产品质量要过关，进货渠道需要选择值得信赖的品牌 |
| 普通食品类 | | 一些有特色的农产品、特产，产品要保证质量和口碑 |

续表

| 产品 | 产品图 | 备注 |
|---|---|---|
| 生鲜、水果、鲜花类 |  | 对保鲜、配送方式、配送时间等要求较高。一般定位为中高端消费人群，定期进行配送 |
| 手艺人等特殊技能类 |  | 将自己独特的手工艺产品展示出来，通过一些煽情的文案，将这些独特的产品描述出情感，以便于在社会化媒体上进行分享和销售 |
| 餐饮美食类 |  | 服务于本地生活圈，主要方式就是以微信公众号进行粉丝的积累，通过与客户的互动，在微信公众号上下单，然后进行同城配送 |
| 服饰类 |  | 服装、鞋包等日常消费品，是网上销售的主流商品，有季节性，需要控制库存 |

## ● 任务实施 　为微商店铺上架一款服装类商品

### 一、商品分组

商品分组，就是将店铺的商品以不同标准进行分类，让买家在琳琅满目的"货架上"快速寻找到所需的商品。因此，可以在添加商品时，通过新建分组对商品进行归类。同一款商品可以同时出现在多个分组里面。

**步骤 1** 在电脑的网络浏览器中打开"有赞"微商城首页，登录任务一中注册的账号。点击页面的右上角的账号名称，在下拉菜单中点击"进入后台"按钮，如图 4-9 所示。进入后台后，可以看到之前创建的"星光社网络服装店"

的店铺，如图 4-10 所示。点击店铺可进入该店铺的操作后台，店铺后台如图 4-11 所示。

图 4-9　进入"有赞"后台

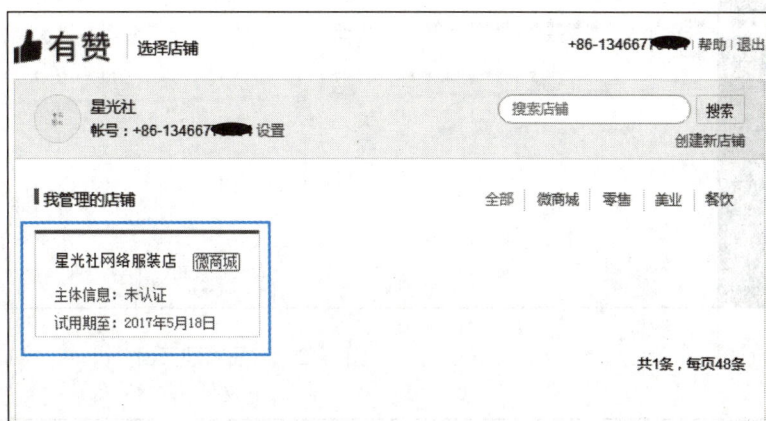

图 4-10　有赞后台页面

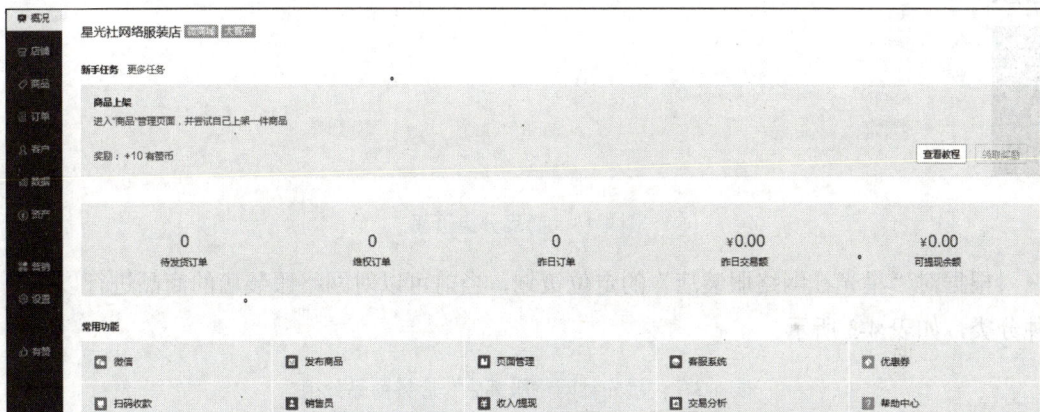

图 4-11　微店店铺后台

**步骤 2**　点击页面左侧的"商品"按钮 ，进入商品管理页面，如图 4-12 所示。在左侧"商品管理"下的操作栏中点击"商品分组"按钮，进入商品分组页面，如图 4-13 所示。有赞商城平台提供了四个默认分类，包括"其他""列表中隐藏""最热商品""最新商品"。这四种分类前面带有"*"号，表示不可删除，标题也不可修改。

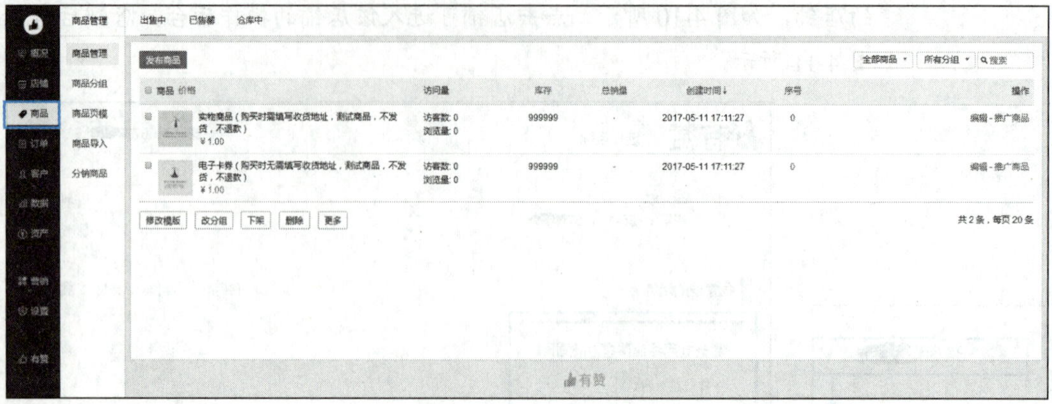

图 4-12　商品管理页面

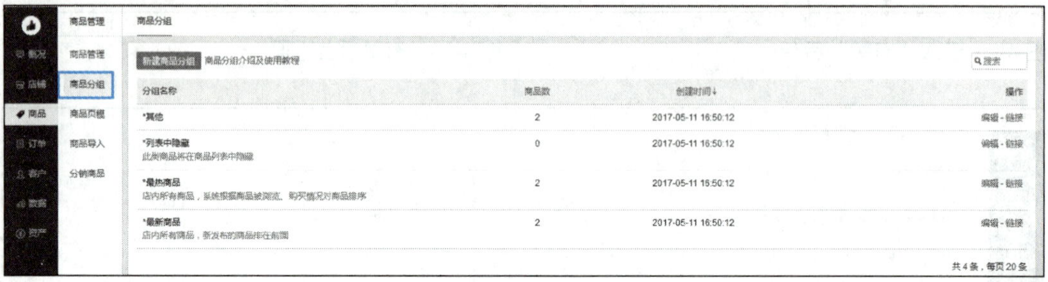

图 4-13　商品分组页面

根据对"星光社网络服装店"的定位策划，当前可以对网络服装店的商品进行以下几种分类，如表 4-3 所示。

表 4-3　"星光社网络服装店"店铺商品分组

| 分组名称 | 商品种类 |
|---|---|
| 当季热卖 | 短袖 T 恤、长袖 T 恤、休闲裤、衬衫、短裤 |
| 潮流大牌 | 鸿星尔克 |
| 2017 新品 | 牛仔裤、运动裤、西服、马甲、短裤、卫衣 |
| 男式上装 | 短袖 T 恤、长袖 T 恤、短袖衬衫、西服、背心、外套 |
| 男式下装 | 休闲裤、牛仔裤、短裤、修身裤装、西裤、工装裤、运动裤 |

在设计好分组后，就可以在商品分组页面创建新的分组了。

步骤 3　点击图 4-13 中的"新建商品分组"按钮，进入新建商品分组页面。在新建商品分组页面中，左边是手机显示效果图，在此仅显示商品排版样式，不直接显示商品主图；右边是设置"分组名称""列表样式"和"商品标签简介"等信息的地方，如图 4-14 所示。设置完成后点击"保存"按钮，随后可在分类列表面中看到新增的分组。

图 4-14　新建商品分组页面

**步骤 4**　依次将表 4-3 中的分组添加到店铺中。添加完成后，在"商品分组"页面中可以看到所有的新增分组，如图 4-15 所示。

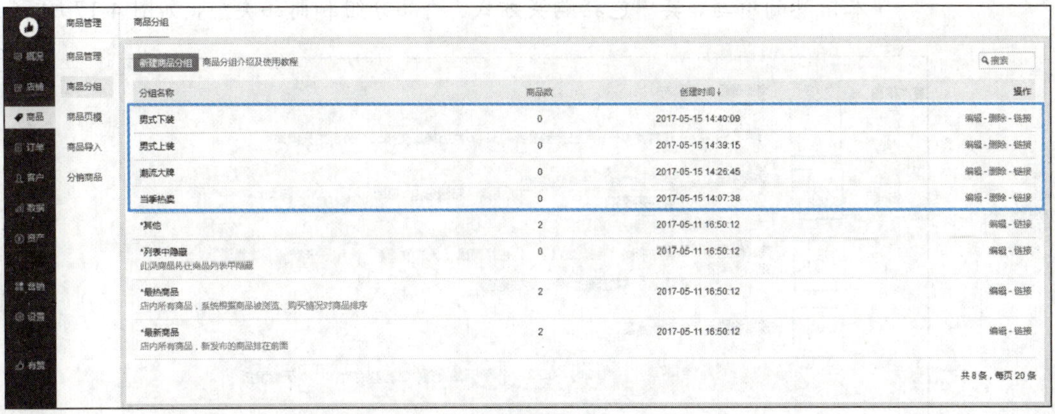

图 4-15　商品分组添加完成

商品分组是店铺上架商品前的一项重要工作，是买家快速了解店铺和店主管理店铺商品的重要工具，在商品发布前，店主就要完成商品的分组工作。除带"*"的默认分组之外，用户还可以对新建的分组进行重新编辑或删除等操作。

## 二、发布商品

在创建店铺时，系统就要求设置主营类目。在发布商品时，也要按照商城的规则和产品的特点选择相应的类目。类目选择得恰当，可增加商品被搜索的机会。有赞商城规定，类目选择错误不可修改，必须重新发布。

**步骤 1** 点击页面左侧的"商品"按钮 ✐商品，返回商品管理页面。点击"发布商品"按钮，进入商品发布流程。

**步骤 2** 商品发布流程的第一步就是选择商品品类，如图 4-16 所示。可选商品类目及类目详情可点击页面右侧的"请点此查看详情"超链接了解。本例选择"男人"类目，然后点击"下一步"按钮。

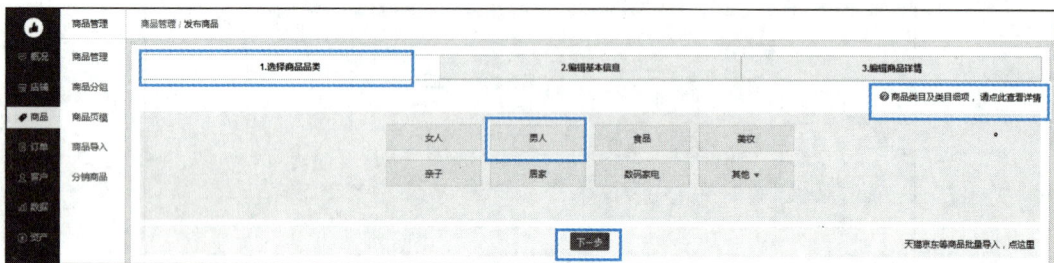

图 4-16　发布商品的第一步：选择商品品类

**步骤 3** 商品发布流程的第二步是编辑基本信息。在编辑基本信息页面中，需要设置"基本信息""库存/规格""商品信息""物流/其他"等四个方面的内容。首先编辑基本信息的第一部分：基本信息。用户可根据商品的情况完成基本信息的填写，其中包括购买方式、商品分组和商品类型，如图 4-17 所示。

图 4-17　填写基本信息

小提示 TIPS

① 购买方式：一种是在有赞商城购买，另一种是链接到外部购买（即到其他平台购买）。如选择链接到外部购买，每家店铺仅支持 50 个外部购买商品。

② 商品分组：同一种商品可放在不同的分组里。

③ 商品类型：主要分为实物商品和虚拟商品，二者的关键区别是有/无物流配送。需要注意的是，商品类型一旦选择并发布，便不可修改。

④ 预售设置：为了减少库存压力，有些商品可采取预售措施。在发货时间的设置上可采取未来某固定时间发货或付款成功后多少天后发货两种方式。

**步骤 4** 编辑基本信息的第二部分：库存/规格，如图 4-18 所示。这里应该根据商品特点有针对性地填写，具体信息包括商品规格、价格和库存。

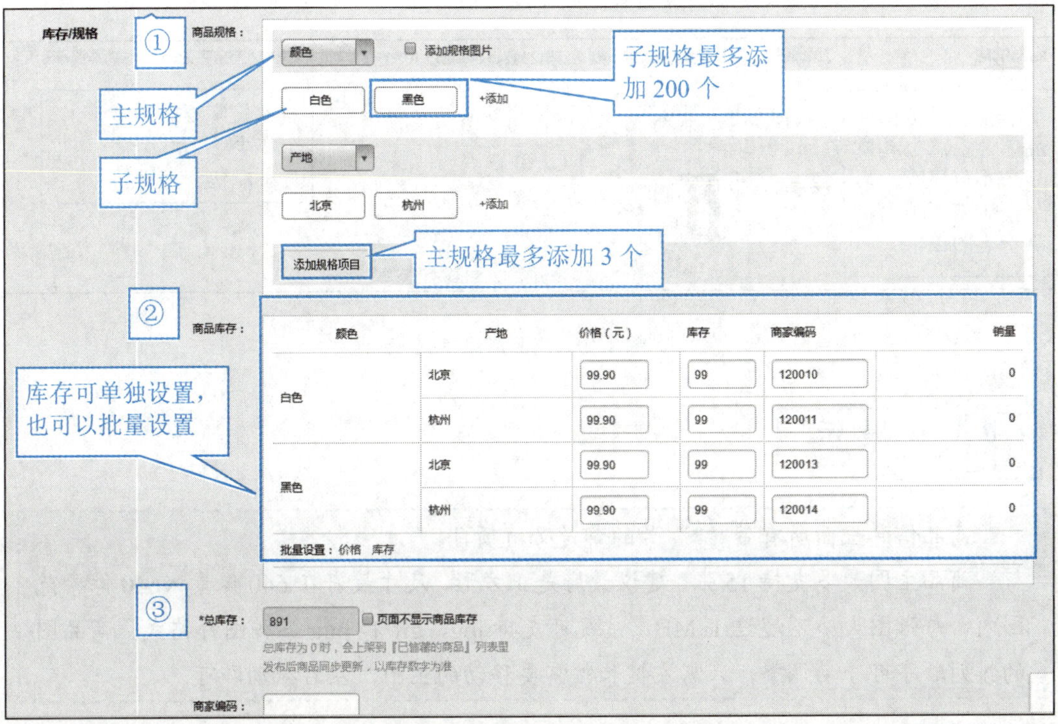


图 4-18 填写库存/规格信息

小提示 TIPS

① 商品规格：可根据商品信息进行添加，可添加多个，平台提供了多种选择。

项目添加后，需对相应的项目添加属性。同一项目可以有多个属性。例如，规格项目是"颜色"，其属性可以是"白色""黑色"。

② 商品库存：包括商品库存、价格等设置。其中，商品价格是客户在平台上搜索商品后看到的价格。商品对应的价格可参考淘宝的定价。对不同属性的商品还可按销售情况拟定不同的价格。

③ 总库存：在填写完商品库存后，总库存自动生成。总库存是所有属性商品库存的总和。当总库存为 0 时，系统会自动将商品转移到"已售罄的商品"列表中。

**步骤 5** 编辑基本信息的第三部分：商品信息，如图 4-19 所示。这里需要填写商品的"商品名"和"原价"并上传商品图片。本例将商品名设计为"驰琴弹力抗皱免烫休闲裤男 2017 春夏季薄款透气舒适高腰直筒裤"，原价设置为 199 元。将本书配套素材"素材与实例" > "项目四" > "任务二"中的文件"男士裤子.jpg"上传到商品图位置。

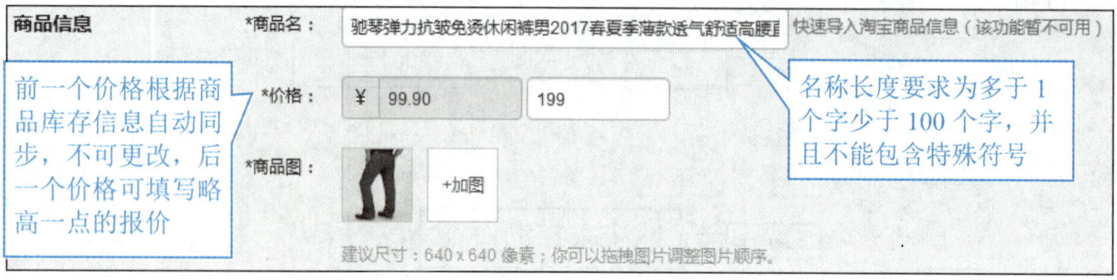

图 4-19　填写商品信息

**T 小提示 IPS**

商品信息里面所有带"*"号的都是必填项目。

商品主图最多支持 15 张。建议最好是正方形，尺寸最好在 640 像素×640 像素范围内，每张图大小不超过 1 MB，系统可支持 jpg、gif 和 png 三种图片格式。商品图的排列顺序可手动调整，只需左键长按需要移动的主图，左右拖动即可。

**步骤 6** 编辑基本信息的第四部分：物流/其他，如图 4-20 所示。根据商品的情况完成物流和其他基本信息的填写，包括运费设置、每人限购、购买权限等。其中，运费设置为必填项，可选"统一邮费"或者"运费模板"。由于统一邮费很容易导致倒贴运费的情况出现，因此大多数情况下选择"运费模板"。设置完成后点击"下一步"按钮。

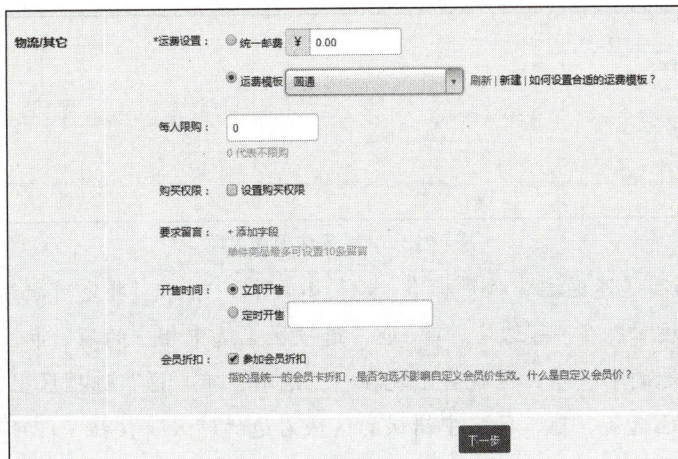

图 4-20 物流/其他设置

**小 提 示**
TIPS

运费模板的创建和设置过程如下。

（1）进入店铺后台，点击"设置"按钮，于右侧出现的设置选项纵列中点击"订单设置"按钮，进入订单设置页面。在页面上方点击"快递发货"按钮，进入快递发货的设置页面。点击快递发货设置页面中的"新建运费模板"按钮，如图4-21所示。

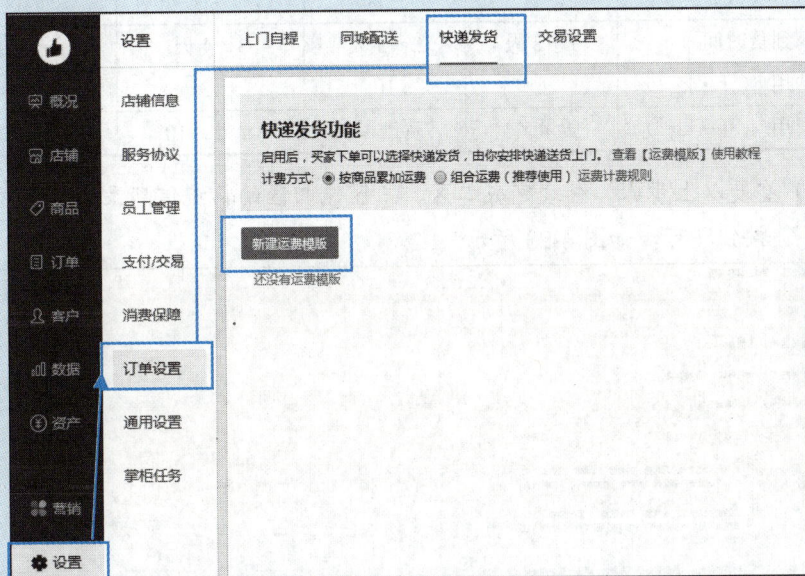

图 4-21 点击"新建运费模板"按钮

（2）进入"新建运费模板"设置页面，如图4-22所示。本例选择圆通作为默认物流公司，因此在模板名称选项里输入"圆通"。

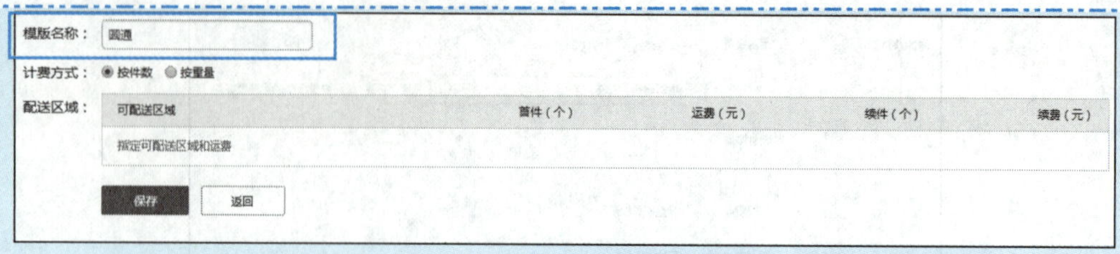

图 4-22　设置运费模板名称

（3）根据圆通速递运费收费标准，如表4-4所示。点击"指定可配送区域和运费"添加配送区与运费。在"可选省、市、区"选项区里选中相应的省、市、区，点击"添加"按钮，所选的省、市、区就会出现在"已选省、市、区"选项区里面。如果选择错误，点击"已选省、市、区"中错误的区域右边的"×"按钮，即可取消。

表 4-4　圆通速递运费收费标准

| 区　　域 | | 分　类 |
|---|---|---|
| 江苏省、浙江省、上海市 | | 一区 |
| 广东省、福建省、安徽省、北京市、天津市、湖北省、江西省、河北省、河南省、山东省 | | 二区 |
| 四川省、贵州省、海南省、陕西省、云南省、山西省、重庆市、黑龙江省、甘肃省、辽宁省、吉林省、广西壮族自治区、宁夏回族自治区 | | 三区 |
| 内蒙古自治区、西藏自治区、青海省、新疆维吾尔自治区 | | 四区 |
| 圆通收费标准 | | |
| 大区 | 一区 | 二区 | 三区 | 四区 |
| 到货时间 | 1～2 天 | 2～3 天 | 3～4 天 | 4～5 天 |
| 首重费用/（元·kg$^{-1}$） | 6 | 10 | 13 | 20 |
| 续重费用/（元·kg$^{-1}$） | 质量×1 | 质量×8 | 质量×10 | 质量×18 |

（4）重复以上步骤，继续完成二区、三区、四区的物流信息录入。完成后，点击"保存"按钮即可，如图4-23所示。

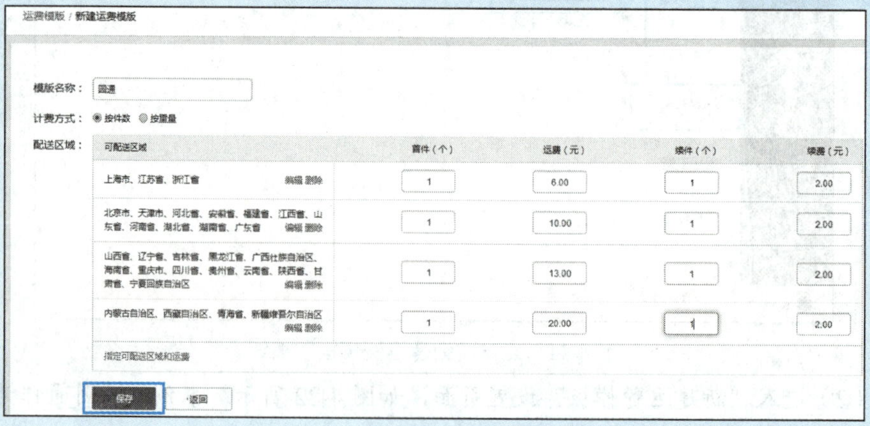

图 4-23　圆通运费模板设置完成

**步骤7**　进入商品发布流程的第三步：编辑商品详情，如图 4-24 所示。编辑商品详情页由左右两部分组成。左栏是手机端的预览效果，在其中可添加不同模块并对模块进行编辑；右栏是对应左栏中每一个模块的编辑界面，实现具体信息的填充。完整的商品详情由三部分组成：基本信息区（为固定样式，显示前一个步骤中设置好的商品主图、价格等信息）、商品详情区（可添加本商品的详细信息）、自定义区（可自由排版，展示店铺里的其他商品或者其他信息）。

图 4-24　编辑商品详情

**T 小 提 示**
**TIPS**

在商品详情页面中，可以选择商品页模板编辑；也可通过多种功能按钮优化商品信息；还可直接插入已经制作好的图片。商品详情区有 10 000 字的编写容量。上传商品图后，左栏会实时同步更新，提供最新预览效果。

**步骤8**　编辑商品详情区。在右栏商品页模块中选择"简洁流畅版"。在商品简介中填写：驰琴男装为国内高端品牌，产品均采取优质毛呢原料制作，具有韧性强、抗磨损、弹性好等特性，致力于为客户创造"舒适、精致、尊贵"

的品牌感受。小店期待您的惠顾！！！

**步骤 9** 在右栏商品详情区的编辑框内输入文字：驰琴夏季新品：2 件减 20 元、3 件减 40 元。强力冰丝棉抗皱免烫男裤，给你冰爽/舒适/透气的完美感受。输入完成后点击编辑工具栏中的上传图片按钮 ，上传本书配套素材"素材与实例" > "项目四" > "任务二"中的文件"商品详情图片 1.jpg"至"商品详情图片 6.jpg"等 6 张图片，如图 4-25 所示。

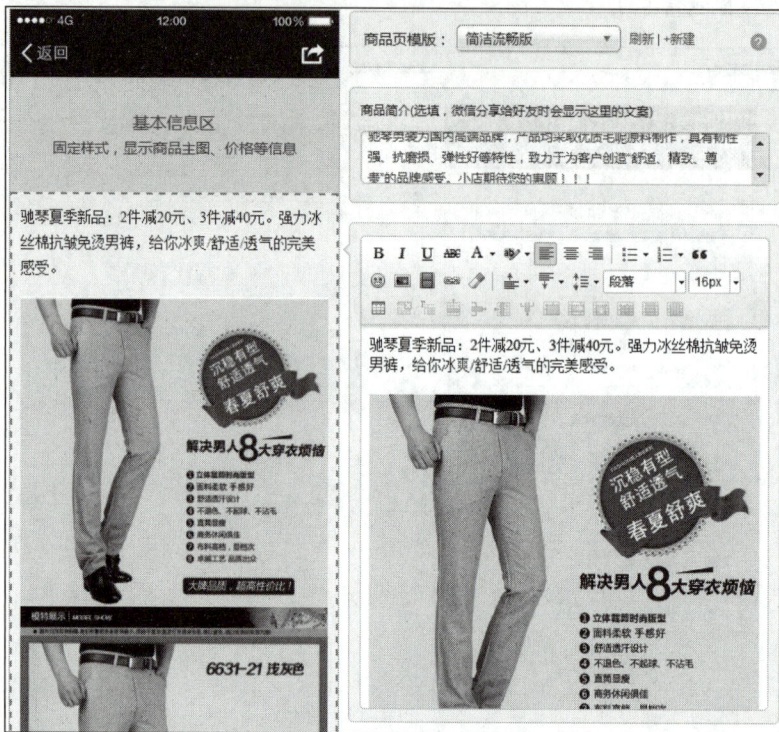

图 4-25　编辑商品详情区

**步骤 10** 编辑自定义内容区。自定义内容为可选部分，可通过设置相关内容增加本商品与店铺或店铺其他商品的关联，使商品详情更加丰富，添加的内容可增加、删除。自定义内容区的模块较为丰富，如图 4-26 所示。

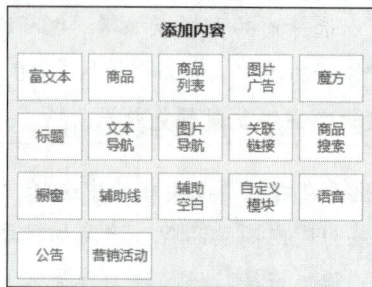

图 4-26　自定义区添加内容的模块类型

**步骤 11**　以魔方为例，魔方布局如图 4-27 所示。在"添加内容"区点击"魔方"按钮，在左栏商品详情区下方出现红色虚线框的魔方编辑区域。右栏对应出现"魔方"的编辑窗口。根据"魔方"的特点，先进行"布局"，此处的布局可根据实际情况自由选择，然后填充图片。将准备好的图片（本书配套素材"素材与实例" > "项目四" > "任务二"中的文件：自定义区图片 1.jpg 到自定义区图片 6.jpg 等 6 张图片）添加到页面中，每张图片尺寸会根据布局的大小而变化。添加图片后，魔方效果如图 4-28 所示。

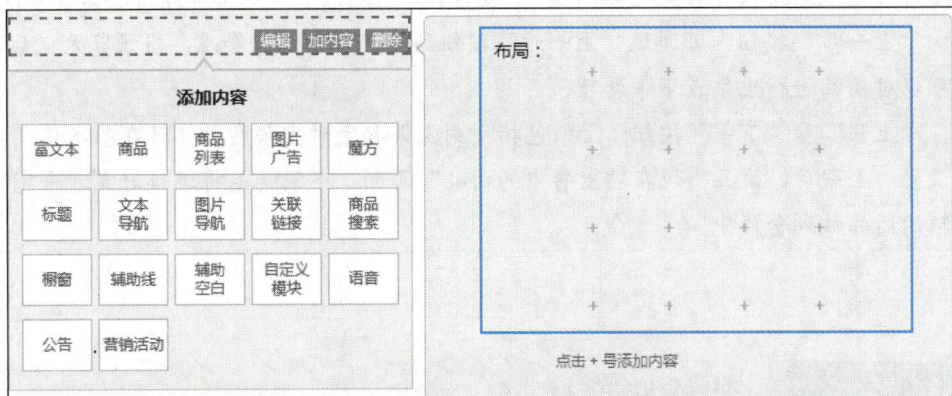

图 4-27　魔方布局

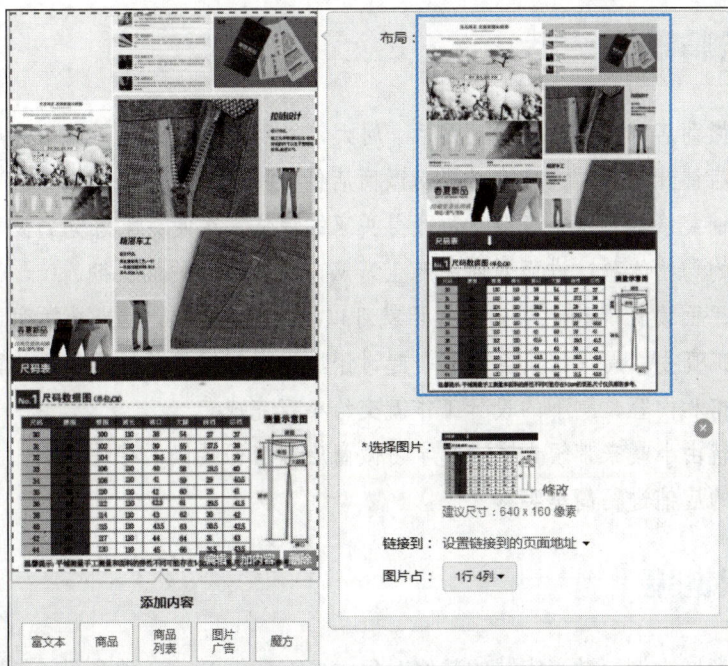

图 4-28　使用素材图片填充魔方

**步骤 12** 商品发布。填写完所有的信息后就可以发布商品。在页面下方，分别显示"上一步""上架""下架""预览"4 个按钮。通过预览检查无误后，点击"上架"按钮即可。

### T 小 提 示
IPS

> "预览"按钮：可通过"预览"按钮进行预览，从整体的角度检查商品信息是否有填写出错或者排版是否美观等问题，如要修改，则记录下来是哪部分信息需要修改。
>
> "上一步"按钮：可通过"上一步"按钮到相应页面进行修改。当预览无误后，就可以对商品进行上架或下架处理。
>
> "上架"和"下架"按钮：上架包括立刻上架和定时上架两种，可在基本信息页面设置。上架后，商品出现在"出售中的商品"页面。下架就是将编辑好或者未完成编辑的商品放到仓库中。

## 任务三　装修微商店铺

### 任务情景

在上架了微商店铺所要经营的商品后，周大铭发现呈现在手机界面中的店铺页面十分杂乱，因此在店铺开张之前，还有必要对微商店铺做一些店铺装修。

精美的店铺装修能吸引买家驻足，赢得买家的信任，在使买家感觉到被尊重的同时给他们带来愉快的购物体验，进而对商品产生好感，激发他们的购买欲。

现在，在平面设计课程上学到的知识就可以派上用场了。"星光社微商运营团队"中的小霞可是美工高手，周大铭集合大家一起讨论，根据店铺经营的商品风格，初步确定了店铺的设计风格和内容，剩下的设计工作就交给小霞完成。

本任务，就由小霞来带领大家一起学习微商店铺店面装修的相关知识，并对"星光社网络服装店"的店铺进行简单装修。

### 知识链接

以有赞微商城为例，微商店铺的装修对象主要有店铺 logo、微页面（包括店铺主页）、会员主页、店铺导航、全店风格、公共广告、自定义模块等几大板块。

## 一、店铺 logo 与 Photoshop 软件简介

店铺 logo（店标）是一家店铺最重要的文化标志，设计制作优秀的店铺 logo，可帮助顾客记住店铺。因此，店铺 logo 要醒目而又符合店铺的经营风格。店铺 logo 通常由店铺名称、产品图片、宣传文字等组合而成，如图 4-29 所示。

图 4-29　几款创意店铺 logo

在制作店铺 logo 时，经常会用到 Photoshop 这一图像处理软件。

Photoshop 简称"PS"，是 Adobe 公司旗下最为出名的图像处理软件之一，也是最受欢迎、最强大的图像处理软件之一，常用于平面广告设计、数码照片处理、企业 VI 设计（标志设计、名片设计、宣传册设计等）、效果图后期处理、商业插画设计等。Photoshop 主要处理以像素构成的位图图像。

Photoshop 软件主要具有以下功能。

➢ **选区制作**：Photoshop 对图像的所有操作都是基于选区进行的，用户可利用其提供的各种选区制作工具，轻松地在图像上创建任意形状的选区。创建选区后，便可以对选区内的图像区域进行各种处理，如删除、复制、调整颜色、制作特效等。

➢ **图像编辑**：包括移动、复制、删除、裁剪等。

➢ **图层**：在 Photoshop 中，图层就像一张张叠放在一起的透明玻璃，可将图像的不同部分放在不同的图层上，从而方便对图像的不同部分进行编辑和处理（PS 中的大部分操作都是针对当前图层进行的）。

➢ **图像绘制、修复与修饰**：Photoshop 提供了许多实用的图像绘制、修复与修饰工具，可以方便地绘制图像、修复图像中的瑕疵及美化图像。

➢ **图像色彩和色调调整**：Photoshop 提供了强大的图像色彩和色调调整功能，可以轻松地改变一幅图像的色彩和明暗度，赋予图像更多的艺术感。

➢ **文本创建与编辑**：在 Photoshop 中可以轻松地创建文本并对文本进行艺术化处理。

➢ **滤镜**：利用滤镜可以快速为图像添加各种特效。

## 二、微页面简介

在有赞微商城，店铺主页最开始和微杂志是两个分开的独立模块。2014 年 12 月 15 日两者合并组成了"微页面"，也就是说，微页面包含了店铺主页和微杂志两个部分，在进

行店铺装修的时候，实际上可以利用微杂志模板来自行搭建更加丰富美观的店铺首页。

微页面具有极强的可编辑性，它可以只是一个页面，也可以作为店铺的主页，还可以作为群发的图文消息。目前，微页面有 4 种模板类型：基础模板、场景导航、主页模板、付费模板，如图 4-30 所示。

图 4-30　微页面模板

- ➢ **基础模板**：包含有自定义模板、外卖模板、新鲜资讯模板、新品推荐模板。适合有店铺主页自由搭建能力的商家使用。
- ➢ **场景导航**：包含有赞微小店、朋友圈双 11 促销、微信小店、店铺主页模板等。可以用精美图片和音乐来介绍商家的品牌和商品。
- ➢ **主页模板**：包含有手机数码、新品上架模板、微购物模板、期刊导航等。这类模板已经搭建了简单的框架，商家只需要根据自己的要求，插入展示海报或文字。
- ➢ **付费模板**：包含有特别设计制作的节日模板和活动主题模板。

● **任务实施**　　制作店铺 Logo 并设置店铺主页

一、使用 Photoshop 制作店铺 logo

**步骤 1**　打开 Photoshop 软件，新建一个空白文档。参数设置如图 4-31 所示。

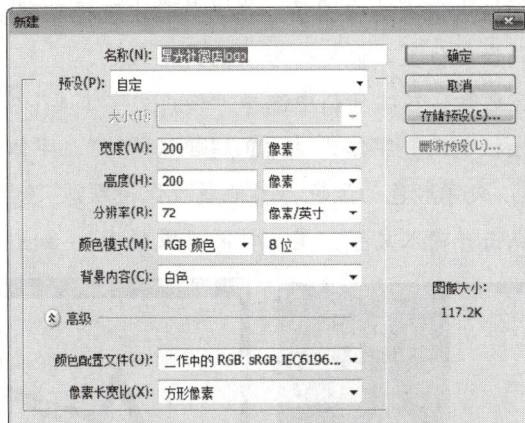

图 4-31　创建一个空白文档

**步骤 2**　新建图层。点击"图层"调板底部的"创建新图层"按钮，在图层调板中新建"图层 1"，然后按组合键【Ctrl】+【+】放大图像。

**步骤 3**　绘制五角星图形。在左侧工具箱中选择"多边形套索工具"，在图像窗口中依次点击绘制出五角星的上半部分选区，然后为其填充颜色"红色（#d51879）"，如图 4-32 所示。最后按组合键【Ctrl】+【D】取消选区。

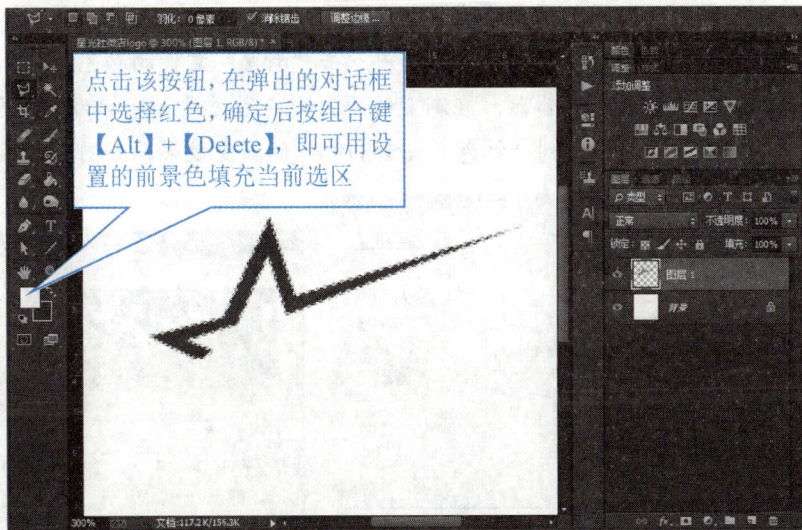

点击该按钮，在弹出的对话框中选择红色，确定后按组合键【Alt】+【Delete】，即可用设置的前景色填充当前选区

图 4-32　绘制多边形

**步骤 4**　使用步骤 2 中的方法，继续新建"图层 2"和"图层 3"。然后在图层 2 中绘制一个多边形作为五角星的中间部分，在图层 3 中绘制一个"V"字形多边形作为五角星的下半部分，并分别为两个图形填充颜色为"蓝色（#279ed9）"和"青色（#5ec2d0）"，如图 4-33 所示。

**步骤 5** 在图层调板中依次选中图层，在工具箱中选择"移动工具" ，将三个图形调整到合适位置，最终组合成五角星效果。

**步骤 6** 添加文字效果。在工具箱中选择"横排文字工具" ，在图像窗口上方的工具属性栏中设置字体为"方正超粗黑简体"，字体大小为 18 磅（或直接输入 18），文字颜色为黑色，其他属性保持默认。然后在绘制好的五角星图形下方点击并输入文字"星光社网络服装店"，如图 4-34 所示。

图 4-33 绘制五角星效果

图 4-34 添加文字效果

**步骤 7** 为文字添加渐变效果。在"图层"调板中选中文字图层，然后点击图层调板底部的"添加图层样式"按钮 ，在弹出的菜单中选择"渐变叠加"。在弹出的"图层样式"对话框中点击"渐变"右侧的颜色条，如图 4-35 所示，打开渐变编辑器。在渐变编辑器中，通过设置色标为文字添加由"蓝色（#279ed9）"到"红色（#d51879）"的渐变效果，如图 4-36 所示。

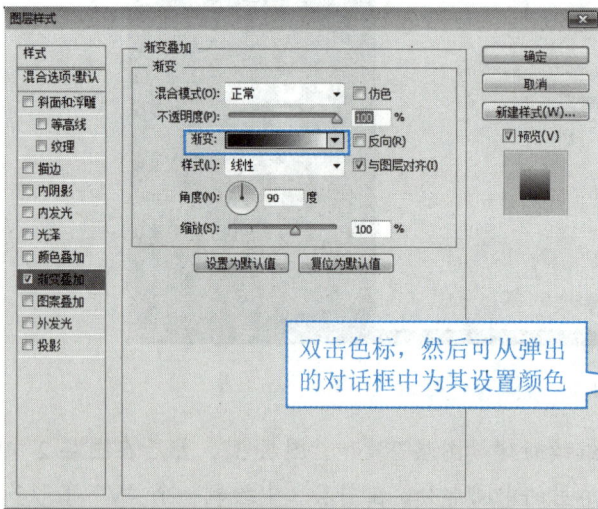

图 4-35 点击渐变右侧的颜色条打开渐变编辑器

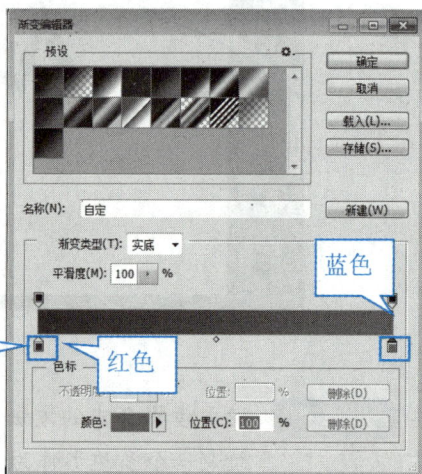

图 4-36 设置色标添加渐变效果

**步骤 8** 保存文件。选择"文件">"存储为 Web 所用格式…"菜单，在弹出的设置界面选择存储类型为 PNG-8，点击"存储"按钮，如图 4-37 所示。在弹出的对话框中输入文件名、选择存储位置，点击"保存"按钮，将图片保存为 png 格式。这种保存文件的方法优点在于不损害图片质量的情况下降低了文件大小，使得图像文件可以匹配各类网站中上传图片的文件大小要求。

图 4-37　将图像存储为 Web 所用格式

## 二、更改店铺 logo

**步骤 1** 登录有赞账号，进入"星光社网络服装店"后台。点击"店铺"按钮，如图 4-38 所示。在"店铺概况"页面中，点击店名左侧的红色图标，弹出 logo 图片上传对话框，如图 4-39 所示。

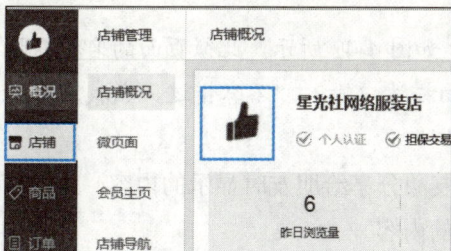

图 4-38　进入店铺概况页面

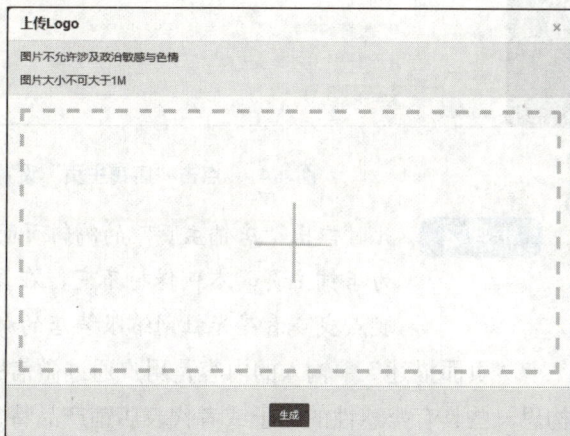

图 4-39　打开上传 logo 对话框

**步骤 2** 将之前制作的 logo 图像上传后，适当调整显示框，点击"生成"按钮即可。这样，便完成了修改店铺 logo 的工作，效果如图 4-40 所示。

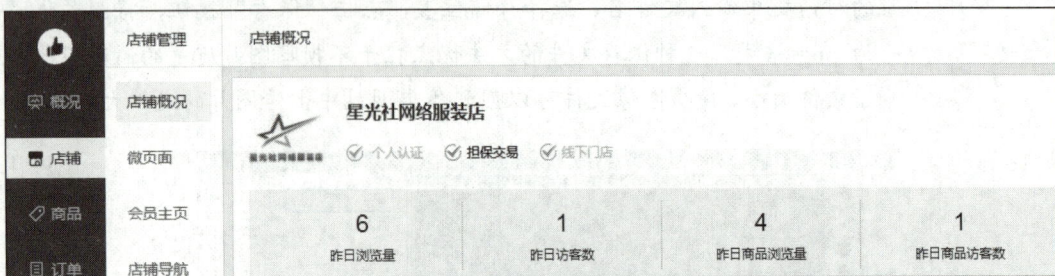

图 4-40　修改店铺 logo

## 三、设置微店主页

店铺主页的内容要有吸引力，例如上新、优惠活动等；并且主页结构要清晰，首页导航设置要有利于用户快速找到自己想要买的商品。

本例将借助店铺已有的模块框架，对店铺的主页进行修改。

**步骤 1** 登录有赞账号，进入"星光社网络服装店"后台。点击"店铺"按钮后，在"店铺管理"列表中点击"微页面"按钮，在右侧打开的微页面顶部，可以看到店铺主页设置栏。点击店铺主页设置栏右侧的"编辑"按钮，如图 4-41 所示。

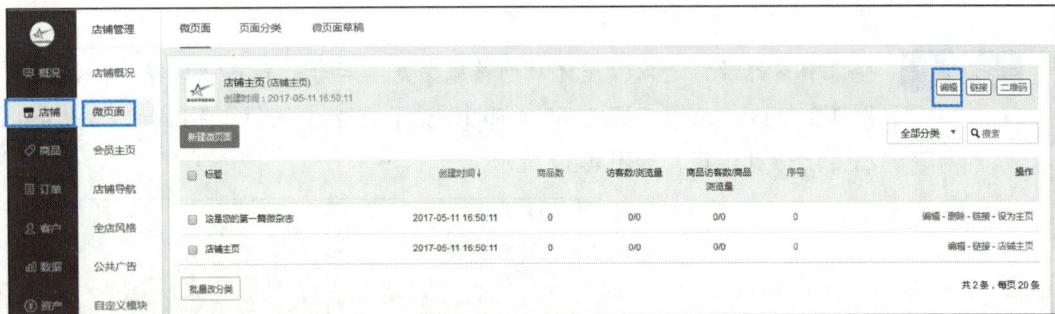

图 4-41　点击"店铺主页"设置栏中的"编辑"按钮

**步骤 2** 此时弹出"店铺主页"的编辑页面，如图 4-42 所示。此微页面的名称默认为店铺主页，本例保持不变，在页面描述中输入"不容错过，点我点我点我点我查看星光社网络服装店的新品！"。

"页面描述"中输入的内容是用户通过微信朋友圈分享给朋友时显示的内容，此处可构思一些具有蛊惑性的句子或者代表店铺产品特色的内容。

图 4-42　"店铺首页"编辑页面

**步骤 3**　新建"店铺主页"页面分类。点击图 4-42 中"分类"右侧的"新建"按钮，此时将打开"新建页面分类"编辑页面。在"分类名"右侧的文字框中输入"店铺主页"，然后将"第一优先级"设置为"最热的排在前面"；将"第二优先级"设置为"创建时间越晚越靠前"；"显示方式"设置为"仅显示杂志列表"，如图 4-43 所示。设置完成后点击"保存"按钮即可。

图 4-43　新建"页面分类"编辑页面

**步骤 4** 新建页面分类保存后，就留在了"页面分类"设置页面，如图 4-44 所示。在页面中，新建的"店铺首页"处于顶部，可以编辑或删除，其他三条为系统默认分类，可以编辑但不能删除。如果用户对整体店铺的微页面有大致规划，则可以点击"新建页面分类"按钮，继续添加页面分类。本例则直接关闭此页面，返回店铺主页设置界面继续设置"店铺首页"。

| 微页面 页面分类 微页面草稿 | | | |
|---|---|---|---|
| 新建页面分类 | | | Q搜索 |
| 标题 | 微页面数（含草稿） | 创建时间↓ | 操作 |
| 店铺首页 | 0 | 2017-05-17 14:18:45 | 编辑 - 删除 - 链接 |
| *最热分类 | 2 | 2017-05-11 16:50:11 | 编辑 - 链接 |
| *最新分类 | 2 | 2017-05-11 16:50:11 | 编辑 - 链接 |
| *未分类 | 2 | 2017-05-11 16:50:11 | 编辑 - 链接 |

图 4-44 "页面分类"设置页面

**步骤 5** 在店铺主页设置界面（见图 4-42）中点击"分类"右侧的"刷新"按钮，选择刚刚建立的"店铺主页"页面分类。

**步骤 6** 设置背景颜色。点击背景颜色右侧的色块条，弹出颜色选择框，选择如图 4-45 所示的色块（此处选中黄色色块，此时页面左侧手机预览框将更新为黄色背景颜色，用户可根据预览效果自行选择符合店铺风格的背景色）。

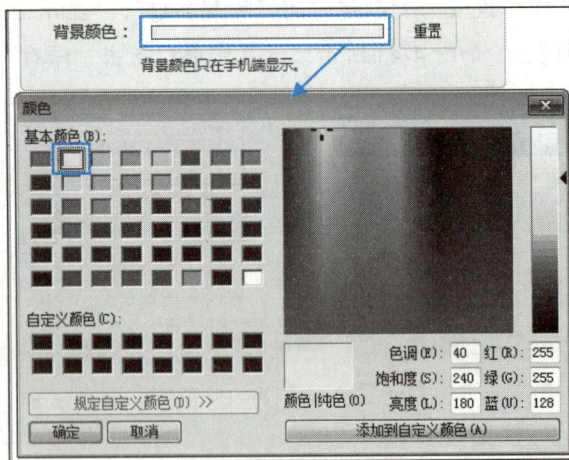

图 4-45 设置背景颜色

**步骤 7** 设置店铺主页顶部的背景图片。将鼠标移动到页面左侧手机预览区域顶部，点击红色虚线框内任意位置，于右侧弹出编辑页面，如图 4-46 所示。在右侧的标题文字框中输入："星光社，懂男装，爱生活"（标题文字会显示在首页背景图上，可由右侧手机界面进行预览），然后点击"添加图片"按钮，打开"我的图片"对话框。

图 4-46　打开首页背景图编辑区域

**步骤 8**　在"我的图片"对话框中，上传本书配套素材"素材与实例" > "项目四" > "任务二"中的文件"店铺首页背景图.jpg"，点击"确认"按钮，图片上传完成，效果如图 4-47 所示。上传图片成功后还可以为背景图设置超链接，链接内容可设置为微页面、商品、营销活动等，本例暂不设置。

图 4-47　上传首页背景图

**步骤 9**　添加其他版块。除了首页顶部背景图，用户还可以继续添加其他版块来丰富主页内容。点击页面左侧预览区任意版块，都会显示红色虚线框，在框内有"编辑""加内容""删除"三个操作选项。点击"加内容"按钮则会在该版块下方新建新版块。可选版块形式既有系统提供的多种模板，也可由用户自定义。本例此处添加两个系统模块："公告"和"进入店铺"，如图 4-48 所示。

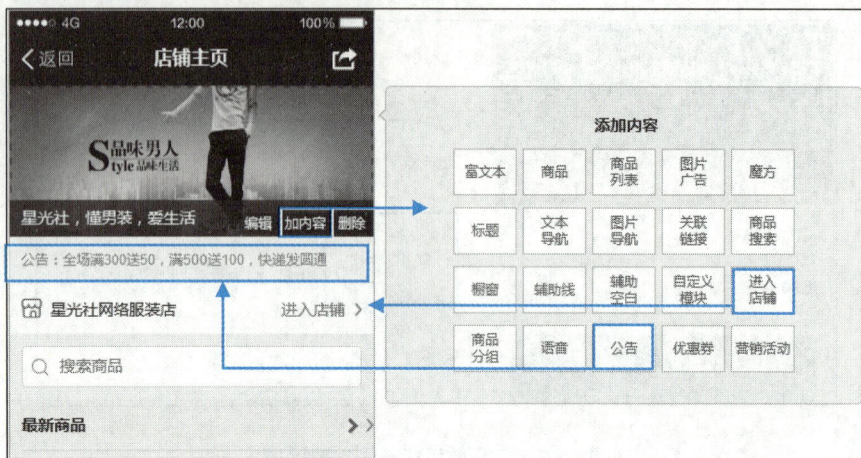

图 4-48　添加两个系统模块

**步骤 10**　点击左侧的任一模块，会在右侧弹出相应的编辑区域。例如，点击公告模块，即可在右侧输入或修改公告内容，如图 4-49 所示。

图 4-49　编辑公告模块的内容

**步骤 11**　添加商品分组模块。店铺首页中除了需要添加一些功能模块之外，最重要的是添加商品分组模块。点击左侧"搜索商品"模块，然后点击该模块中的"加内容"按钮，在右侧"添加内容"区域中找到并点击"商品分组"按钮。

**步骤 12**　由于商品分组已在任务二中设置好，此时，只需要点击右侧的"添加商品分组"按钮即可，如图 4-50 所示。在弹出的商品分组页面中，显示了之前设置好的分组，用户可点击相应分组右侧的"选取"按钮，选择自己需要的商品分组。本例选择"男式下装""男式上装""潮流大牌""当季热卖"4 个分组。选择完成后，点击"确定使用"按钮，如图 4-51 所示。

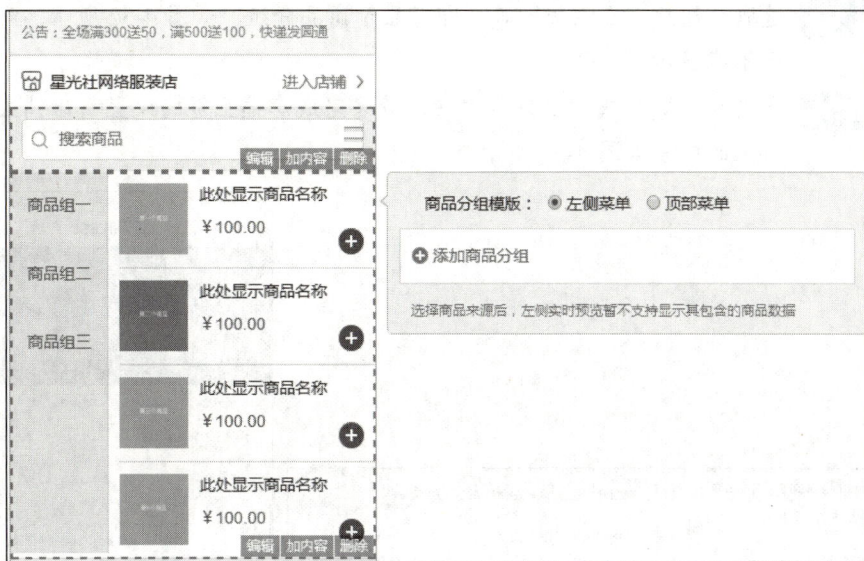

图 4-50　添加商品分组模块

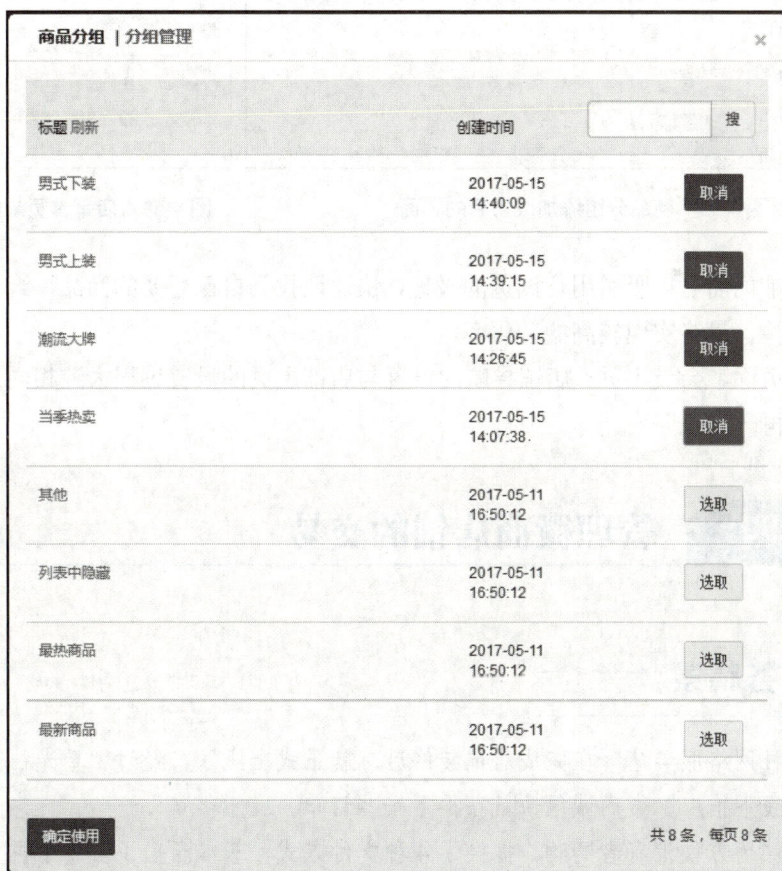

图 4-51　添加商品分组

**步骤 13** 选取分组后，在左侧预览区即可显示商品分组，如图 4-52 所示。此时图片还不能显示。

**步骤 14** 点击"预览"或"上架"按钮，最终完成店铺主页的设置。店铺主页在手机上的效果如图 4-53 所示。

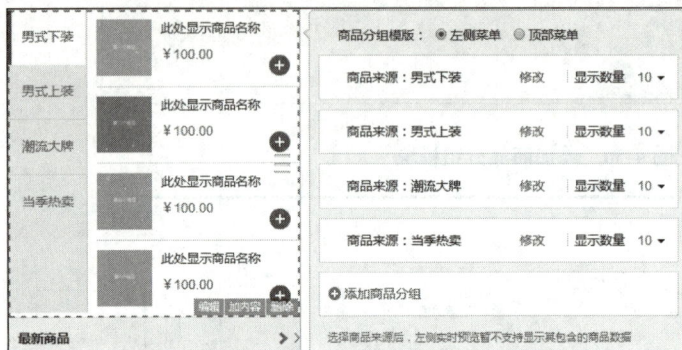

图 4-52 商品分组添加成功后的界面

图 4-53 店铺首页最终效果图

好的店铺门面可以吸引用户浏览的兴趣，快速地找到自己想要的商品，给买家带来良好的购物体验，最终实现较高的转化率。

其他微页面、会员主页、店铺导航的设置与店铺主页的设置过程大致相同，限于篇幅的限制，不再一一说明。

# 任务四 管理微商店铺的交易

## 任务情景

"星光社网络服装店"在完成店铺装修后，就正式上线了。经过"星光社微商运营团队"的线上线下推广，微商城很快就获得了一些订单。

有赞商城为方便消费者购物，提供了 4 种支付方式，基本涵盖了当今手机支付的所有便捷支付渠道，使消费者可更简单方便地购买微商店铺的商品。同时，有赞的订单管理模块也提供了各种订单设置、评价管理、交易及物流等功能。

本任务就和"星光社微商运营团队"一起来学习有关订单管理的知识。

### 知识链接

在有赞微商城后台，首先要对支付方式进行设置，方便买家对订单进行付款。当订单被提交后，可以针对订单进行如下操作。

（1）查看订单。进入订单管理页面后，卖家可以通过多种条件筛选待处理的订单。例如，按订单类型筛选，可以将订单分为以下几种：普通订单、代付订单、送礼订单、心愿订单、分销订单、扫码收款、酒店订单、维权订单、周期购订单、多人拼团订单、积分兑换订单等。

➤ 代付订单：商家开启了"找人代付"功能，买家使用了找人代付的订单，卖家可以查看订单的支付进度，等待代付人付款后进行发货处理。

➤ 送礼订单：商家开启了"我要送礼"功能（送礼的人挑选好商品并付款，然后将该礼单分享给好友，由其领取并填写收货信息），买家使用了我要送礼的订单，卖家必须等待买家将礼单分享给好友，由好友填写完收货地址后才能发货。

➤ 分销订单：商家是供货商，可由此筛选出所有来自分销的订单。

➤ 扫码收款：商家使用微商城二维码收款功能产生的订单。

➤ 酒店订单：商家开启了"酒店管理"功能，买家购买酒店商品生成的订单。

➤ 维权订单：买家申请了售后维权的订单，卖家需要根据订单的实际情况与买家进行协商，拒绝或同意在线退款。

➤ 多人拼团订单：商家开启了"多人拼团"功能，买家产生的拼团订单。

➤ 积分兑换订单：商家开启了"积分商城"功能，买家兑换商品后产生的订单。

（2）操作订单。筛选出待操作的订单后，可以进行发货、筛选、批量导出、订单排序、详情查看、在线退款、备注、标星等操作。

（3）打包发货。在选择了合适的快递公司之后，就要对商品进行打包处理，包括选择箱子、打包商品、填写快递单等内容。

### ● 任务实施　选择支付方式及处理订单

#### 一、选择支付方式

在移动电子商务中，用户可以选择的支付方式多种多样，有赞商城也向所有店铺提供了多渠道的支付服务，用于解决客户的线上交易问题。在有赞商城中，没有绑定微信服务

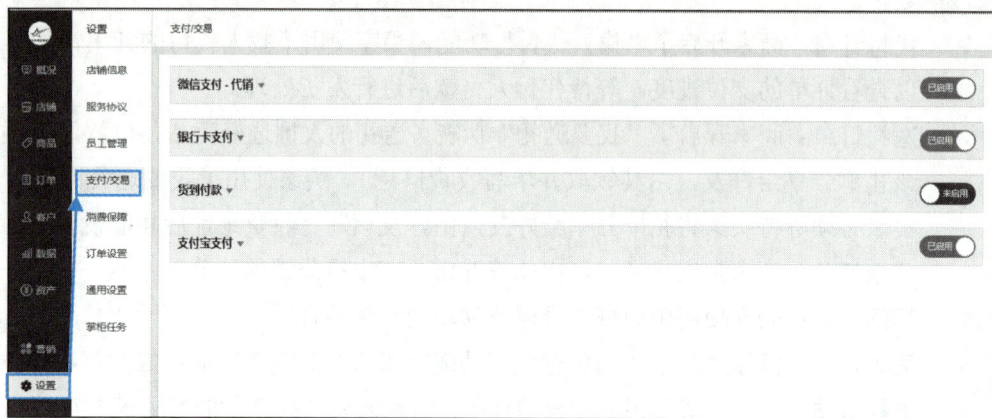

号也没有开通微信支付功能的商家可以使用微信支付-代销;绑定了服务号并开通微信支付的商家则可以使用微信支付-自有。

在实际交易过程中,并非所有买家都来自微信平台,也并非所有人都方便使用微信支付,在买家当中,通过银行卡支付、支付宝支付的也大有人在。因此,"星光社网络服装店"需要开通银行卡支付和支付宝支付功能。

**步骤 1** 查看有赞商城支付/交易方式。登录有赞账号,进入"星光社网络服装店"后台。点击"设置"按钮,进入店铺后台的设置页面。然后在"设置"栏区域点击"支付/交易"按钮,如图4-54所示。

从图4-54中可以看到,有赞商城提供了4种支付/交易方式。其中,"微信支付-代销""银行卡支付""支付宝支付"都已默认启用,货到付款方式则未启用。

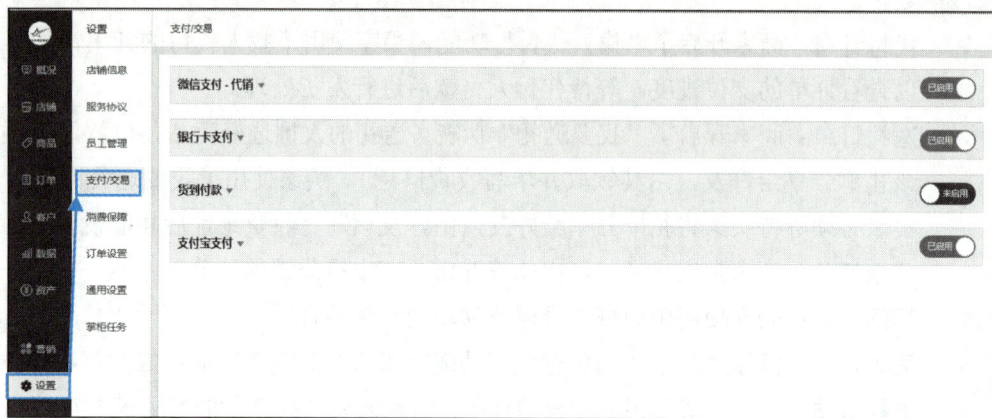

图4-54 进入"支付/交易"设置页面

**步骤 2** 通过点击相应支付方式右侧的按钮可开启或关闭相应支付方式。图4-55所示为买家在微信当中打开商品链接并进行在线支付时可选的支付方式。图4-56所示为用手机浏览器打开商品链接并进行在线支付时可选的支付方式,图4-57所示为选择银行卡(储蓄卡)支付时的页面。

T 小 提 示
TIPS

值得注意的是,在微信中打开商品链接进行购买时并没有支付宝支付这一选项,这是因为微信屏蔽了支付宝,在微信中打开商品链接进行支付时,将只显示微信支付、信用卡支付和银行卡支付。在其他环境中打开商品链接则可选择由支付宝进行支付。

启用银行卡支付,卖家就可以使用银行卡付款购买商品。商家开通的银行卡支付,是由有赞商城联合百度钱包向卖家提供的银行卡支付服务。

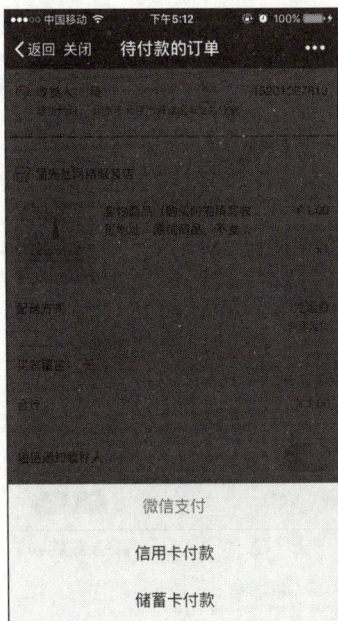

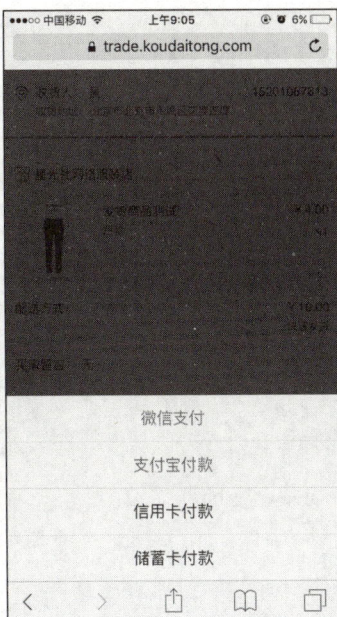

| 图 4-55 微信环境 | 图 4-56 手机浏览器环境 | 图 4-57 选择储蓄卡支付 |

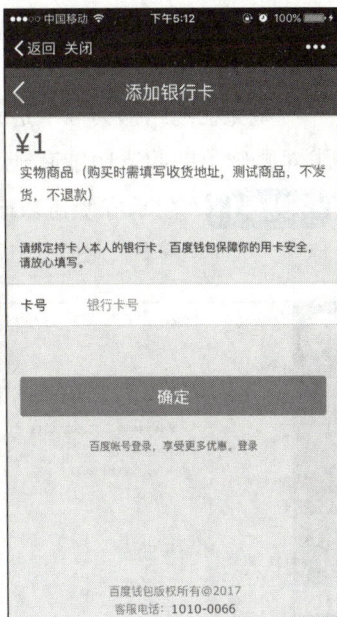

## 二、开通微信支付

"星光社网络服装店"要使用微信方式支付或收取货款，需要开通微信支付方式。由于学生团队正处于学习阶段，未进行工商注册，目前属于个人性质，所有只能选择注册为个人类型，即订阅号。而微信支付功能的开通必须满足两个基本条件，即账号为服务号和进行微信认证，因此"星光社网络服装店"目前只能使用有赞提供的支付-代销功能，在货款结算中付款方式会显示为：微信安全支付-代销。

图 4-58 所示为企业性质的公众号开通微信支付-自有的流程简图。

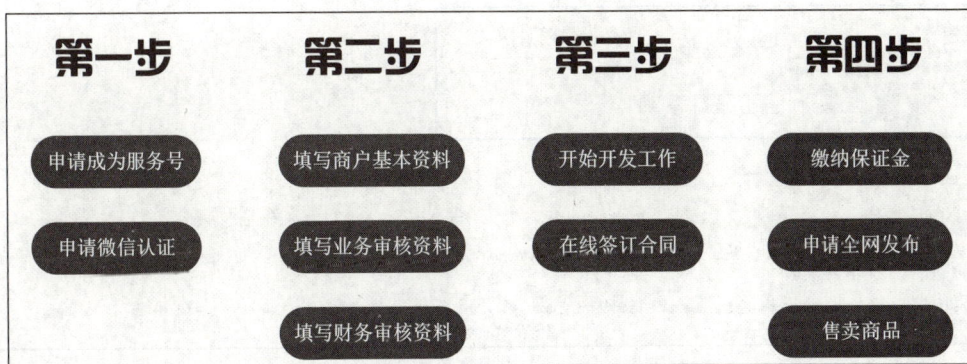

图 4-58 开通微信支付-自有的流程

### 三、查看账户信息

"星光社网络服装店"运营一段时间后，店铺产生了一些订单收入。店铺的日常运营要求对账户上的收支明细有一个基本了解。

**步骤 1** 登录有赞商城账号，进入"星光社网络服装店"后台，点击"资产"按钮 ⊕ 资产，进入"资产中心"页面，如图 4-59 所示。

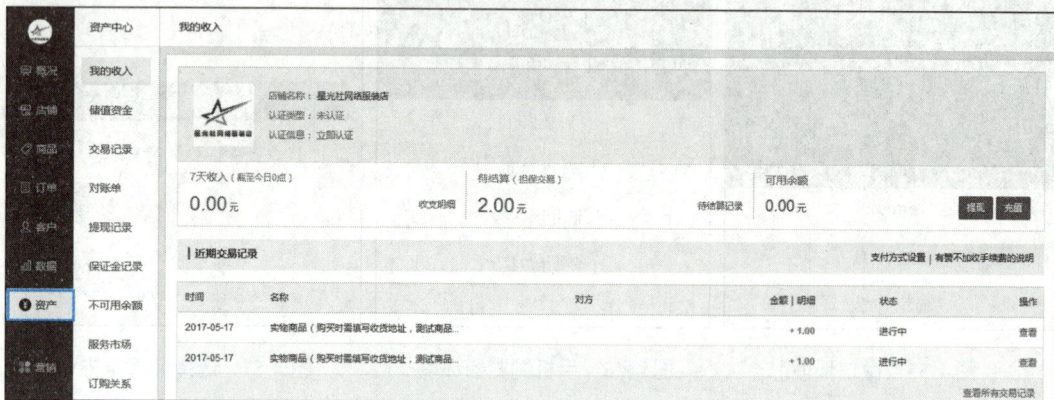

图 4-59　进入"资产中心"页面

**步骤 2** 查询交易记录。点击"交易记录"按钮，进入交易记录查询页面，如图 4-60所示。在交易记录查询页面，有赞商城提供了多种收支明细的查询条件：如可以通过订单创建时间筛选；也可以通过交易单号筛选；还可以通过交易状态筛选。筛选结果还可以批量导出。用户可以根据自己的实际情况进行收支明细的查询，更好地对订单进行分析，为下一步的决策做好准备。

图 4-60　交易记录查询页面

**步骤 3** 查看提现记录。在资产中心中，还可以点击"提现记录"按钮查看每笔提现具体信息和体现状态。提现周期是 T+1 到账，节假日顺延。

## 小提示

**IPS**

　　"T+1"是一种股票交易制度，即当日买进的股票，要到下一个交易日才能卖出。"T"指交易登记日，"T+1"指登记日的次日。在电子商务交易中，指提交申请的第二天。

**步骤4**　查看不可用余额。在资产中心中，点击"不可用余额"按钮即可查询不可用余额。

## 小提示

**IPS**

　　当店铺账户资金处于"提现中""退款中""返现中""结算中"等状态时，这些资金会出现在不可用余额选项卡中，方便商家了解资金的去向。

　　当有一笔资金正在申请提现时，提现记录中将关联相应的不可用余额记录。提现成功后则不再显示。

　　根据不同的业务需求，不可用余额（记录）中会展示当时正在发生转账的资金记录。转账成功后不再显示，失败后资金会退回有赞账户。

　　有赞商城提供了很便捷的收支明细查询功能，通过对订单进行各种条件的收支明细查询，能够方便地了解到订单的来源、客户下单时间、使用的支付方式等，对于店铺进行客户和产品调研非常有用。

### 四、处理订单及退款

　　在店铺的运营过程中，并不是每个订单都能顺利完成交易。例如：有些热销的商品很快卖断了货，顾客下了订单后没能够及时发货；买家对收到的商品不满意等，这些都有可能导致买家选择退款或退货。在这种情况下，店铺就需要处理买家提出的退款申请。

　　与淘宝类似，在微商城中所遇到的退款情况一般也分为两类：

　　（1）未发货订单的退款；

　　（2）已发货订单的退款。

　　店铺运营要求客服人员对这两类情况进行熟练的操作，提高客户体验。

### （一）未发货订单的退款

**步骤1**　登录有赞账号，进入"星光社网络服装店"后台，点击"订单"按钮 📋订单，进入订单管理页面。点击"维权订单"按钮，查看客户申请的退款订单，如图4-61所示。

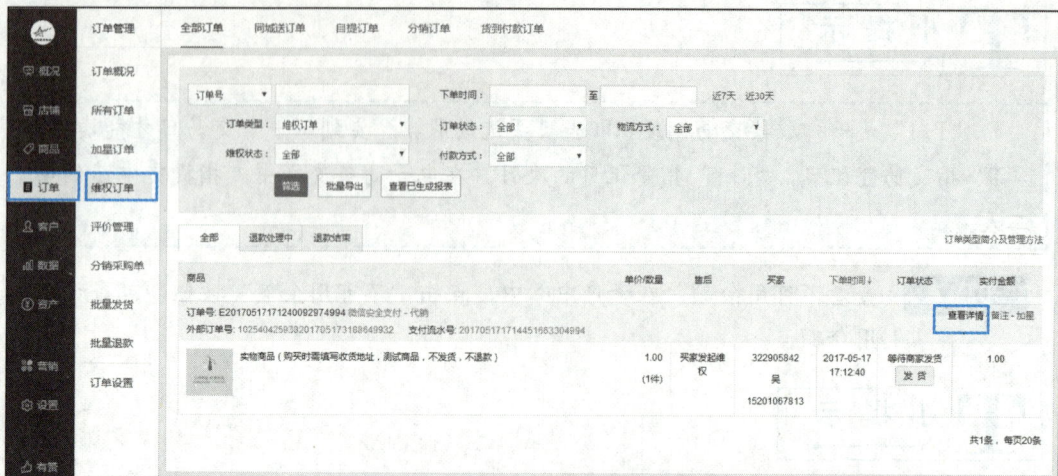

图 4-61　进入订单管理页面

步骤 2　查看申请退款订单的详情。在维权订单中的全部订单页面中，可以看到有一条维权订单信息。点击图 4-61 中订单右侧的"查看详情"按钮，进入该订单的详细信息页面。此页面显示交易进度、订单状态、订单信息。其中，订单信息包括订单号、付款方式、卖家收货信息，如图 4-62 所示。

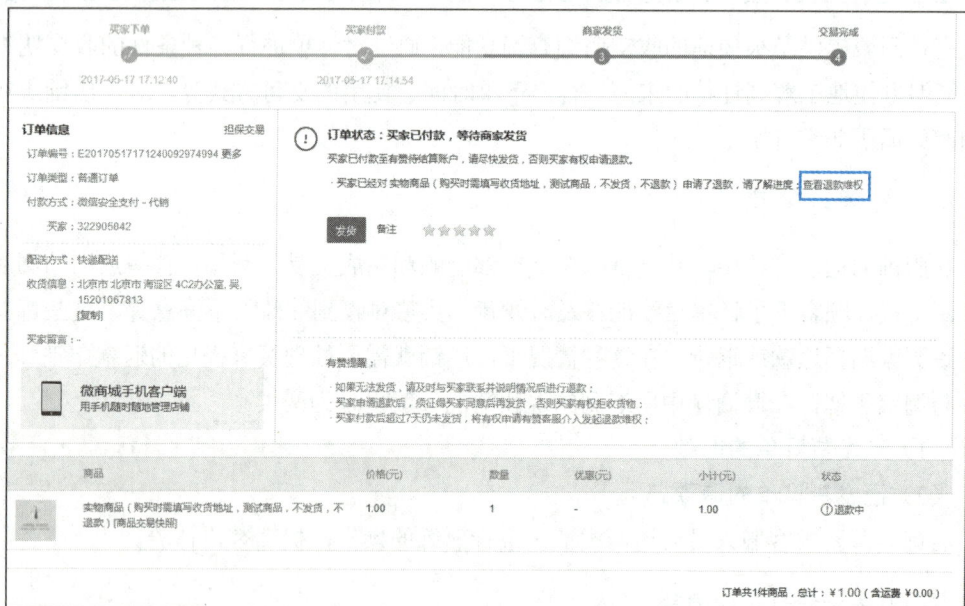

图 4-62　维权订单详细信息页面

步骤 3　选择是否同意退款。点击图 4-62 中订单状态区域中的"查看退款维权"按钮，然后根据买家退款申请详情，点击"同意买家退款"按钮或者"拒绝退款申请"两个按钮来选择是否同意退款，如图 4-63 所示。

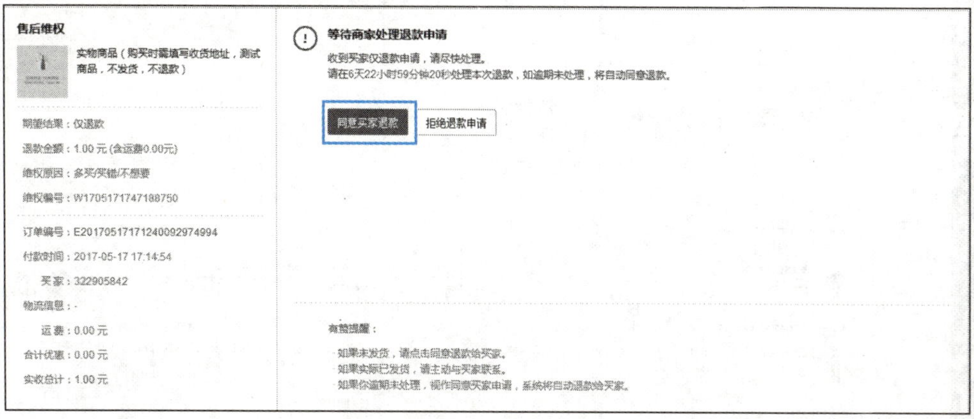

**售后维权**

实物商品（购买时需填写收货地址，测试
商品，不发货，不退款）

期望结果：仅退款

退款金额：1.00 元（含运费0.00元）

维权原因：多买/买错/不想要

维权编号：W1705171747188750

订单编号：E201705171712400092974994

付款时间：2017-05-17 17:14:54

买家：322905842

物流信息：

　运费：0.00 元

　合计优惠：0.00 元

　实收合计：1.00 元

⚠ **等待商家处理退款申请**

收到买家仅退款申请，请尽快处理。

请在6天22小时59分钟20秒处理本次退款，如逾期未处理，将自动同意退款。

[同意买家退款]　[拒绝退款申请]

有赞提醒：

　如果未发货，请点击同意退款给买家。

　如果实际已发货，请主动与买家联系。

　如果你逾期未处理，视作同意买家申请，系统将自动退款给买家。

图 4-63　查看退款维权

**步骤 4**　如果选择"同意买家退款"，当订单处于未发货状态时，系统会直接经由付款途径将货款退回买家账户。如图 4-64 所示的订单退款就是由微信钱包支付的货款，退款时钱款将直接由系统退回至微信钱包。

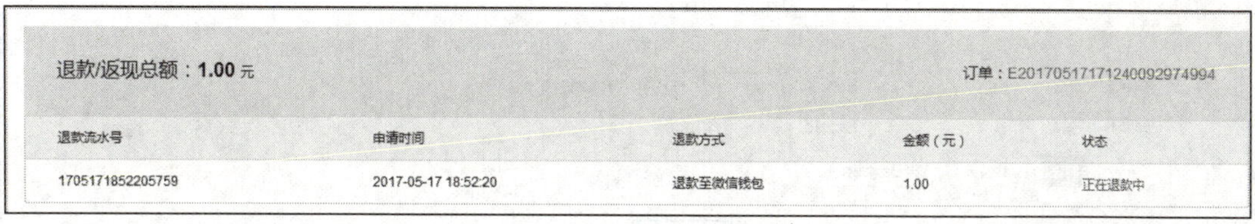

退款/返现总额：**1.00** 元　　　　　　　　　　　　　　　　　　　　订单：E201705171712400092974994

| 退款流水号 | 申请时间 | 退款方式 | 金额（元） | 状态 |
| --- | --- | --- | --- | --- |
| 1705171852205759 | 2017-05-17 18:52:20 | 退款至微信钱包 | 1.00 | 正在退款中 |

图 4-64　退款信息

### （二）订单的发货及退款

**步骤 1**　无论买家是否对商品付款，提交订单后，店家都可以在订单管理页面看到该订单的信息。如果买家没有付款，订单上信息会显示"等待买家付款"；如果买家进行了在线付款，那么订单信息上会显示"等待卖家发货"，此时店家需要尽快给买家发货。店铺挑选好买家选购的商品进行打包并填写快递单后，就可以点击"发货"按钮，如图 4-65 所示。

**步骤 2**　填写好物流信息，确认发货后，订单信息中原来显示"发货"按钮的地方会变成"修改物流"按钮。物流信息只可以修改一次。

**步骤 3**　卖家发货后，若买家对商品不满意，可申请退货退款。这时卖家登录有赞账号，进入"星光社网络服装店"后台，点击"订单"按钮，进入订单管理页面。在该页面中可以点击"维权订单"按钮查看订单信息，也可以直接点击"退款中"按钮对退款订单信息进行查看，如图 4-66 所示。在订单信息中，点击蓝色字体的"买家发起维权"按钮。

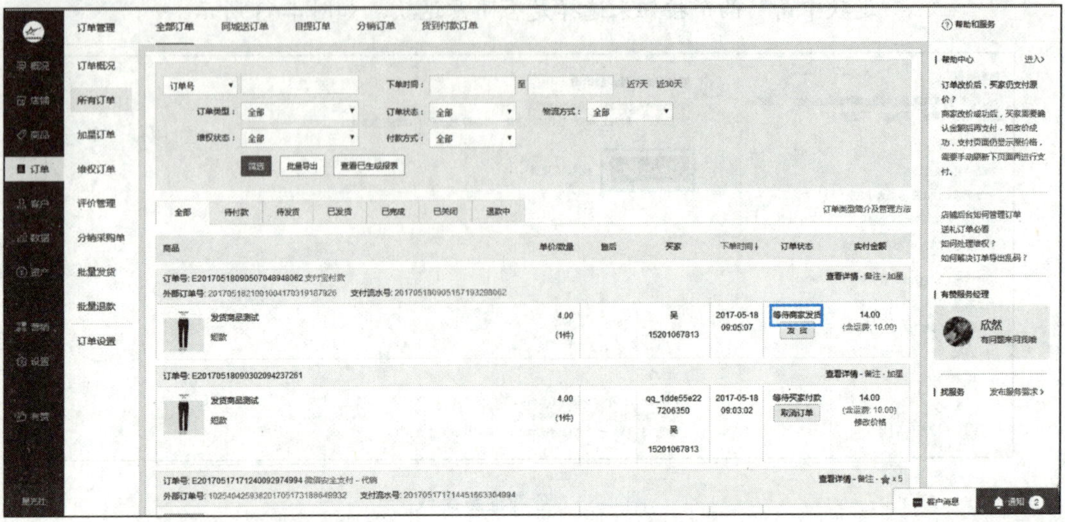

图 4-65　为商品发货

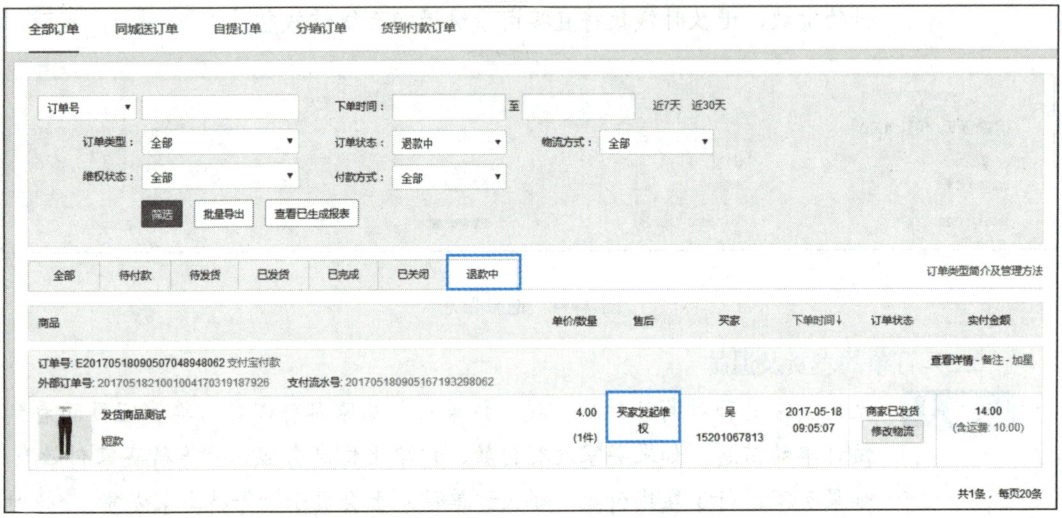

图 4-66　点击"退款中"按钮查看订单信息

**步骤 4**　进入退款处理流程，如图 4-67 所示。点击"同意退货，发送退货地址"按钮。

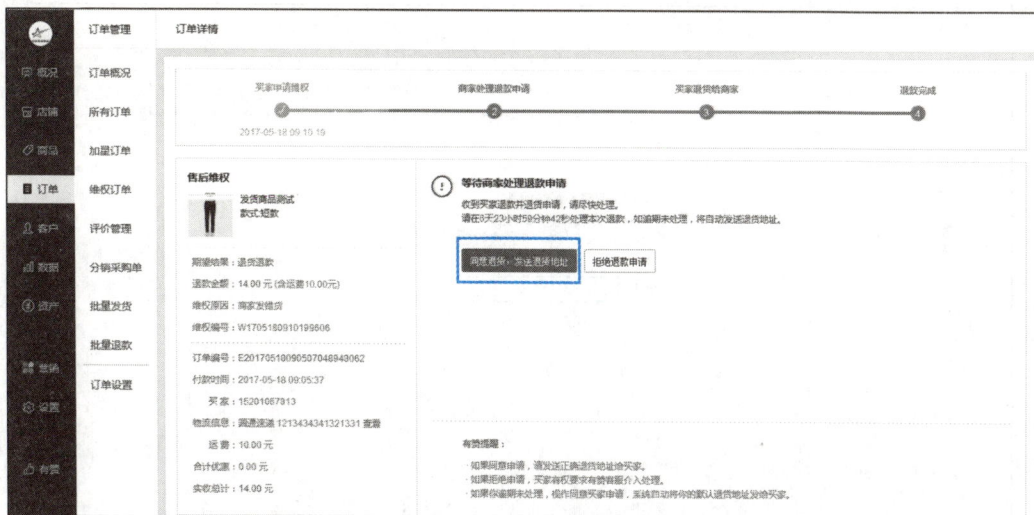

图 4-67　退款处理流程

**步骤 5**　弹出"维权处理"对话框，在退货地址中输入退货地址，并点击"同意退货，发送退货地址"按钮，如图 4-68 所示。

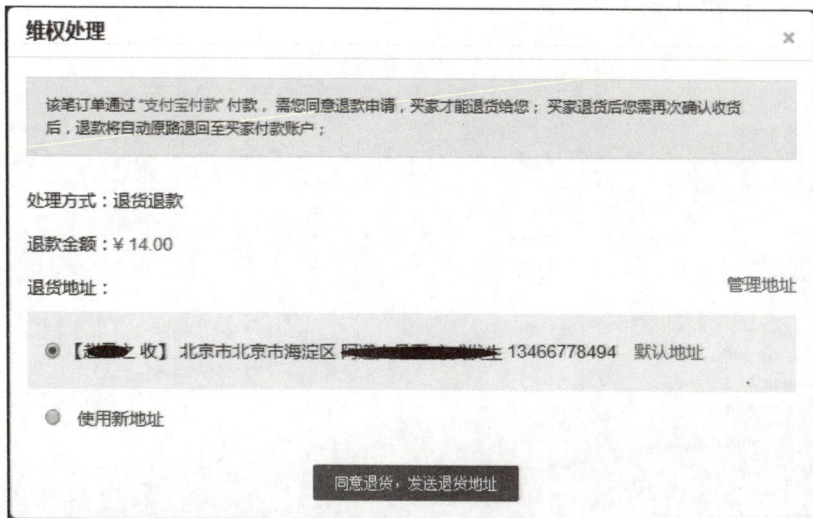

图 4-68　发送退货地址

**步骤 6**　此时货款不会立即退还到买家账户。在买家将商品寄回后，卖家可以查看订单信息，回到退款流程，点击"已收到货，同意退款"按钮，如图 4-69 所示。

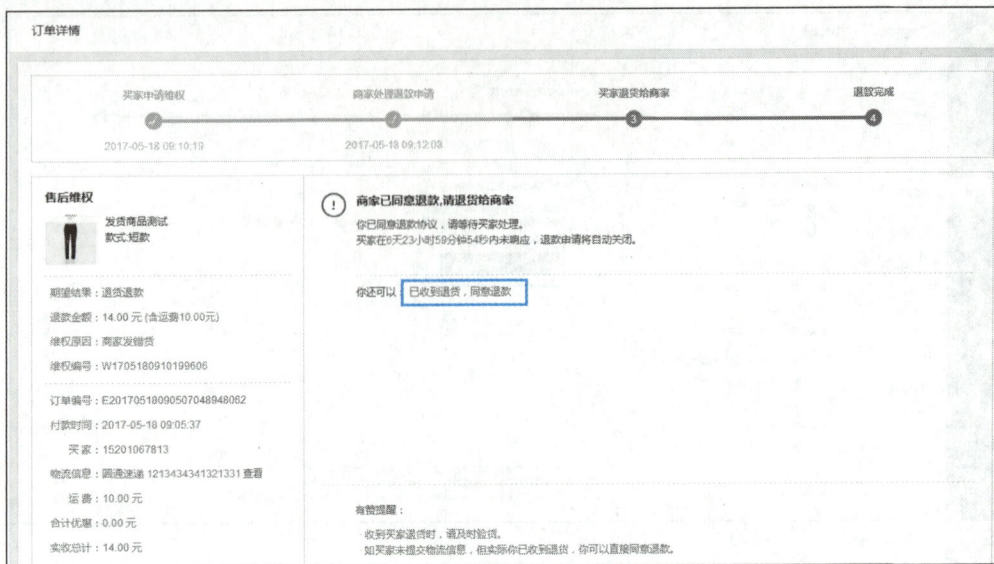

图 4-69　确认收货，同意退款

**步骤 7** 卖家确认收货后，货款才会自动从来路返回到买家账户。退款操作完成后的界面如图 4-70 所示。

图 4-70　退款完成

退款是在网络店铺经营中经常会遇到的问题，只要卖家本着诚信经营、为顾客着想的理念，良好热情的退货服务也能成为吸引买家成为店铺回头客的一个重要因素。

# 项目小结

本项目的第一个任务是微商店铺的注册与开店。通过该任务的学习，可以掌握目前较流行的微商城运营平台的搭建过程。

本项目的第二个任务是上架微商店铺商品。发布商品首先要了解平台的规则，适应规则才能更好地生存；其次要认清店铺的定位，准确定位才能准确地选择好的商品；最后还要清楚商品的特性，只有了解商品才能将商品图文并茂地清楚展现出来。学习好商品发布不是一时半刻的事情，需要长时间的经验积累，在不断的发布中寻找方法和技巧。

本项目的第三个任务是微商店铺的店面装修。在装修店铺时，要以店铺的 Logo、主页设置为主，展示店铺的特色。在装修中，除了要考虑平面设计中的色彩、布局，还需要考虑从用户体验的角度设置店铺的微页面内容。这些内容和技巧同样需要经过经验积累才能够融会贯通。

本项目的第四个任务是微商店铺的交易管理。当店铺成功开设并接到第一个订单后，紧接着就涉及订单管理的问题，包括交易资金的查看和管理，订单的发货和退款处理等。

本项目的所有任务都是微商店铺运营中必须经历的过程，学生不但需要对商品和店铺经营有充足的了解，还要培养与客户的协商能力，这样才能做好交易工作。

# 就业连线

## 岗位介绍：微店运营专员

【岗位职责】

1. 负责公司微店后台账号管理、微信开店及微店销售平台的维护，及时上传、更新微店商品信息和订单处理等。

2. 负责微信活动策划，做好跟踪维护。如结合公司产品特点编辑微信内容吸引粉丝。

3. 提高粉丝活跃度和参与度，与粉丝互动，对粉丝的网络行为进行分析与总结，增加客户黏度。

4. 利用微信平台，打造粉丝微信群，策划有吸引力的活动，向粉丝推送企业产品。

**【岗位要求】**

1. 拥有微信营销的实战经验和良好的销售业绩，非常熟悉微信开店、微信朋友圈推销，能熟练地利用微信及微信公众平台开展微信宣传推广、微信营销，实现吸引客户、挖掘客户、引导客户、成功转化等目的。

2. 热爱互联网，熟悉网络营销理论和思想，对微信、SNS、微博、论坛等产品有浓厚兴趣及深刻认识。

3. 具备一定的文字功底，具有活跃思维及创新意识，有一定的线上活动策划经验。

## 项目实训　　　　　　使用"微店"App 创建化妆品类微店

### 项目背景

"微店"App 是由北京口袋时尚科技有限公司开发的一款手机应用，主要功能是帮助卖家在手机上开店。"微店"App 作为移动端的新型产物，任何人通过手机号码即可开通自己的店铺，并通过一键分享到社交网络平台，宣传自己的店铺，以促成成交。"微店"App 极大地降低了开店的门槛和手续，所有交易（除信用卡）不收取任何手续费。

本实训将使用"微店"App 创建一个化妆品类微店。

### 实训目的

1. 了解和掌握使用"微店"App 创建微店的方法。
2. 掌握微店的店铺装修和上架商品的技巧。

### 实训内容

活动准备：确定注册用的手机号码；确定微商店铺所要销售的商品；确定店铺的名称；在网上搜索几张精美图片素材作为店铺封面、店铺店标和商品图片。常用的图片素材网站有花瓣网、改图网、千图网等。

**步骤 1** 以在 iOS 操作系统下载安装微店 App 为例进行说明。首先进入 App Store 应用市场，下载微店 App，如图 4-71 所示。

**步骤 2** 进入微店 App，注册微店账号，如图 4-72 所示。注册完成后便直接进入创建店铺流程，如图 4-73 所示。

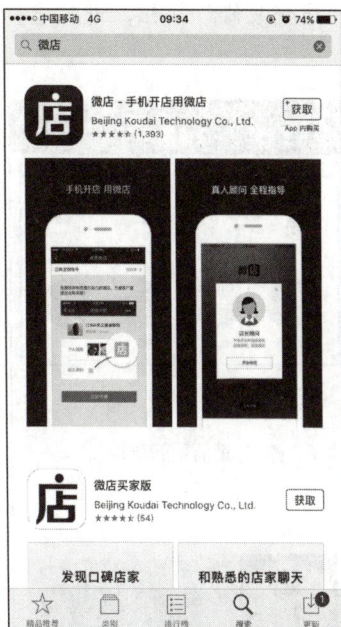

图 4-71　查找微店 App　　　　图 4-72　进入微店 App　　　　图 4-73　店铺创建页面

**步骤 3** 使用 Photoshop 制作一个具有特色并和化妆品相关联的店标，然后将店标传输到手机相册（从电脑传输图片文件到手机的方法：同时在电脑和手机登录 QQ，然后通过"我的设备"进行传输）。

**T 小提示 TIPS**

不同操作系统的手机在运行微店 App 时显示的图片大小也不一样，为了保证不同手机操作系统的消费者在浏览微店时都能看到最理想的效果，建议制作店铺封面、店招、店标和商品图片时采取表 4-5 所示的尺寸和大小。

表 4-5　店铺封面、店招、店标和商品图片最佳尺寸大小

| | 店铺封面 | 店铺招牌 | 店铺图标 | 化妆品商品图片 |
|---|---|---|---|---|
| 尺寸（像素） | 640×920 | 680×350 | 500×500 | 500×500 |
| 大小（KB） | 100～300 | 100～200 | 100 | 100 |

**步骤 4** 返回手机创建店铺界面，上传制作好的店标并填写预先设计好的店铺名称。完成操作后进入编辑生意档案页面，资料填写完毕后，点击"开启微店"按钮，微店创建完成。

**步骤 5** 进入微店主页，如图 4-74 所示。点击店铺名称右侧的微店按钮 **微店 >**，进入微店管理页面，如图 4-75 所示。继续点击"店铺装修"按钮，进入店铺装修页面，如图 4-76 所示。

图 4-74　微店主页　　　　　　图 4-75　微店管理页面　　　　　　图 4-76　店铺装修页面

**步骤 6** 在图 4-76 中点击"编辑"按钮可以进入店铺编辑模式，如图 4-77 所示；若点击"选模板"按钮，则进入模板集市，可购买相关的店铺模板和素材包；若点击"做素材"按钮可进入素材中心，创建自由度较高的各种素材，如社交分享图、商品详情页以及轮播广告、大图广告、店招、店铺头像、图片导航等，如图 4-78 所示；若点击"我的"按钮，则显示当前正在使用或已拥有的模板，点击相应的"编辑"按钮可进行编辑操作，如图 4-79 所示。

**步骤 7** 更换店招图片。点击图 4-77 中店招图片区域的"编辑"按钮进入店招图片编辑页面，系统提供了 3 种更换图片的来源，用户可按需选择，如图 4-80 所示。在如图 4-81 所示的框选区域点击"插入"按钮可添加店铺模块，如图 4-82 所示，用户可按需添加。

图 4-77　店铺模板编辑模式

图 4-78　"做素材"界面

图 4-79　"我的"界面

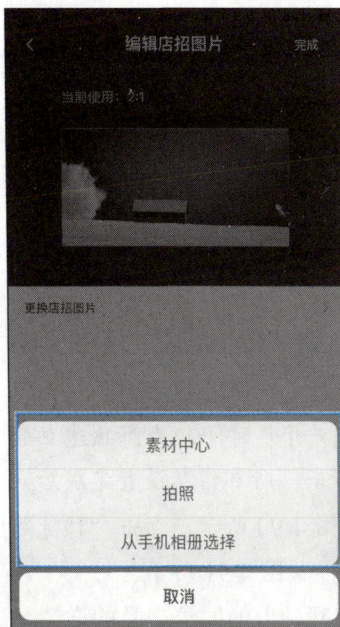

图 4-80　上传店招图片

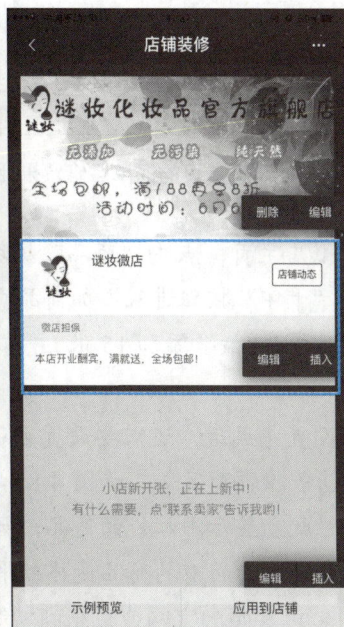

图 4-81　店招设置完成

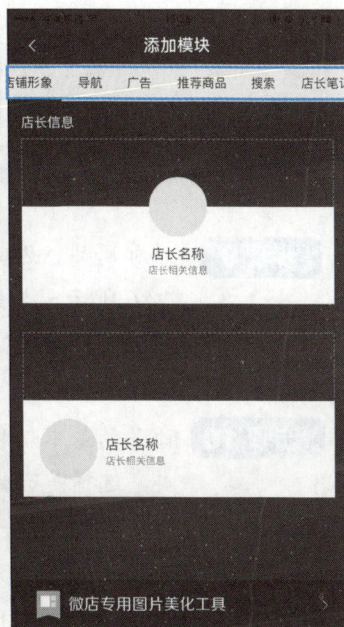

图 4-82　可添加的店铺模块

**步骤 8** 设置店铺形象。在如图 4-82 所示的店铺形象设置区域中，有"头像居中"和"头像居左"两种模式可供选择。任意点击一种模块进行设置，添加店长头像、店长昵称、微博认证、微信号、店长标签等内容，如图 4-83 所示。"头像居左"的效果如图 4-84 所示；"头像居中"的效果如图 4-85 所示。

图 4-83　编辑店长形象　　图 4-84　店铺首页的简单装修效果　图 4-85　其他店铺首页的装修实例

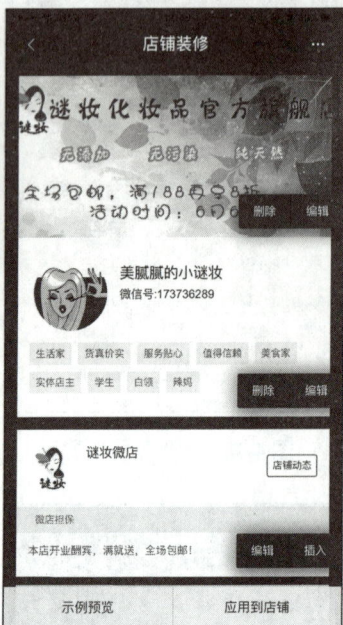

**步骤 9** 添加商品。返回微店主页，点击"商品"板块，进入商品设置页面，如图 4-86 所示。点击"十字"按钮进入添加商品页面，如图 4-87 所示。在添加商品页面上传商品图片(最多添加 15 张)并填写商品的相关信息，如图 4-88 所示。

**步骤 10** 商品的基本信息设置完成后，还需要设置运费、开售时间，为商品建立分类，选择是否为店长推荐商品等，如图 4-89 所示。所有信息设置完成后，在"出售中"一栏就会显示添加好的商品，如图 4-90 所示。点击"预览"按钮可预览呈现在消费者面前的商品最终效果，如图 4-91 所示。

为商品设置"商品详情"时，可参照淘宝网或京东商城等网站上的同类产品的详情介绍，为商品添加详细的商品参数、功能效用和使用方法等多层次的信息，以生动有趣和实事求是的文案打动消费者，使其产生购买欲。化妆品的文案风格应与店铺名称、店主风格统一。

图 4-86　进入商品设置页面

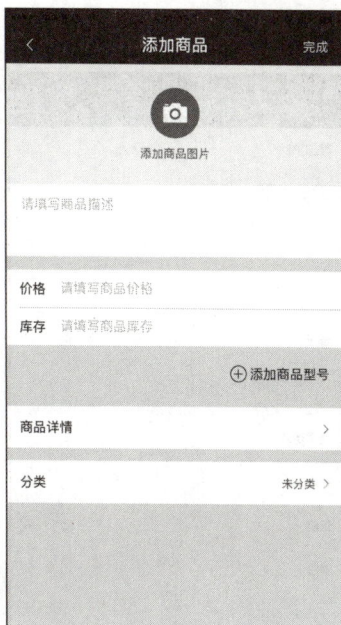

图 4-87　添加商品页面

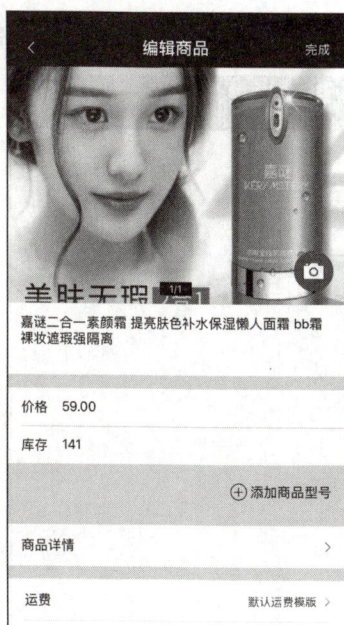

图 4-88　填写商品信息

图 4-89　设置运费及商品类目

图 4-90　出售中的商品

图 4-91　最终商品展示效果

**步骤 11** 添加商品分类。在商品设置页面，点击顶部右侧的"分类"按钮，切换到分类设置页面，如图 4-92 所示。点击底部的"新建分类"按钮，为店铺设置不同的商品分类，方便用户查找商品。新建好商品分类后，还可以点击底部的"管理分类"按钮，为商品分类设置子分类，如图 4-93 所示。商品分类设置完成后的最终效果如图 4-94 所示。

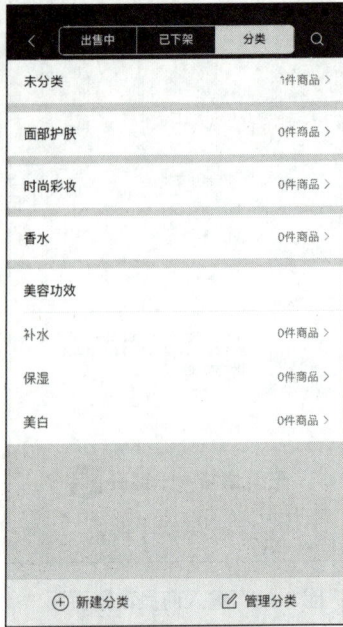

图 4-92　商品分类设置页面　　　图 4-93　管理分类设置页面　　　图 4-94　商品分类的最终效果

**步骤 12**　商品分类条目新建完成后，点击"出售中"按钮，再点击"批量管理"按钮进入商品批量管理页面。此时页面中将显示正在出售中的所有商品，选中需要操作的商品，然后可以通过页面底部的"分类至"按钮把商品分类到相应的系列里去；通过页面底部"下架"按钮可以下架商品。

**步骤 13**　回到"出售中"页面，点击商品进入"编辑商品"页面，在页面底部可以发现"下架"和"删除"两个按钮，可以进行商品的下架或删除操作。

**T IPS 小提示**

　　下架商品后，商品还存在于微店后台，只需要点击"上架"按钮即可重新出售；而删除商品后，微店后台将再也看不到此款商品，以后想要上架这款商品则需要重新录入。

　　按照前面介绍过的方法继续为店铺添加商品并完善店铺信息、添加店铺功能模板、进行相关认证，一个化妆品微店就可以正式营业了。

# 课后习题

## 一、选择题

1. 微商主要分为两种，其中基于微信公众号的一般被称为（　　）微商。

　　A．B2B　　　　　　　　　　　B．C2C

　　C．O2O　　　　　　　　　　　D．B2C

2. 以下适合作为商品主图的是（　　）。

　　A．　　　　　B．　　　　　C．　　　　　D．

3. 运费模板设置在有赞商城店铺后台的（　　）管理页面中。

　　A．店铺　　　　　　　　　　B．设置

　　C．订单　　　　　　　　　　D．商品

4. 有赞商城允许（　　）个商品链接到外部购买。

　　A．50　　　　　　　　　　　B．40

　　C．30　　　　　　　　　　　D．60

5. 下列不是有赞商城默认启用的支付方式的是（　　）。

　　A．支付宝支付　　　　　　　　B．银行卡支付

　　C．货到付款支付　　　　　　　D．微信支付

## 二、填空题

1. "微商"一般指的是通过手机开店来完成_____的电商模式，同时也是对_____的一个称谓。

2. 微商城，又叫微信商城，是_____基于微信而研发的一款_____电子商务系统。

3. 目前，微商销售比较火爆的产品主要有_____、_____、_____、_____、_____、_____、_____。

4. 店铺 logo（店标）是一家店铺最重要的_____标志。

5. Photoshop 常用于平面广告设计、数码照片处理、_____、效果图后期处理、商业插画设计等。

6．微页面具有极强的_____，它可以只是一个_____，也可以作为_____，还可以作为群发的_____。

三、思考题

1．简述有赞微商城中的微页面都有哪些模板。

2．简述商家收到一个购买一部手机的订单后，到手机送到客户手中，中间的工作内容及流程。

3．寻找一个优秀的服饰类微商店铺，简单说明该店的特色和优势。

4．猜猜下面店标的属于经营哪一类商品的微商店铺？将可能的产品分类填入图标对应的括号内，如生鲜水果、化妆品、鲜花、餐饮美食、女装等。

| Steak Hut | Queen 一女王 | 福86 | 魅力空间 FASCINATION SPACE | 私人定制 PRIVATE CUSTOM |
|---|---|---|---|---|
| （    ） | （    ） | （    ） | （    ） | （    ） |

# 项目五
# 移动营销基础知识
# 与微信营销

## 项目导读

随着移动互联网的快速发展，用户向移动端倾斜，移动营销正在成为最重要的网络广告形式。移动营销最大的特点就是使得电子商务贴近消费场景的同时，让企业建立了一种和消费者产生紧密互动并赢得消费者信任的关系模式。

## 学习目标

### 知识目标

- 了解移动营销的概念
- 理解移动营销的"4I"理论
- 了解移动营销的传播载体
- 了解微信营销的功能与商务应用
- 掌握微信朋友圈营销的方法
- 掌握微信公众号营销的方法

### 能力标准

- 能够使用微信朋友圈开展营销活动
- 能够使用微信公众平台账号发布一篇软文

引导案例

## 陌陌：视频直播背后的移动营销潜力

陌陌近几年的视频直播业务（见图 5-1）为公司带来了巨大的收益，其移动营销业务似乎已被外界所忽视。事实上，陌陌在启动视频社交战略之后，增加了用户黏性的同时也为原生视频广告提供了优质土壤。2017 年一季度，陌陌移动营销业务营收 1 790 万美元，去年同期为 1 240 万美元，同比增长了 45%，陌陌的移动营销潜力正在逐渐被开发出来。

陌陌对移动营销的运用还处于初级探索阶段，但已经吸引了包括去哪儿、华为、阿里、腾讯等诸多品牌广告主，以及超过 5 000 家的中小广告主。目前陌陌在移动营销上的玩法可以总结为"一绑三拖"模式："一绑"是说绑定陌陌的社交基因，"三拖"则是指靠直播、视频和社交信息流的拖动。

陌陌在确定了移动社交营销的大方向后，利用直播、视频和社交信息流催生了更多场景化营销空间。例如，在与去哪儿和华为的合作中，陌陌就利用了 AR 表情、直播的互动弹幕功能，以及基于强社交关系的曝光传播。这些都是陌陌在直播、视频等业务上为移动营销开辟的利润中心。

网络直播广告的价值目前在陌陌上已经崭露头角，其"广告即内容"的表现形式贴近陌陌影响的主流年轻用户群，用户也喜欢这种有价值品牌和产品信息的推送。而且，陌陌直播的互动性非常强，实时性也非常高，用户与主播互动的过程也就是"内容即广告"的最佳曝光时机。例如，在锤子科技的一场直播中，陌陌就定制了坚果手机的礼品，用户送出的坚果手机会瞬间占满屏幕，达到一个视觉和信息覆盖上的双重效果。网络直播广告比传统展示广告更直接，也更让人记忆犹新。

移动营销活动能做到的最好结果就是用户在玩的过程中，品牌主实现了品牌曝光，而用户也从中收获了乐趣。

图 5-1 陌陌直播

**Q**

请思考：

陌陌是一款手机社交 App，其视频社交战略大获成功的同时，还激活了以网络直播为载体的移动营销的潜力。那么，移动营销还包含哪些内容？与陌陌类似的微信是当前最为火爆的社交平台，在微信上又该如何进行移动营销？

## 任务一　了解移动营销

### 任务情景

陈默是一家杂志社的营销策划，近几年随着移动电子商务的兴起，他们公司已经在移动营销上开展了大量的工作，例如，开发了杂志社的手机网站、开通了手机订阅店铺、建设了杂志的手机App等。在接触移动营销的过程中，陈默不断听人提及大数据、社交媒体、网络直播等新概念，这使得陈默脑海中的移动营销概念不断丰满的同时也更加复杂。为了适应新的营销场景，陈默决定借鉴"今日头条"的移动营销成功案例，对移动营销进行细致的分析与学习，为更好地开展移动营销打下基础。

本任务就是来和陈默一起了解"今日头条"的移动营销特点，学习有关于移动营销的基础知识。

### 知识链接

随着移动互联网的发展及智能手机等移动设备的普及，消费者能随时随地访问互联网并进行购物活动，且在购物时还能使用移动设备搜索商品信息，以及与商家进行互动。对于企业来说，移动营销不仅即时、快捷、便利，而且有助于企业与消费者建立一对一的关系，为企业创造了建立或转变消费者品牌态度的崭新机会。

### 一、移动营销概述

移动营销（见图 5-2）是指面向移动终端（手机或平板电脑等移动设备）用户，在移动终端上直接向细分的目标受众定向和精准地传递个性化的即时消息，通过与消费者的信息互动达到市场营销的目的，最终使企业的利润增加。

无论消费者是在行走中，还是在车上或其他消费场景当中，广告主都能通过移动终端获取消费者的相关信息；在云技术和大数据技术的帮助下，企业可即时、有效地对客户进行分众识别；通过社交

图 5-2　移动营销

媒体企业可以很便捷地与消费者建立"一对一"的沟通渠道，为其发送个性化的广告形式，

并且通过互动跟踪监控传播效果并随时进行动态调整，从而最大限度地达成传播目标。

## 二、移动营销的理论

随着市场环境的变化，市场营销理论也发生了三次典型的变迁，即以满足市场需求为目标的 4P 理论、以追求顾客满意为目标的 4C 理论和以建立顾客忠诚为目标的 4R 理论。

但是，从 4P 到 4R 都是"粗放型"的营销理论，相比之下，移动营销则更加丰富和细腻。移动营销具有鲜明的可量化、能互动、能识别、及时快速的特征，这些特征可以将消费者与企业更加紧密地结合在一起，使营销理论和实践向更深、更广的层次发展。

在移动营销逐渐占据主流的大背景下，有关专家提炼出了可以更好地应用在移动营销上的"4I"理论模型，4I 分别代表 Individual identification（分众识别）、Instant message（即时信息）、Interactive communication（互动沟通）和 I（我的个性化）。

➤ **分众识别**：即识别分众对象并与其建立"一对一"的关系。分众经过精细化识别后得到的结果就是个体消费者。对于移动营销来说，消费者是独一无二的。识别分众对象后就可以利用手机与其进行"一对一"的沟通。虽然消费者的品牌忠诚度很难把握，但移动营销可以做到即时锁定，定向向目标消费者展示广告。

➤ **即时信息**：移动营销的随时性使得企业可以即时地与目标消费者进行沟通，提高市场反应速度。而当企业对消费者的消费习惯有所觉察后，可以在消费者最有可能产生购买行为的时间发布产品信息。定时发布营销信息需要对消费者的消费行为有量化的跟踪和调查，同时在技术上要有可以随时发布信息的手段。

➤ **互动沟通**：互动就是参与。顾客的忠诚度并不牢固，他们会随时因为企业的促销活动而转移。要保持顾客的忠诚度，赢得长期而稳定的市场，企业需要与消费者形成一种互动、互求、互需的关系。在移动营销活动中，移动营销中的"一对一"互动关系必须对不同顾客（从一次性顾客到终生顾客之间的每一种顾客类型）的关系营销的深度、层次加以甄别，对不同的需求识别出不同的分众，才能使企业的营销资源有的放矢。

➤ **我的个性化**：个性化就是人性化。在移动互联时代，人就是信息传播的媒体，手机就是人的"感觉器官"。因此，对手机上所呈现的营销内容的个性化要求比以往任何时候都更加强烈，如图 5-3 所示。

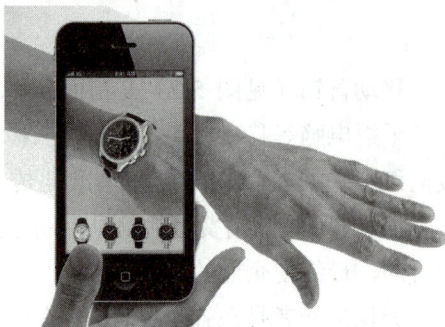

图 5-3　个性化营销

从移动营销的 4 个特征可以看出，"互动"是移动营销的核心；"一对一"是移动营销的最大特点，它使得客户关系管理与维护变得更加精细化了；"个性化"和"及时性"则是移动营销的外在显著表现，资讯、社交、游戏、工具、金融等手机应用均因为个体的选择而极具个性化色彩，使得移动营销的表现出类拔萃。

草根厨师变身网红达人　移动营销救活小餐馆

经典案例

张成龙曾经是一名厨师，在经过几年的锻炼后，他决定自己开一家饭馆，但是其资金积累不足，只能在小巷子中开一家名为"龙哥家常菜"的饭馆。由于地段不佳，张师傅的生意并不是很好。

直到有一天，张师傅在玩微信时加入了一个同城聊天群，在聊天的过程中，大家相处得很愉快，得知张师傅开了一家饭馆，大家提出要到店里来坐坐。但是张师傅所处的位置很偏僻，也没法说清楚具体的位置，后来他灵机一动，利用微信"发送位置"的功能把自己饭馆的地址发到了微信群里。过了几天，几个群友凭借着手机地图应用的导航功能来到了"龙哥家常菜"饭馆。

这件事给了张师傅很大启发。他想到，既然食客通过微信可以轻易地找到他，那么他也同样可以轻易地"找到"食客。随后他便开始用"龙哥家常菜"的名字登录各种移动社交应用，分享自己的工作日常，同时还提供送餐服务。不久，干净的后厨环境、精美的菜品、精彩的厨艺让张师傅化身成为网红厨师，吸引了不少想学做菜、喜欢美食的粉丝。而当同城的网友希望品尝美食时，只需要在移动社交应用上给张师傅发送"地图位置"并且附上想点的菜品，张师傅就会立刻派人将饭菜送上门。

由于这种订餐形式既新颖又方便，再加上张师傅的手艺也不错，很多客户都关注了张师傅的社交账号，成为张师傅的粉丝。他的餐馆生意越来越红火了。

一个普普通通的厨师，依靠移动营销竟然将生意起死回生，其秘诀就在于充分认识到了移动营销的特征。张师傅并没有选择在网上直接投放自己饭店的广告，而是通过分享视频和照片来吸引目标消费者，让那些关注美食的同城好友关注自己，以便建立紧密的社交关系。张师傅通过社交应用还可以将客户的个人信息（包括地址和电话）和需求信息轻松地搜集到手，然后精准地将产品或服务信息推荐给正好有需要的人。与传统广告不同的是，消费者即使洞察了信息的广告本质，也会乐于接受而不是抵触。

三、移动营销的载体

在移动营销的发展过程中，传播营销信息的载体也随着网络技术的发展而变化。从最开始的短信、彩信广告，到后来的手机 App，再到微博、微信，直至当前网络直播平台上的移动营销也正在悄然兴起。

图 5-4　App 营销

### （一）手机短信、彩信

手机短信、彩信广告是移动营销最原始的传播载体。这种传播方式从新奇到被厌恶再到习以为常，已渐渐地为很多手机用户所接受。因为其具有一对一、成本低、覆盖率高等特点，仍然被一部分广告主所青睐。手机短信、彩信广告以临时活动或者商品信息为主。

### （二）App

App（见图 5-4）就是指安装在智能手机上的应用软件，是手机用户连接移动互联和使用智能手机的各种应用的重要助手。广告主既可以在 App 上发布营销信息，也可以建设一个功能性的 App 来为消费者服务，以达到树立企业品牌形象的目的。

### （三）手机网站

手机网站是指用 WAP（无线应用协议）、HTML5 技术和 WML（无线标记语言）编写的专门用于手机浏览网页的网站，通常以文字信息和简单的图片信息为主。随着技术的发展，手机网页浏览器和 PC 电脑网页浏览器越来越类同，使用手机网站营销可以达到和 PC 电脑网站营销一样的效果。从发展潜力来说，手机网站的传播力度更大、成本更低、客户针对性也更强，有着十分明显的优势。

要注意的是，由于移动设备的屏幕尺寸明显小于标准台式计算机，同时移动网络速度并不稳定，因此，确保向移动用户提供良好的访问体验对于手机网站营销来说非常重要。

### （四）二维码

二维码当前已经应用得十分广泛，并渗透到餐饮、购物、超市、汽车、IT、传媒和旅游等多个行业，用户只要用手机扫描二维码（见图 5-5）就可以轻松地与商家建立联系。企业也可以通过二维码向自己的特定目标客户群传递商务信息，为移动营销的实现提供了非常便利的条件。可以说，二维码是移动营销最重要的技术手段之一。

图 5-5　二维码营销

### （五）微信

微信是一款兼具强关系交流和弱关系信息发布功能的多媒体交流平台，具有实时沟通、企业宣传、群发消息、自动回复等功能，是针对多层次用户的必备交流工具之一。目前微信营销发展势头迅猛，配合微信支付，已经成为最主要的移动营销信息传播载体。本项目后续的任务将对微信营销进行详细说明。

### （六）网络互动直播

网络互动直播由视频营销发展而来。早期的视频营销成本居高不下，许多人无力承担从创意到拍摄再到后期处理的巨大成本。随着智能手机性能的不断提升，任意一部智能手机都可以提供较为清晰的摄像功能，因此网络互动直播开始获得迅速发展。

直播互动营销由于能与观众即时互动，从而打消观众对产品的疑虑，使产品在观众心目中建立良好形象，再配合适时放出的商品购买途径，观众很有可能即时买单。例如图 5-6 中的直播博主如果适时曝光某美食产品，再适时推出店铺链接，那么她的粉丝就有很大可能去点击链接并下单。

图 5-6　网络互动直播

## 任务实施　　分析今日头条的移动营销

今日头条是一款基于数据挖掘的消息推送 App，它为用户推荐有价值的、个性化的信息，是国内移动互联网领域成长最快的应用之一。今日头条于 2012 年 8 月发布第一个版本，截至 2016 年 10 月底，今日头条激活用户数已经超过 6 亿，月活跃用户数超过 1.4 亿，日活跃用户数超过 6 600 万，单用户日均使用时长超过 76 分钟，日均启动次数约 9 次。另外，截至 2016 年 11 月底，已有超过 39 万个个人、组织开设头条号。下面分析一下今日头条的移动营销。

**步骤 1**　使用手机登录应用商店下载今日头条 App 并安装。打开今日头条 App 后的界面如图 5-7 所示。

**步骤 2**　点击页面底部的"未登录"按钮，进入今日头条账号设置页面，如图 5-8

所示。继续点击"更多登录方式"按钮可见到有手机号直接注册（见图 5-9 ）、微信账号登录、QQ 账号登录、微博账号登录、天翼账号登录、邮箱登录等多种登录形式。

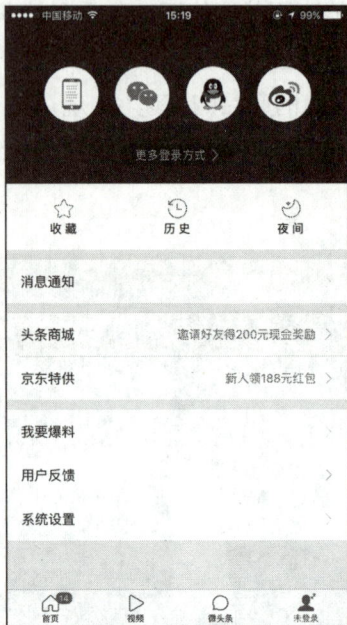

图 5-7　今日头条首页　　　图 5-8　今日头条账号设置界面　　　图 5-9　今日头条账号登录界面

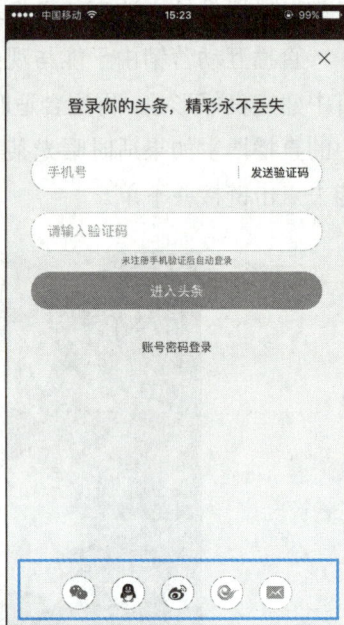

【分析】今日头条的多平台登录机制使得今日头条 App 可以轻易获取用户关联信息。

作为一个刊物类的手机应用，应该以多渠道的宽松注册和用户体验为原则，因为用户并没有阅读新闻还要注册登录的习惯。宽松的注册和用户体验能够让更多的人有意愿注册账户并登录，App 就能够获得更多的用户信息并尽可能与用户的社交账号产生关联。

**步骤 3**　本例选择使用微博账号登录。今日头条 App 会要求打开微博并给予授权。登录账号后，账号设置页面即显示与微博账号名称、头像一致的今日头条账号，如图 5-10 所示。

**步骤 4**　在账号设置页面中，可以看到"头条商城"和"京东特供"，其后还显示了促销活动的广告词。"头条商城"为今日头条平台自建的微商城，点击栏目名称进入头条商城页面，如图 5-11 所示。

**步骤 5**　点击"京东特供"可进入"京东网上商城"，如图 5-12 所示。

【分析】植入在线购物，为网上商城引流。

在刊物类 App 中植入在线购物链接，既可以为 App 增加购物功能，丰富用户的使用体验；还可以开拓手机在线销售渠道，为自建或合作方的网上商城引入流量，实现流量的价值转化。

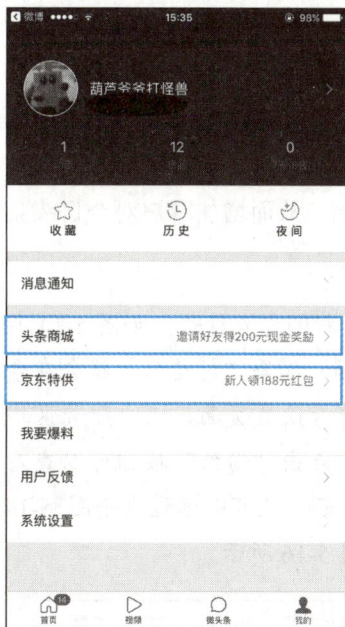

图 5-10　账号设置页面　　　图 5-11　"头条商城"页面　　　图 5-12　"京东特供"页面

**步骤 6**　返回今日头条首页，可以自由进入相关新闻频道寻找自己感兴趣的新闻。也可以通过刷新"推荐"栏目，阅读由今日头条系统推荐的新闻。今日头条会对用户的行为进行分析，然后精确推荐用户感兴趣的新闻。

【分析】用户行为分析，精确新闻推荐。

今日头条（见图 5-13）共有八大推荐方式。

（1）**基于文章主题相似性的推荐**：通过获取与用户阅读过的文章相似的文章进行推荐。

（2）**基于相同城市的新闻**：对于拥有相同地理信息的用户，会推荐与之相匹配的城市的热门文章。

（3）**基于文章关键词的推荐**：对于每篇文章，提取关键词，作为描述文章内容的一种特征，然后与用户阅读或搜索历史的文章关键词进行匹配推荐。

（4）**基于站内热门文章的普适性推荐**：根据站内用户阅读习惯，找出热门文章，对所有没有阅读过该文章的用户进行推荐。

（5）**基于社交好友关系的阅读习惯推荐**：根据用户的站外好友，获取站外好友转发评论或发表过的文章进行推荐。

图 5-13　今日头条

（6）**基于用户长期兴趣关键词的推荐**：通过比较用户短期和长期的阅读兴趣主题和关键词进行推荐。

（7）**基于相似用户阅读习惯的列表推荐**：计算一定时期内的用户阅读或搜索动作的

相似性，进行阅读内容的交叉性推荐。

（8）**基于站点分布来源的内容推荐**：通过用户阅读的文章来源分布为用户计算出 20 个用户喜欢的新闻来源进行推荐。

可以看出，今日头条采用多种的用户行为及用户状态分析，对用户推荐最合适的新闻。能够让用户及时阅读到最新的、感兴趣的、对用户有用的新闻，从而增加客户对今日头条的黏性。

**步骤 7**　在阅读新闻的同时，今日头条的用户还可以对新闻发表评论，如图 5-14 所示或者将新闻分享至社交网络，如图 5-15 所示。撰写过评论后，将会在今日头条账号中生成一条动态。返回今日头条账号设置页面，点击账号区域的"动态"按钮可以查看自己发表过的评论，点击"粉丝"按钮可以查看关注自己的粉丝信息，如果对某个头条号感兴趣，还可以通过点击图 5-14 中页面上方的"关注"按钮，进行关注，如图 5-16 所示。

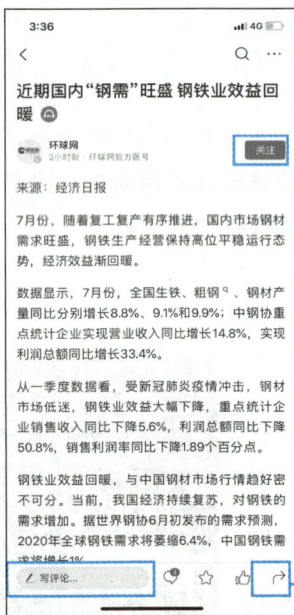

图 5-14　为新闻写评论　　图 5-15　利用社交平台转发新闻　　图 5-16　添加好友

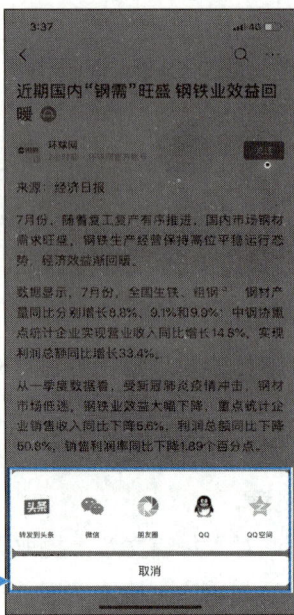

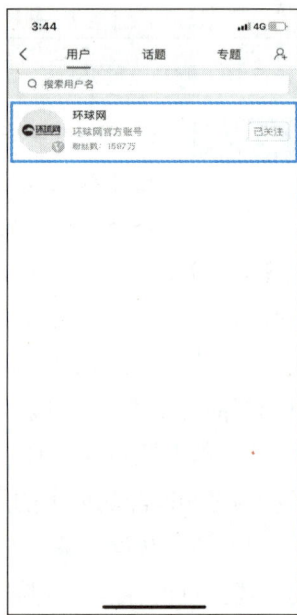

【分析】社交因素引入。

作为新闻推送类型的 App。今日头条也大胆引入了社交因素，让读者能够在阅读完新闻后对新闻本身或者阅读感受进行评论和转发。

**步骤 8**　在阅读新闻的过程中，不经意间还可以发现在新闻条目中添加了广告位，如图 5-17 所示。

【分析】合理的广告位设计。

在移动营销中，如何巧妙地推出自己要推出的内容也是有很多技巧的。在新闻条目中添加广告位，通过简单的标题和图片展示商品的内容，然后通过"广告"标识指明这是一条广告。这种设计即给用户一种提示，获得了用户的理解，并且对用户新闻阅读也不造成障碍，用户不会反感。

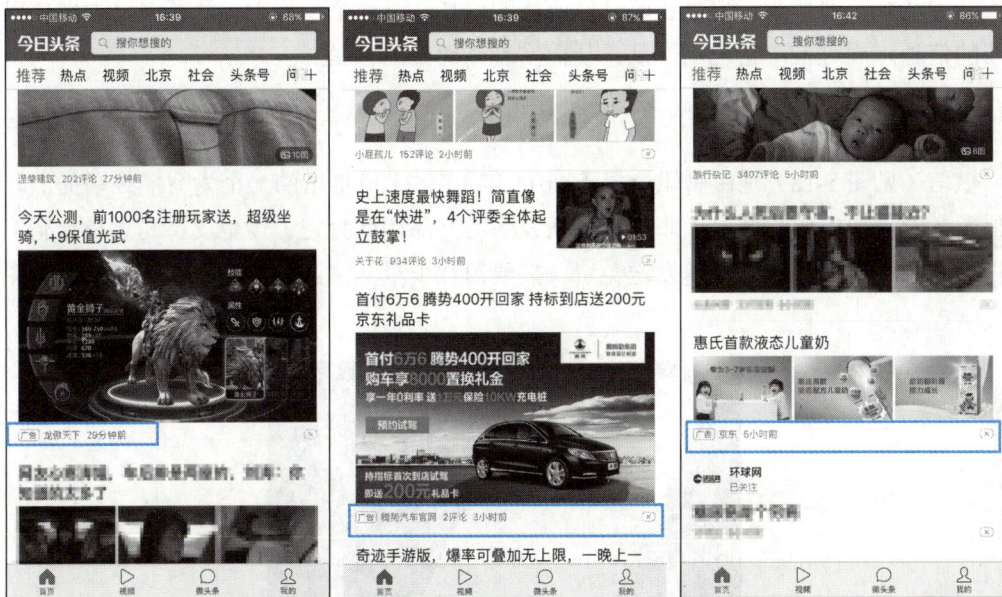

图 5-17　新闻条目中的广告

## 任务二　微信朋友圈营销

### 任务情景

蒋怡然是一名时尚达人，她非常喜欢时装和美食，经常在微信朋友圈发布一些自己的生活照片。在蒋怡然的微信好友当中，有很多人都将其视为时尚的"风向标"，当她的某一件衣服或者某一款化妆品被展示在朋友圈，都会引来别人的关注。

最近蒋怡然开了一家微店，她发现利用微信朋友圈推广商品的效果非常好。这几天，她精心挑选了微店中的一款洗面奶商品，通过微信朋友圈进行推广后，立即就将其打造成了店铺的爆款商品。

本任务就是来和蒋怡然一起完成这款洗面奶的微信朋友圈推广活动，同时了解微信的部分功能及微信朋友圈营销的相关知识。

微信营销是伴随着微信的火热而兴起的一种适合企业或个人的移动营销方式。使用微信的双方不存在距离的限制,用户注册微信后,可以与任何同样注册为微信用户的"朋友"形成一种联系,并从朋友那里获取自己所需的信息。在这个过程中,商家通过为用户提供需要的信息,同时推广自己的产品,从而实现一对一的营销。

## 一、微信的功能与营销应用

微信(见图5-18)是由腾讯公司于2011年1月21日推出的一个为智能终端提供即时通信服务的免费应用程序,由腾讯广州研发中心产品团队打造。微信支持跨通信运营商、跨操作系统平台通过网络快速发送免费(需要消耗少量网络流量)语音短信、视频、图片和文字等。

图 5-18  微信

据腾讯公布的2016年年度业绩报告显示,微信月活跃用户数已达8.89亿;腾讯移动支付的月活跃账户及日均支付交易笔数均超过6亿;年轻人平均有128个好友,工作后的好友数量则会增加20%。这些数据充分展现了利用微信进行营销活动的巨大前景。

### (一)微信的功能

在微信的主界面有"微信""通讯录""发现""我"4个模块,通过右上角的"加号"按钮可进行快捷添加好友等常用操作,如图5-19所示。

- ➤ 微信:在"微信"中会显示接收到的信息。
- ➤ 通讯录:在"通讯录"中可以使用"添加朋友"功能,并可以搜索已添加的好友、公众号、群聊等联系地址。
- ➤ 发现:在"发现"中主要有朋友圈、扫一扫、摇一摇、附近的人、漂流瓶、购物、游戏等社交、网购、娱乐功能,如图5-20所示。
- ➤ 我:在"我"中主要是账号信息、相册、收藏、钱包、卡包、表情、设置等个人账号管理功能。在设置里还可以从"通用"栏目下查看"功能"选项,添加或停用系统配置的基本功能,如图5-21所示。

图 5-19　"微信"界面　　　　图 5-20　"发现"界面　　　　图 5-21　"功能"界面

## （二）微信的营销应用

微信中可以用来进行营销活动的功能大部分集中在微信"发现"模块与微信公众平台两个区域。其中，微信公众平台是微信为企业或个人营销专门建立的互动平台。

（1）微信朋友圈。通过朋友圈推广品牌或产品是微商创业的主要形式。由于只对熟人社交链展示广告，朋友圈营销具有较高的信任度，商品销售因此变得更加简单直接。

（2）扫一扫。扫一扫功能是微信创业中 O2O 商业模式落地的重要接口。通过扫一扫功能，微信用户可进行付款、加好友、获得商品链接等操作。

（3）摇一摇周边。在手机蓝牙打开的状态下，当用户在微信中打开摇一摇功能，如果处于 iBeacon 设备的信号范围内，手机屏幕会自动出现"周边"页卡，此时用户摇一摇就会获得企业推送的信息，如图 5-22 所示。摇一摇周边多被应用于公共交通工具、集会现场或者超市等人流量较大的地点。

（4）附近的人。通过附近的人的功能，商家可以将自己的产品或优惠信息通过名称或签名展示出来，当客户通过附近的人查看这些营销信息时，就有可能吸引客户到店消费。

（5）微信漂流瓶。微信漂流瓶是把营销信息放进漂流瓶里扔出去，用户主动捞起来就可以得到营销信息，微信漂流瓶采用随机方式来推送消息，简单且易用，适用于已有较大知名度的产品或品牌进行营销，以漂流瓶作为媒介来与客户进行互动。例如，招商银行就曾利用"爱心漂流瓶"与微信用户开展互动活动，取得了不错的效果，如图 5-23 所示。

（6）微信公众平台。在微信公众平台上，每个用户都可以打造一个属于自身的微信公众账号，并在微信平台上实现和特定群体的文字、图片、语音等的全方位沟通和互动。

公众平台是企业进行微信营销的绝佳营销工具和互动平台。微信公众平台营销将在后续任务详细介绍。

图 5-22　摇一摇周边

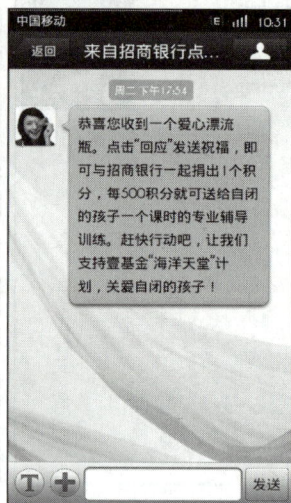

图 5-23　招商银行的"爱心漂流瓶"

## 二、微信朋友圈营销

腾讯曾经公布数据，微信中流量的 80% 来自朋友圈，利用微信朋友圈进行的商品导购也已经是微信生活中的一道日常"风景线"。

实际上，微信朋友圈营销是一种很典型的强关系营销。强关系营销中的"强关系"一词是指个人的社会网络同质性较强（即交往的人群从事的工作、掌握的信息都是趋同的），人与人的关系紧密，有很强的情感因素维系着人际关系。在强关系营销中，营销活动能够使用户免去购买环节中"考虑"与"比较"的环节，而直接进入"体验"与"购买"的环节，从而大大减少营销的传播时间，能够更好地达到营销目的。

在朋友圈中进行营销信息发布时，对于发布的营销信息的内容必须要谨慎，如果不进行思考就随意发送内容，只会引起朋友的反感而造成不好的效果。

> ➤ **信息内容不宜过长**：在朋友圈中，发布的信息内容如果太长，朋友圈默认会将多余的字自动收起，而且移动端用户在看朋友圈内容的时候，也懒得点开查看黑压压一片的文字内容。所以在发送内容的时候，需要考虑好发送内容的字数。

> ➤ **内容表达尽量图文并茂**：网络上常有一句话说，"有图有真相"。在朋友圈进行营销活动，图片是极为重要的"道具"。在朋友圈中发送的内容最好配合使用产品图片或者其他相关图片，这样可以增加信服感，并且好的图片也可以对营销内容进行更好地说明。

> ➤ **信息发送不宜太频繁**：持续发送朋友圈营销信息会为朋友带来一些阅读上的影响。如果发送消息的频率过高，那么往往会因为信息太过冗杂而被直接忽略，更

有甚者，会选择直接屏蔽这些朋友圈信息或举报。一般，发送营销消息一天不要超过 4 次，再多就会给别人留下不好的印象。

> **产品种类不宜过多**：如果在朋友圈中发送的产品种类过多，就没办法给用户留下主体印象，很难产生记忆点。最好发送几个精品商品，并且处于同一类别的商品分类中。

## F 延伸阅读
FURTHER READING

微信朋友圈营销依靠的是朋友对你的持续关注，如果发送的朋友圈消息既重复也没有任何价值，那么朋友关系就很难维持。我们需要通过内容策划来树立有趣、有内容的正面形象，维护好客户关系。下面是几种微信朋友圈内容策划思路，以供参考。

### 有趣有味

在生活中，我们每天都能遇到很多有趣的事情，看过的娱乐综艺节目、与好朋友开的玩笑、在公共场合看到的标语、参加活动时主办方的搞怪情景、生活的糗事、孩童的萌言萌照，实在是太多了，遇到这些有趣的事情时，拿出手机拍照并顺手发布到微信朋友圈。

有趣的信息所有人都爱看，它能够帮助我们抓住粉丝或者客户的注意力，产生非常多的互动，哪怕你是微商，这类的信息也会帮你突破消费者对你所设的"防线"。

### 客户故事

所有人都喜欢听故事。相对于硬性推销来说，讲一个有关于客户的故事效果会更好。企业在长期服务客户的时候一定产生了很多和客户之间发生的故事，比如企业是如何发现目标客户的？消费者对产品的第一感觉是什么？或许他是抗拒的，但是是什么让他决定购买？在他购买完成后对产品有什么评价？他又是如何感谢你的这次销售给他带来的帮助？这些都是没有购买的客户想了解的话题，跟客户利益无关的营销信息，客户是不会关注的。

### 成长之路

在微信朋友圈中对人生每一个前行的阶段都做好记录，这是建立个人品牌最有效的方法。在现实中，大家判断一个人是否值得信赖非常重要的元素就是：观察这个人是在不断地成长还是举步不前。草根要逆袭，只能野蛮地成长，时时记录自己成长的过程可以让很多人一起见证你的成长。

### 客户感言

很多人认为客户感言与客户故事没什么本质区别。其实客户感言与"客户的故事"是不同的，客户感言是更直接地对结果的展示，客户因为你的产品和服务得到了帮助才会向你表示感谢。客户感言对于个人品牌的塑造、对于产品价值的表现，比任何方法都有效果。感言表现形式有很多，并不局限于白纸黑字的传统方法，也不仅仅是一个感谢的锦旗，手机短信、微信聊天记录、QQ 聊天记录、电子邮件、视频见证、音频感谢都可以是客户感言的表现形式。手机的功能已经很强大，文字、图片、音频、视频各种各样的媒体都可以承载，所以，不论是哪一种感言，都可以被表现出来。

### 旅行游玩

当你的好友刷刷朋友圈看到你经常到全国各地乃至出国游玩，他在心生美慕的同时，也会产生对你所在公司及其产品的认可。这是因为，很多大公司会经常奖励员工旅游，原因不仅仅是游玩可以释放工作压力，更重要的是可以扩大员工的视野，放飞他们的梦想。同样，你在朋友圈中发布旅行游玩的动态，一样可以放飞微信好友们的梦想，让微友感受到你的生活是他非常向往的，你的路是他想走的，会让微友们感觉到你的产品和服务是受人认可的，不愁销量。你不用待在办公室忙碌，也不用在户外做销售。通过这种方法，还可以建立自己在客户心中的品牌认知度。

## ● 任务实施　开展微信朋友圈营销活动

使用微信朋友圈推广一款洗面奶产品，产品信息见本书配套素材"素材与实例">"项目五">"任务二"文件夹中的商品信息图片。

### 一、编辑好个人信息

开展微信朋友圈营销活动之前，首先要做的是编辑好个人信息。

完善的资料信息和一个清晰的产品诉求，是任何一种营销方式必备的基本基础。做微信朋友圈营销，至少让添加的朋友看到你的头像、名称和签名等能直接反映出你是做什么的，然后才会看你朋友圈发送的内容对他们有没有帮助。微信个人信息的设置方法如下：

➤ **头像**：具有自己的特色，最重要的是具有信任感，所以尽量用自己的真人头像。

➤ **名字**：微信通讯录排序规则是：星标好友，然后是根据首字拼音排序。名字排在越前面，越方便客户快速寻找到你；也可以用真实名字，显得更加具有信任感。

➤ **个性签名**：让好友能清晰地了解你的业务范畴。

**步骤 1** 登录微信，点击"我"模块，然后点击如图 5-24 所示的个人信息设置栏。

**步骤 2** 在个人信息设置页面中，将头像替换成一张女生生活照（照片素材可从本书配套素材"素材与实例">"项目五">"任务二"文件夹中选取，也可以在网上自己搜索图片）。然后依次设置名字、性别、地区和个性签名等项目，设置内容如图 5-25 所示。

图 5-24　点击个人信息栏　　　　　　　图 5-25　设置合适的个人信息

## 二、添加好友

虽然微信的用户很多，但是如果不将别人添加为自己的好友，那么再高的人气也与你无关。因此在编辑好个人信息之后，还要为自己添加尽可能多的好友，这些好友就是营销的对象。

**步骤 1**　使用"添加朋友"功能。可点击"通讯录"模块，然后点击屏幕右上角的"添加好友"按钮打开，也可以采用"微信"模块右上角的快捷方式打开（见图 5-19）。

**步骤 2**　进入"添加朋友"页面，可以在文字框中输入账号直接进行账号查找。除此之外，还可以通过"雷达加朋友""面对面建群""扫一扫""手机联系人"来获取微信好友。最后还可以通过点击"公众号"按钮来搜索想要关注的公众平台账号。

**步骤 3**　在搜索框中输入朋友的账号或手机号码以后，点击下方的"搜索"按钮，打开"详细资料"页面，页面中会显示好友的基本资料，点击"添加到通讯录"按钮。

**步骤 4**　进入"朋友验证"页面，在此页面中可添加问候语和设置查看朋友圈的权限。设置完成后，点击"发送"按钮。对方同意后，可在"微信"模块接收到对方消息，点击"消息"按钮进入对话框，确认添加好友即可。

### 三、撰写信息内容

在利用朋友圈营销宣传的时候，首先要搞清楚微信好友普遍的喜好，或者自己要达到什么样的宣传目的，再来定位发布内容。

信息内容应该主要是和商品相关的，也可以偶尔发布一些无关的（一些段子或生活情景），内容最好是你的目标好友感兴趣的东西，或者是能够给他们带来一定帮助的话题。尽量将自己塑造成一个积极向上的、幽默的、鲜活的、有个性的人，而不是一个消极、负面的、低级趣味的一个人。一般在发布内容时，有自己编写内容和转发内容两种形式。

**步骤 1**　点击"发现"模块，进入朋友圈。点击右上角的"相机"按钮后，点击选择"从手机相册选择"按钮，从手机相册中选择准备好的广告素材图片（照片素材可参考本书配套素材"素材与实例">"项目五">"任务二"文件夹中的"洗面奶广告图片"，也可以从网上自己搜索图片），然后编写如下广告词：【露姬婷】摩洛哥黏土洗面奶——"肌肤污垢吸尘器"。"泥"的三大功效：① 泥的吸附能力，能去除肌肤表面污垢，净化毛孔，清理角质垃圾。② 强力泡沫，平衡肌肤油脂分泌，调节油脂分泌过剩，肌肤清爽透气。③ 补充肌肤微量元素，如图 5-26 所示。最后点击"发送"按钮。信息发布在朋友圈的效果如图 5-27 所示。

**步骤 2**　发布一条与商品无关的信息，内容如图 5-28 所示。图片可参考本书配套素材"素材与实例">"项目五">"任务二"文件夹中的图片"洗面小知识.jpg"。

图 5-26　编辑营销信息　　　图 5-27　显示在朋友圈的信息　　　图 5-28　发布一条小知识信息

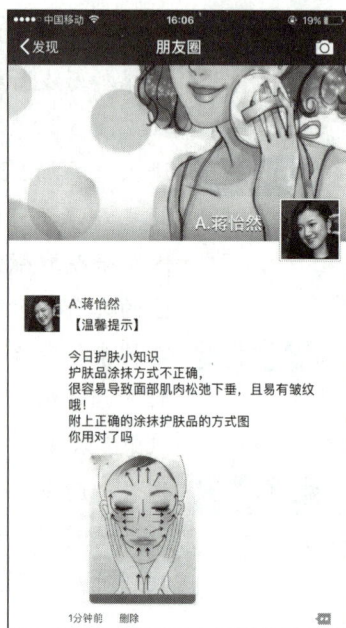

## 四、规划信息发布时间

信息发送的时间选择上也有技巧。发送信息需要利用不同的时间段，不能同时发送六七条信息。信息发送的时间见表 5-1 中所示的内容。

对于自己编写的内容每天都可发送，转发链接文章则控制在一条，毕竟没有人喜欢一个刷屏的微信好友。

表 5-1　信息发布的适宜时间

| 发送时间 | 选择理由 |
| --- | --- |
| 早上 8 点左右 | 新的一天开始，很多用户醒来很期待朋友圈更新的内容，更重要的是很多人上班的路上可以浏览 |
| 中午 11 点半到 12 点半 | 这段时间为用户午餐或准备午休的时段，也是忙碌一上午后的休息时间，很多用户会选择用这段时间收发信息，在朋友圈和粉丝互动 |
| 晚上 7 点到 9 点 | 此时间段很多用户已经吃完饭、散完步回到家里躺在沙发或床上看电视，也是一天中最放松和最无聊的时间段，朋友圈也是打发时间的地方 |

## 五、信息的群发

当我们需要推送一些需要很多好友知道，但又不太方便推送到朋友圈的消息时，一个一个通知好友会非常浪费时间，这时就可以用到微信的群发消息功能。

**步骤 1**　在"我"模块中，依次点击"设置">"通用">"功能"，在已启用的功能区域中点击"群发助手"栏目，然后点击"开始群发"按钮，进入群发助手页面。

**步骤 2**　在群发助手页面底部，点击"新建群发"按钮，进入选择收信人页面，选中需要发送消息的联系人，然后点击"下一步"按钮。

**步骤 3**　在群发编辑页面中的文字输入框中输入消息内容，点击"发送"按钮即可。

# 任务三　微信公众号营销

## 任务情景

微信公众号是企业在移动互联环境下进行互动营销最重要的营销工具之一。建设微信公众号对于企业的意义类似于网络营销中的企业官网，是微信营销的必备内容。

王博是一个经济新闻网站的推广专员，他所在的营销部门也准备推出具有大众化、易读性特点，偏重电子商务资讯和交易内容的订阅号。王博的部门经理把建设微信公众账号的任务交给了他，同时让他学习微信公众号营销的方法。

本任务就来和王博一起建立一个微信订阅号，撰写并发送一篇推送文章，在此过程中学习微信公众号营销的相关知识。

## 知识链接

### 一、微信公众号的概述

微信公众平台简称公众号，曾用名有"官号平台""媒体平台"等。相对于微信来说，微信公众平台更类似于微博，大量的粉丝可以单向关注一个企业账号，这个企业账号相当于一个"广播站"，具有弱关系信息发布功能。微信公众平台可以说是一个移动的专业化营销平台，它综合了品牌宣传和产品销售两大功能。

微信用户可以申请适合自己的微信公众号，通过各种途径吸引粉丝，然后与粉丝积极互动或展开营销活动以达到宣传产品、树立品牌形象等推广目的；除此之外，企业用户还可以通过直接在微信公众平台上开设微店，增加网上销售渠道。

目前，微信公众平台有 4 种账号分类，分别是服务号、订阅号、企业号和小程序。其中前三者在微信营销中被应用得最为广泛。

#### （一）微信服务号

根据微信公众平台官网的说明，微信服务号主要侧重于服务交互（类似 114，提供服务查询），认证前后都是每个月可群发 4 条消息。例如，"北京移动"服务号，如图 5-29 所示。

微信服务号多适用于大企业和商户，利用服务号的展现能力和功能开发优势来进行企业所需要的在线客服、在线商城、在线支付等服务。在服务号中开通微信支付权限后可开设微店。

#### （二）微信订阅号

微信订阅号主要侧重于为用户传达资讯（类似报纸杂志），认证前后都是每天可以群发一条消息，如图 5-30 所示。

#### （三）微信企业号

微信企业号主要用于公司内部通信使用，需要先进行通信信息验证才可以成功关注企业号，如图 5-31 所示。

选择公众平台账号之初，企业需要将自身需求与账号类型进行匹配。比如，如果想简单地发送消息，达到宣传效果，建议选择订阅号；如果想进行商品销售，进行商品售卖，建议申请服务号；如果想用来管理内部企业员工、团队，对内使用，建议申请企业号。

目前，选择账号类型之后，订阅号通过微信认证资质审核通过后有一次升级为服务号的入口，升级成功后类型不可再变；服务号则不能变更为订阅号。3 种账号的功能区别如图 5-32 所示。

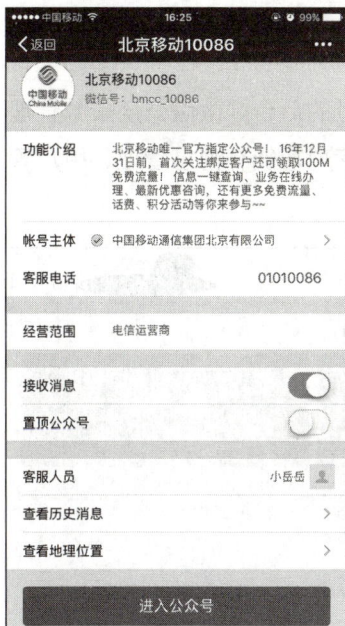

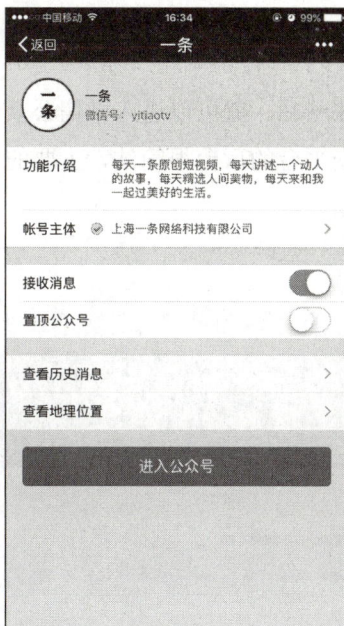

**图 5-29 "北京移动"服务号**

- 返回　北京移动10086
- 北京移动10086
- 微信号：bmcc_10086
- 功能介绍：北京移动唯一官方指定公众号！16年12月31日前，首次关注绑定客户还可领取100M免费流量！信息一键查询、业务在线办理、最新优惠咨询，还有更多免费流量、话费、积分活动等你来参与~~
- 帐号主体：中国移动通信集团北京有限公司
- 客服电话：01010086
- 经营范围：电信运营商
- 接收消息
- 置顶公众号
- 客服人员　小岳岳
- 查看历史消息
- 查看地理位置
- 进入公众号

**图 5-30 "一条"订阅号**

- 返回　一条
- 一条
- 微信号：yitiaotv
- 功能介绍：每天一条原创短视频，每天讲述一个动人的故事，每天精选人间美物，每天来和我一起过美好的生活。
- 帐号主体：上海一条网络科技有限公司
- 接收消息
- 置顶公众号
- 查看历史消息
- 查看地理位置
- 进入公众号

**图 5-31 某公司企业号**

- 微信　华清飞扬
- 加入华清，梦想飞扬！
- 阅读全文
- 2016年11月22日 13:45
- 热烈欢迎华清飞扬第一批校招生前来报到~
- 11月22日
- 北京华清飞扬网络股份有限公司
- Beijing Showheroes NetWork Co.,Ltd.
- 加入华清，梦想飞扬！
- 阅读全文
- 公司介绍　校园招聘　企业文化

| 订阅号、服务号、企业号功能区别介绍 | | | | | | |
|---|---|---|---|---|---|---|
| **帐号类型** | **订阅号** | | **服务号** | | **企业号** | |
| **业务介绍** | 为媒体和个人提供一种新的信息传播方式，构建与读者之间更好的沟通与管理模式。 | | 给企业和组织提供更强大的服务与用户管理能力，帮助企业实现全新的公众号服务平台。 | | 帮助企业和组织内部建立员工、上下游合作伙伴与企业IT系统间的连接。 | |
| **适用人群** | 适用于个人和组织 | | 不适用于个人 | | 企业、政府、事业单位或其他组织 | |
| **功能权限** | 普通订阅号 | 微信认证订阅号 | 普通服务号 | 微信认证服务号 | 普通企业号 | 微信认证企业号 |
| 消息直接显示在好友对话列表中 | | | ✓ | ✓ | ✓ | ✓ |
| 消息显示在"订阅号"文件夹中 | ✓ | ✓ | | | | |
| 每天可以群发1条消息 | ✓ | ✓ | | | | |
| 每个月可以群发4条消息 | | | ✓ | ✓ | | |
| 无限制群发 | | | | | | |
| 保密消息禁止转发 | | | | | ✓ | ✓ |
| 关注时验证身份 | | | | | ✓ | ✓ |
| 基础消息接收/回复接口 | ✓ | ✓ | ✓ | ✓ | ✓ | ✓ |
| 聊天界面底部，自定义菜单 | | ✓ | ✓ | ✓ | ✓ | ✓ |
| 定制应用 | | | | | ✓ | ✓ |
| 高级接口能力 | 部分支持 | | | ✓ | | 部分支持 |
| 微信支付——商户功能 | 部分支持 | | | ✓ | | ✓ |

**图 5-32 微信公众平台账号的区别**

## 二、微信公众号的管理

注册并登录微信公众平台账号后，就可以进入微信公众号的后台。微信公众账号管理及营销都在后台进行。微信公众平台的后台很简洁，主要的管理功能有消息管理、用户管理和素材管理，如图 5-33 所示。

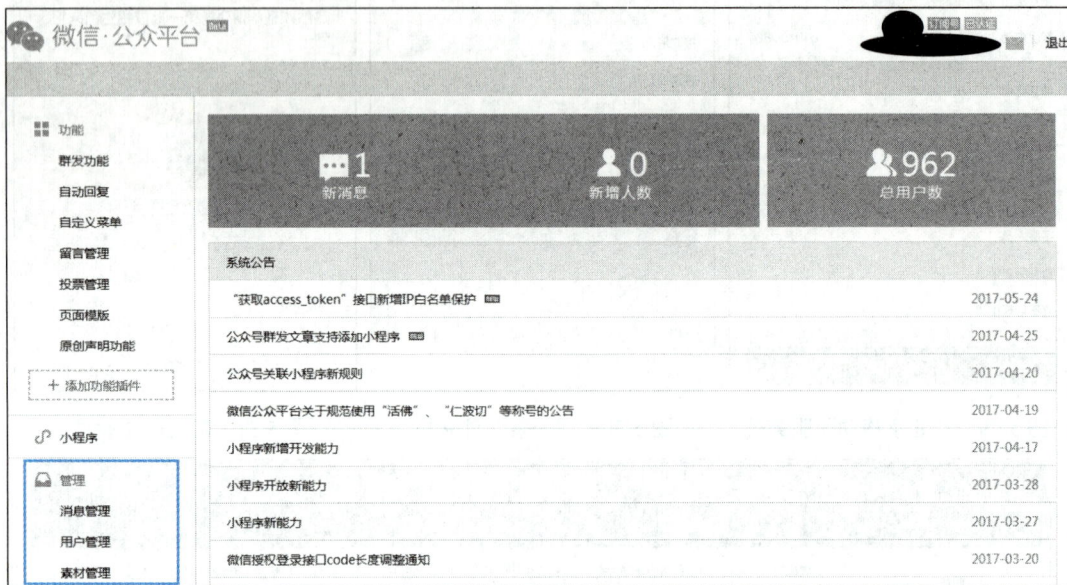

图 5-33　微信公众平台后台

### （一）消息管理

关注公众平台的粉丝在聊天对话框中发送的对话信息将被收录到消息管理中，方便运营者进行即时的在线服务。

### （二）素材管理

微信公众账号可以通过后台的用户分组和地域控制，实现精准的消息推送。公众账号可以群发文字、图片和语音 3 个类别的内容。发送过的或者保存的推送内容会出现在素材管理当中，运营者可以进行相应的操作。

### （三）用户管理

用户关注公众账号后就会出现在用户管理当中，运营者可以进行相应的管理。微信用户管理下默认有"星标用户"的分类。运营者可以通过点击如图 5-34 中的"新建标签"按钮新建其他分类，然后就可以将用户添加至相应分类或者为用户修改备注。

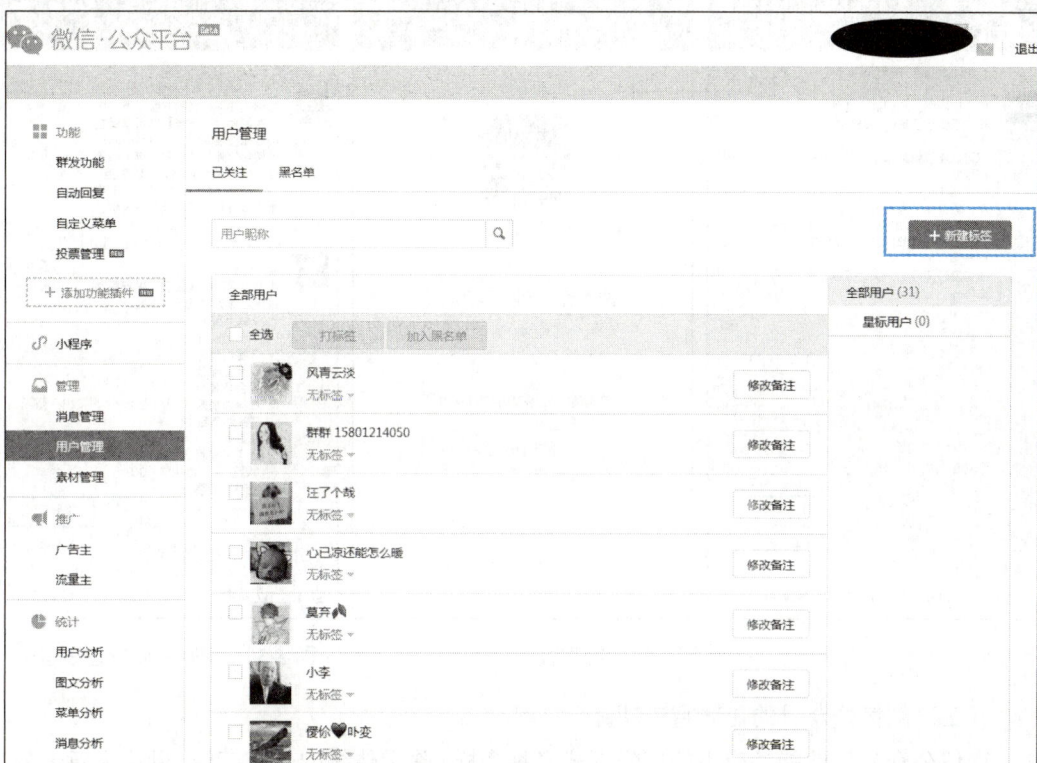

图 5-34　用户管理界面

## 三、微信公众号的商务功能

在创建微信订阅号和微信服务号以后，可以获得以下商务功能：个人品牌营销宣传、首次关注图文推送、自动回复、在线客服、在线支付、微信开店、数据统计、客户管理等。其中，最常用的就是微信开店、在线服务和在线宣传功能。

### （一）微信开店

微信公众号获得微信开店功能的前提是需要具备 3 点：账号类型必须是服务号；必须通过微信认证；必须获得微信支付功能。因此，微信订阅号和企业号无法获得微信开店的功能，在这种情况下，个人开店者多数会选择微商城等途径开店。

### （二）微信公众号的在线服务功能

微信公众号在线服务功能的应用有两种形式，一种是使用自定义菜单设置一个超链接，在微信公众号中镶嵌一个普通的在线客服，如图 5-35 所示；另一种是和微信本身输入框实现对接的微客服（前提是账号已经通过微信认证），如图 5-36 所示。

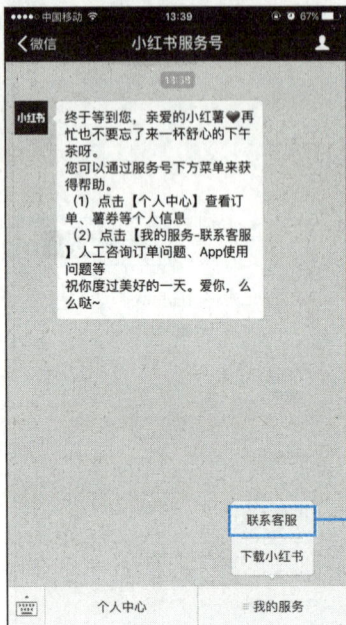

图 5-35　小红书服务号在线客服　　　　图 5-36　探路者微信在线客服

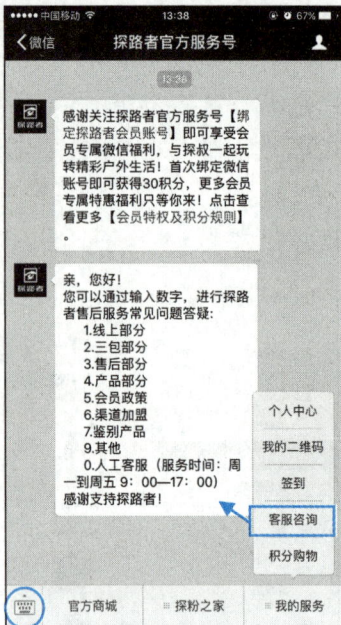

### （三）微信公众号的在线宣传功能

微信公众号目前能够应用的广告形式多种多样，除了传统的软文广告、硬广文章之外，还有广点通、Banner 广告、视频广告等。

- ➤ **广点通**：微信为广告主开通了在公众号系统的广告位，也就是微信公众号末尾 Banner。号主称之为流量主，品牌主称之为广告主。

- ➤ **软文广告**：这是目前公众号的主流广告形式，常见于顾爷、深夜发媸、广告狂人、王中左右、咪蒙、文摇和故宫淘宝等优质公众号中。其最大优点是广告易于被粉丝接受，甚至会形成一种期待感，观众们或许也有兴趣想一探究竟，看看广告会以什么形式出现在文章的什么地方。

- ➤ **硬广文章**：这类广告的优点就是"简单粗暴"，坏处是阅读体验和转发率差，而且容易掉粉。

- ➤ **视频广告**：此种广告较为少见，通常出现在视频推送内容中，通常是制作一个短片，融入品牌文化或者介绍产品优点。因为是口播+品牌露出，所以效果相对好于 banner 广告，但要这种广告形式要考虑到成本问题。此广告类型仅适应于视频类公众号，比如一条、二更等。

- ➤ **昵称评论**：就是将自己的昵称变成广告语，然后对热门微信文章进行评论。稍不留神可能就进入了精选评论中被置顶到评论区的上方，免费搭了一把"顺风车"。当然，若想提高入选率，需要对相关文章有深刻的理解和独到的见解。

## 任务实施　　创建微信公众号并推送图文消息

服务号和企业号并不适用于个人，因此，微商个体或者是自媒体创业者主要是创建订阅号，经营订阅号来吸引粉丝关注，从而进行相关营销活动。

### 一、创建微信公众平台订阅号账号

**步骤1**　在浏览器中登录微信公众平台官网：https：//mp.weixin.qq.com/。在页面顶部点击"立即注册"超链接，进入微信公众平台注册页面。

**步骤2**　进入订阅号创建流程第 1 步，填写基本信息，输入邮箱、密码、验证码等信息后，勾选"我同意并遵守《微信公众平台服务协议》"右侧的单选框。然后点击"注册"按钮。

**步骤3**　进入订阅号创建流程第 2 步，邮箱激活。登录注册邮箱后，按新邮件中的提示激活账号。

**步骤4**　进入订阅号创建流程第 3 步，选择类型。这里点击选中订阅号区域，然后点击"选择并继续"按钮。如图 5-37 所示。最后，在提示窗口中点击"确定"按钮。

图 5-37　选择公众平台账号类型

**步骤5**　进入订阅号创建流程第 4 步，信息登记。用户可根据自身条件选择账号的类型，本例点击选择"个人"类型，如图 5-38 所示。然后根据提示在下方"主体信息登记"和"运营者信息登记"区域中填写个人资料，如图 5-39

和图 5-40 所示。最后点击"继续"按钮，在弹出的提示窗口中点击"确定"按钮。

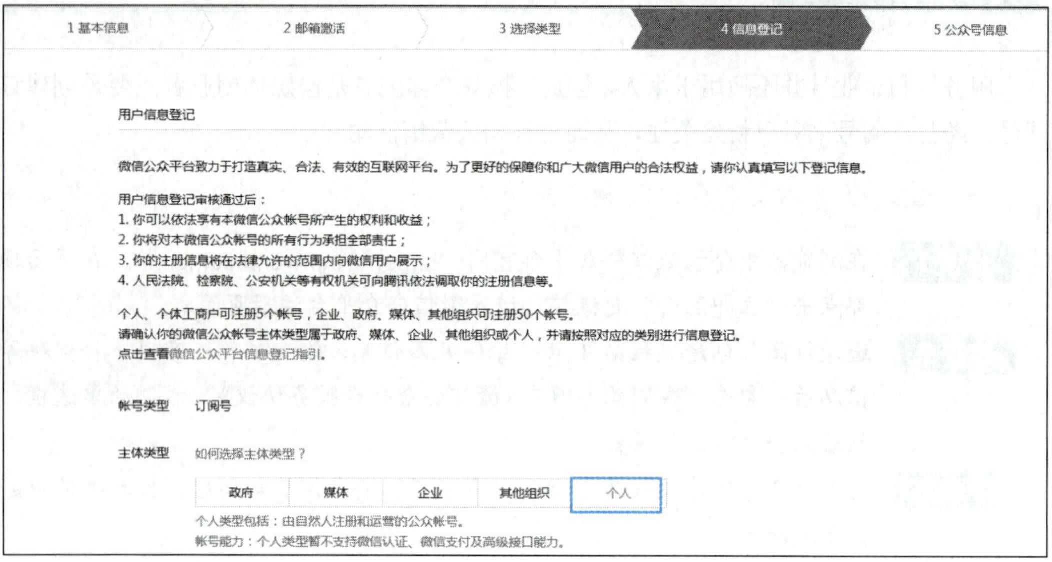

图 5-38　用户信息登记

图 5-39　主体信息登记

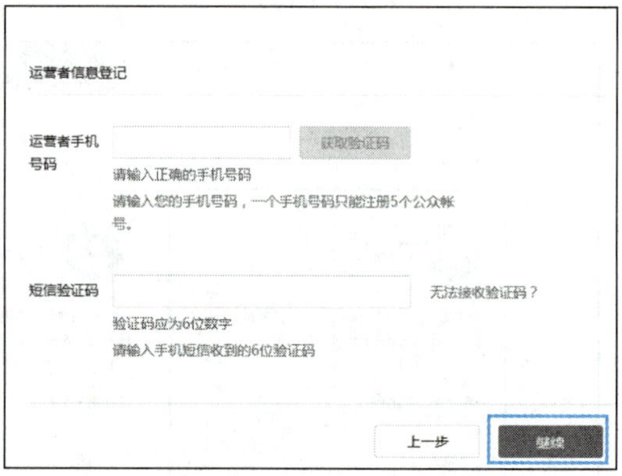

图 5-40　运营者信息登记

**步骤 6**　进入订阅号创建流程第 5 步，填写公众号信息。主要是为公众号设置账号名称，并撰写功能介绍，如图 5-41 所示。最后点击"完成"按钮，注册账号完毕。

图 5-41　填写公众号信息

## 二、推送图文消息

**步骤 1**　登录申请好的微信订阅号账号，进入微信订阅号的后台。点击"群发功能"按钮，进入群发界面，如图 5-42 所示。

图 5-42　微信订阅号后台管理页面

**步骤 2**　在"新建群发消息"区域中，可以设置"群发对象""性别""群发地区"等对消息推送的对象进行选择。在"群发对象"设置栏的下方是编辑对话框，可以选择信息的类型，如果选择发送图文消息，则点击右侧的"新建图文消息"按钮。新建图文消息按钮可以选择"自建图文"和"分享图文"。如图 5-43 所示。

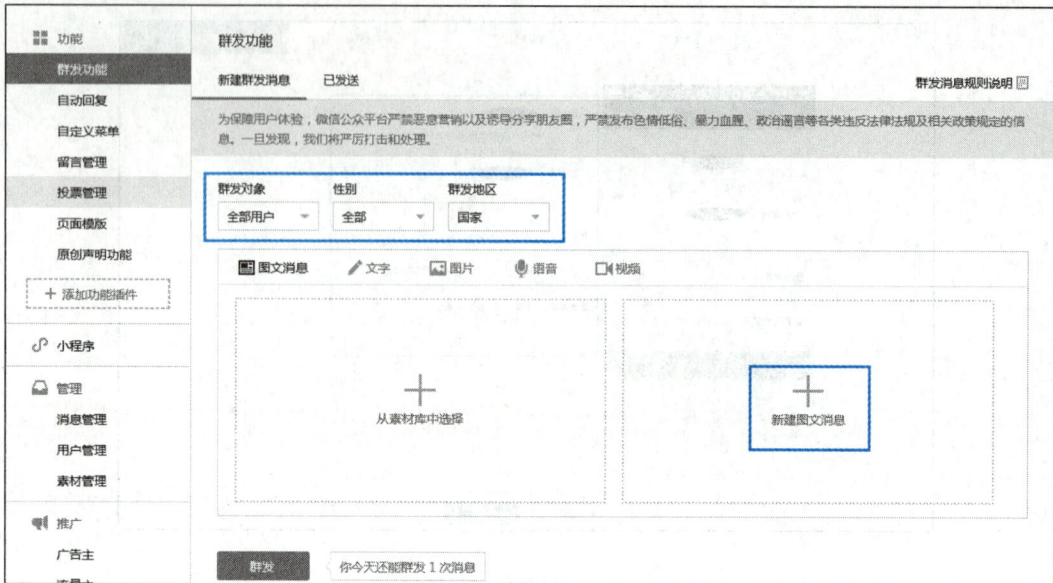

图 5-43　群发功能页面

**步骤3**　点击"自建图文"进入图文消息编辑区，如图 5-44 所示。

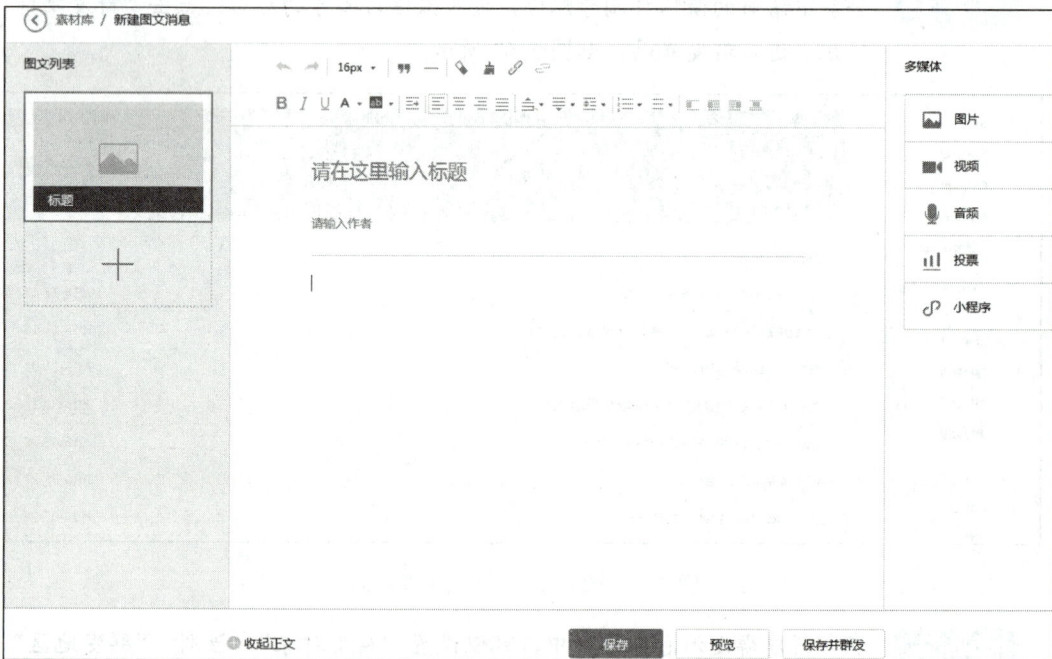

图 5-44　新建图文消息编辑页面

**步骤4**　对图文消息的标题、作者、正文内容等进行编辑。根据经济新闻网站订阅号的定位，此处以推送一篇名为《2017 年 Q1 中国厂商占印度手机市场份额近 50%》的文章为例，在标题栏输入此标题，作者一栏输入"王博"。（文章内容可参考本书配套素材"素材与实例">"项目五">"任务三"文件夹中的文件"推送文章.docx")

**步骤 5** 编辑消息正文可以借助一些微信编辑器工具。一个合格的新媒体编辑必须掌握多种微信编辑器的常规操作。常用的微信编辑器如表 5-2 所示。

表 5-2　常用微信编辑器

| 微信编辑器名称 | 网址 | 微信编辑器名称 | 网址 |
|---|---|---|---|
| 135 编辑器 | http://www.135editor.com | i 排版编辑器 | http://ipaiban.com |
| 易点编辑器 | http://www.wxeditor.com | 秀米编辑器 | https://xiumi.us/#/ |
| 非找你编辑器 | http://editor.fzn.cc/ | 小蚂蚁编辑器 | http://www.xmyeditor.com |
| 96 编辑器 | http://bj.96weixin.com | 壹伴助手 | https://yiban.io |

各编辑的使用方法可以阅读网站新手教程，本例暂不详细说明。

**步骤 6** 通过微信编辑器可以为标题、正文文字、关注引导、图文布局等添加丰富的样式和特效，以 135 编辑器为例，其可添加的样式如图 5-45 所示。将推送文章内容经过微信编辑器加工后再复制到编辑框中。

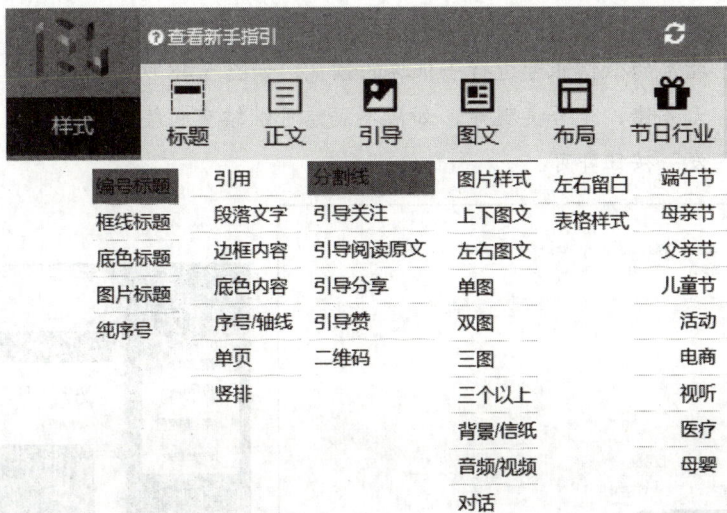

图 5-45　135 编辑器的样式

**步骤 7** 在图文消息中插入诸如图片、视频等多媒体素材时，需要先将图片素材上传到图片素材库中。本例点击图 5-44 中右侧多媒体区域的"图片"按钮，在"选择图片"对话框中点击"本地上传"按钮。将本书配套素材"素材与实例">"项目五">"任务三"文件夹中的文件"文章装饰图片.jpg"上传到图片素材库后点击"确定"按钮即可。编辑效果如图 5-46 所示。

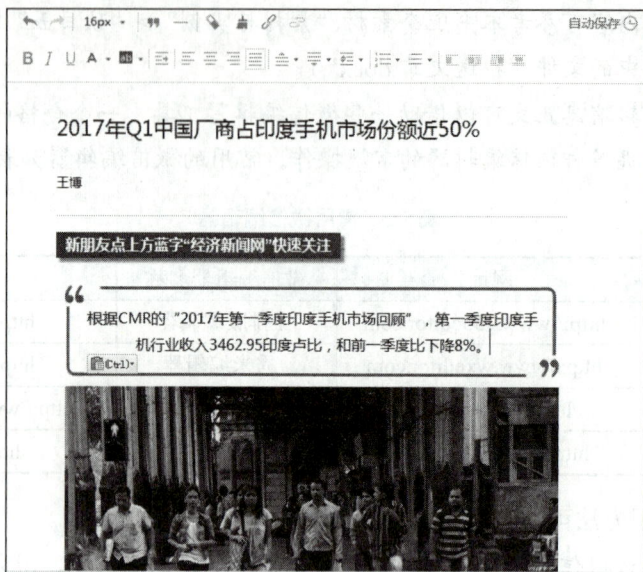

图 5-46    经过编辑器加工后的文字效果

**步骤 8**    信息正文编辑完成后，还需要对留言权限、原创声明、封面、摘要等进行设置，如图 5-47 所示。设置完成后可点击"预览"按钮将图文信息发送给指定的微信账号进行手机端的预览，如图 5-48 所示。确定内容无误、排版无差错、是否美观等，如果不满意可继续重新编辑，最后点击"保存并群发"按钮即可。

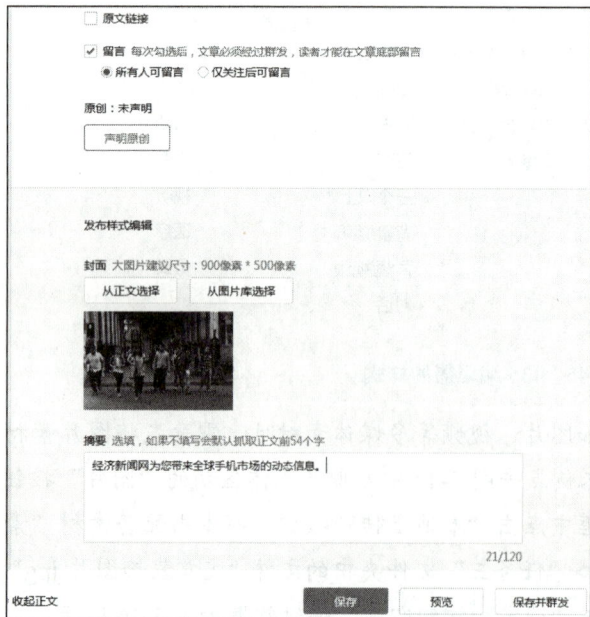

图 5-47    设置留言权限、封面和摘要等内容

图 5-48    发送到手机进行预览

### 三、设置自动回复的内容

订阅号的自动回复功能可以通过添加自动回复的内容及关键词来达到自助服务用户的目的，这一定程度上能够减少人工回复的工作量，提高服务的效率。目前微信订阅号的自动回复包括了3个方面：被添加自动回复、消息自动回复和关键词自动回复。

**步骤 1**　在微信订阅号后台中点击功能区域下的"自动回复"超链接，进入自动回复设置页面，如图 5-49 所示。

图 5-49　自动回复设置页面

被添加自动回复：是用户首次关注订阅号后，系统自动发给用户的图文信息，一般是欢迎类的文字内容，会用拟人的口吻告诉用户自己能给用户提供的帮助。

**步骤 2**　在"被添加自动回复"编辑框下输入"感谢您的关注！"点击"保存"按钮即可。

消息自动回复：此功能是在用户发送非关键词的文字时系统发送给用户的消息，一般为希望用户翻阅历史消息或者遇到问题时可以留言及拨打客服电话等提示。

**步骤 3**　点击"消息自动回复"选项卡，在编辑框中输入如图 5-50 所示的文字，然后点击"保存"按钮即可。

关键词自动回复：对于已经建立的关键词，用户只要回复关键词或者包含关键词的相关内容，系统就会自动回复已经设置好的内容。

**步骤 4**　点击"关键词自动回复"选项卡，继续点击"添加规则"按钮，打开关键词自动回复编辑框。在编辑框中填写关键词的规则名、关键词、回复内容，如图 5-51 所示。关键词虽然可以填写多个，但是为了保证回复的准确性，一般只设置一个，至于回复内容，可以是文字、图片、语音、视频，也可以是图文，由运营者视内容而定。填写完毕后点击"保存"按钮即可。

图 5-50　设置消息自动回复内容

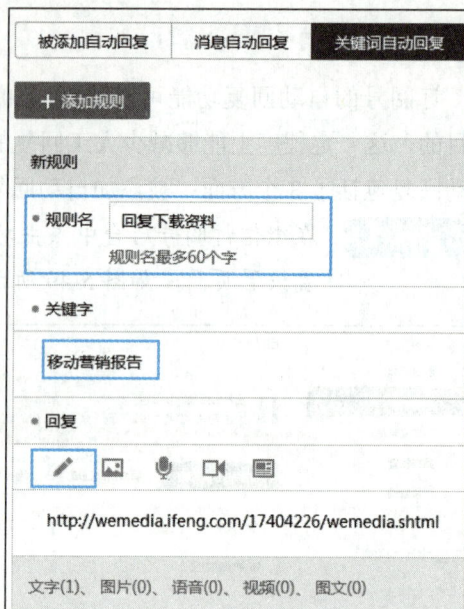

图 5-51　设置关键词自动回复内容

## 四、进行消息管理

　　微信公众平台最多为运营者保存最近 5 天客户发送过来的消息，所以一定要对未回复的消息尽快回复，不然很有可能漏掉用户的消息，造成用户的不满。

**步骤 1**　回到微信公众号后台，点击功能导航中的"消息管理"超链接，进入消息管理页面，如图 5-52 所示。在消息管理页面可以查看全部消息。

图 5-52　消息管理页面

**步骤 2**　系统设置了多种查找条件，有"时间排序""留言总数排序""精选留言总数排序"等。查看消息时，对于重要的消息可以点击"五角星"按钮 ★ 进行收藏；对于需要回复的消息则点击"小箭头"按钮 ↰ 即可。

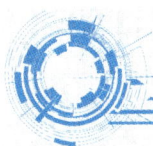

# 项目小结

　　本项目主要介绍了移动营销的定义及其理论，对移动营销的传播载体进行了简单说明；介绍了微信的基本功能和微信的营销应用，详细分解了微信朋友圈营销中需要用到的各种基本功能和发布朋友圈消息的具体操作；还对微信公共平台的账号类型和管理功能进行了简单介绍，重点讲解了微信公众号的创建和发布图文消息的过程和方法。

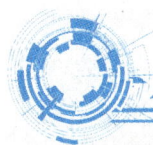

# 就业连线

## 岗位介绍：微平台运营专员

**【岗位职责】**

1. 负责微信号、微信公众平台的日常运营和维护工作。

2. 跟微信好友互动，带动粉丝数量增长，拓宽微信朋友圈，宣传、维护微信平台。

3. 跟踪微信推广效果，建立有效运营手段，提升用户活跃度，创造口碑。

4. 搜集有效粉丝的问题反馈，对其需求和行为进行数据分析，整合数据提交给相关人员。

5. 建立与外部各渠道的良好关系，整合各渠道资源。

6. 策划组织微信线上活动方案及微信原创内容的策划与编辑工作。

**【岗位要求】**

1. 有 1～2 年新媒体、微商运营相关经验者优先。

2. 熟悉微信、微信公众平台、微博等媒体及其运营方式。

3. 具有较强的语言组织能力和营销文案撰写能力。

4. 思维活跃，具有良好的理解能力和团队精神。

5. 热爱互联网，对新闻热点有敏锐的视角，能有自己的角度和意见。

6. 熟练使用微信，亦可接受应届毕业生。

7. 熟练使用常用的办公软件。

8. 工作认真，有责任心，较强的语言组织能力。

## 项目实训　为"天龙缘"酒店创建微信订阅号

### 项目背景

北京市顺义区著名的天龙宾馆升级为"天龙缘"三都澳国际美食自助百汇，是京郊独一处的经营面积达 2 000 多平方米的、可接纳千人就餐的欧式风格原生态自助餐饮场所。天龙缘出于营销需要，需要开通微信公共平台账号，利用微信营销吸引客流。

### 实训目的

通过本次实训，了解微信公众号的运营过程中的难点，以及熟悉公众号文章的相关写作技巧。

### 实训内容

（1）创建一个微信订阅号，策划一个有特色的订阅号类型，最好与旅游一定有联系。

（2）在网上搜索与天龙缘品牌有关的信息，寻找与天龙缘有关的、值得宣传的卖点。

（3）连续一周，每天在微信公众平台发布一篇订阅号软文。可以原创，也可以改写，重在吸引对旅游感兴趣的粉丝。同时由朋友圈将这些软文分享出去。

（4）一周后查看自己所有公众号文章的阅读、点赞数量，总结经验。

# 课后习题

## 一、选择题

1．移动营销"4I"理论模型中不包括（　　）。

 A．分众识别        B．即时信息

 C．互动沟通        D．品牌认知

2．（　　）是微信为企业或个人营销专门建立的互动平台。

 A．微信朋友圈       B．微信公众平台

 C．附近的人        D．漂流瓶

3．进行微信朋友圈营销时，设置微信头像应该（　　）。

 A．选用真实的个人照片    B．选用帅哥美女的照片

 C．选用宠物的照片      D．选用产品照片

4．下列哪一项不是在微信公众平台上创建微店的必要条件（　　）。

 A．必须是订阅号       B．必须是服务号

 C．必须获得微信支付功能   D．必须通过微信认证

5．用户首次关注订阅号后，系统自动发给用户的图文信息叫（　　）。

 A．消息自动回复       B．关键词自动回复

 C．被添加自动回复      D．无人应答回复

## 二、填空题

1．微信是一款兼具＿＿＿＿＿＿和＿＿＿＿＿＿的多媒体交流平台。

2．开展微信朋友圈营销活动之前，首先要做的是＿＿＿＿＿＿。

3．微信公众账号最重要的发布和订阅方式就是通过发布公众号账号的＿＿＿＿＿＿，让微信用户随手扫描订阅。

4．在创建微信公众号以后，可以获得以下功能：＿＿＿＿＿＿、图文推送、＿＿＿＿＿＿、在线客服、＿＿＿＿＿＿、＿＿＿＿＿＿、数据统计、客户管理等。

## 三、思考题

1．简述微信订阅号、服务号、企业号三者功能的区别。

2．简述微信朋友圈信息发送时间的选择技巧。

3．简述微信公众平台的后台管理功能。

# 项目六

# 微博营销、App 营销和 LBS 营销

## 项目导读

移动互联网时代是一个营销多元化的时代。在营销技术不断发展、手机和消费场景不断融合的今天，除了微信营销之外，微博营销、App 营销、LBS 营销等多种营销形式也表现出极强的营销潜力，受到企业和广告主的广泛关注。

## 学习目标

### 知识目标

- 了解微博营销的概念
- 掌握微博营销方法
- 了解 App 营销的概念
- 了解 App 营销的具体类型
- 了解 LBS 营销的概念
- 掌握 LBS 的营销应用

### 能力标准

- 能够使用微博开展营销活动
- 能够在 App 上进行营销推广
- 能够在移动营销活动中利用 LBS 功能吸引顾客

## 引导案例

### 新浪微博强势逆袭 市值和用户规模今非昔比

2014 年,由于受到微信的冲击,微博用户持续下滑,网易和腾讯相继关闭了微博业务,新浪微博(见图 6-1)也同样表现低迷,微博产品在中国的发展似乎已走到了悬崖边。然而三年之后,如今的微博却有点让人大跌眼镜。

2017 年 5 月 16 日,新浪微博发布 2017 年第一季度财报,截至 3 月 31 日,微博月活跃用户达 3.4 亿,其中 91% 为移动端用户。微博净营收较上年同期增长 67%,至 1.992 亿美元,其中广告和营销的收入就占了 1.272 亿美元,广告成为收入的主力。

这次的财报透漏了两个信息:移动端成为微博用户的主要使用场景、广告收入成为微博的主要收入来源。这些信息表明,依托移动营销市场,新浪微博正在强势逆袭。

微博的枯木逢春的确让很多人大吃一惊,但是许多默默观察微博的人并不惊讶。相关人士评论,微信无法取代微博,"微信和微博的性质不一样,我如果对某个优秀歌手有好感,用微信加他显然是不现实的,你只能用微博去关注。那该歌手如果做公众号,大多一天也只能发一次,显然不能满足粉丝的热情,而且还需要长篇大论的创作,比较耗费精力。以功能来说,微信不可能取代微博。"

除了功能性之外,新浪的强势崛起,起决定性因素的还是新浪微博在移动营销广告投放上面的巨大优势,尤其是针对手机客户精准投放的信息流广告。

微博董事长曹国伟也特别提到了移动营销广告,"微博的大客户和中小企业客户对微博广告的巨大投入,彰显了微博无可比拟的移动营销价值。"

图 6-1 新浪微博标志

**Q**

请思考:

随着智能手机拥有规模的持续扩大,微博营销、App 营销、LBS 营销这些常用手机应用和技术的营销价值日益彰显,它们独特的信息传播方式为移动精准营销、移动互动营销都创造了便利。那么作为企业或商家如何利用这些营销手段进行营销呢?

## 任务一　微博营销

### 任务情景

冯超群是一名游戏主播，在圈子里还算小有名气。前一段时间，他因为生病有两个多月没有登录直播平台。然而粉丝们并没有因此忘记他，而是通过到他的食品网店购物来支持他，并且留言希望他快点好起来。冯超群很感动，虽然还在康复期，但他还是决定要和粉丝们进行互动。

拿起手机，了解了很多方法，最终他选择在微博上分享自己的康复进度，并策划了一次有奖转发的微博活动，通过抽奖来回馈粉丝。通过这次活动冯超群不仅没有因为生病而淡出粉丝的视野，反而收获了更多的关注。

本任务就带领大家学习有关微博营销的知识，并在微博上开展一次微博营销活动。

### 知识链接

微博是微型博客的简称，即一句话博客，是一个基于用户关系的信息分享、传播以及获取平台。微博作为一种信息分享和交流平台，非常注重时效性和随意性，比其他社交媒体工具更能表达出人们每时每刻的思想和最新动态。特别是移动端微博的应用，使得传播信息的时间、状态和场景更加丰富，信息传播的效果也更加突出。

目前国内最主要的微博平台就是新浪微博（见图 6-2），其他微博平台已经渐渐退出了市场竞争。

图 6-2　新浪微博

### 一、微博营销概述

#### （一）微博营销的定义

微博营销是指个人或企业借助微博平台进行的包括品牌推广、活动策划、形象包装、产品宣传等一系列的营销活动。每一个粉丝都是企业潜在的营销对象，企业通过更新自己的微博内容向潜在客户传播企业信息、产品信息，及时与用户互动，或发布一些消费者普遍感兴趣的话题，以吸引消费者眼球，这样的方式就是所谓的微博营销。

微博营销注重价值的传递，其互动性强、营销布局全面、对潜在客户定位准确，移动端的庞大用户规模也保证了营销效果的最大化，因此强烈地吸引着广告主们的关注。

## （二）微博营销的特点

与传统的网络营销方式相比，微博营销有以下几个特点：

➤ **有效降低企业营销成本**：企业做微博营销的成本很低，无须投入大量资金，只要用心运营，每天在微博上用心宣传，建立好企业微博矩阵，用优质的微博内容和有创意的活动进行推广，自然就会吸引大量消费者的关注和支持。

➤ **是挖掘潜在消费者的有力渠道**：微博日益成为企业的必要部分，关注企业官方微博的一般来说都是该企业的消费者或者说是潜在的消费者，企业可以有针对性地与这些消费者沟通，将其关注转化为实际订单。

➤ **通过互动增强客户服务质量**：微博营销有效拉近了企业和消费者的距离。微博上企业可以随时与消费者交流，听取他们的意见和反馈，这对于迎合消费者需求和改进企业产品和服务质量有积极作用。

➤ **大幅提升企业自身影响力**：如今网络发达，企业开通了微博，就可以利用微博这种新型的营销方式去宣传企业产品和企业自身，这对于提升企业整体形象和影响力有着重要作用。

## 二、微博营销的案例解析

荣耀手机是知名的互联网手机品牌，于2013年12月16日发布。目前，荣耀手机在市场上已经取得了不俗的成绩，其中他们成功的微博营销可谓功不可没。截至2017年6月，荣耀手机微博已经有1 021万的粉丝（见图6-3），可谓是企业微博营销的典范，其进行微博营销的过程充分展现了微博营销的特点。

### （一）用最低廉的成本，做最便捷的广告

不管是大企业还是小商家，要在微博上推广自己的产品、品牌，只需要注册一个账号，然后进行企业认证（收费）即可，非常方便快捷。企业微博注册不同于个人微博注册，需要的注册信息也比个人微博更为详细，如图6-4所示。

荣耀手机官微发布的每条微博都是在为自己的手机做免费的广告，而关注微博的粉丝就是广告的受众。荣耀手机微博通过持之以恒的运营，聚拢了超过千万的粉丝，每天只需要发送一条不超过140字的图文消息，就可以产生惊人的影响力。

### （二）建立微博矩阵，与用户全方位沟通

微博矩阵指在一个企业品牌下从企业人、产品线、生活理念重塑三个维度上，布局微博账号，最大限度发挥企业内部资源的微博布局方式。微博矩阵有两个必须项，即品牌微博和客服微博；加上4个选择项，即员工微博、产品微博、粉丝微博和活动微博，共同形成"4+2"模式下的矩阵分布。这些微博账号分工明确，可与各个层次的网友进行沟通，达到360度塑造企业品牌的目的，如图6-5所示。

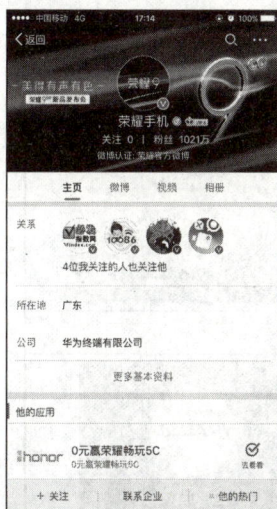

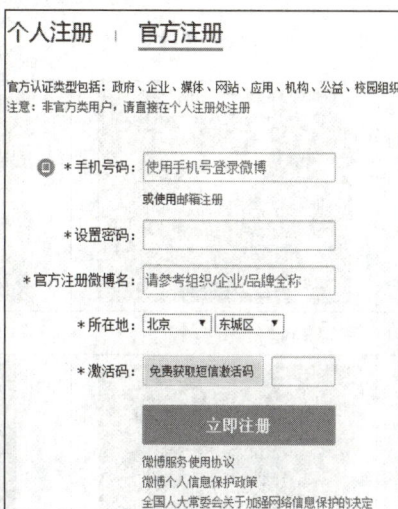

图 6-3　荣耀手机微博　　　图 6-4　企业注册微博账号页面　　　图 6-5　华为微博矩阵

➤ **品牌微博：**企业的品牌微博必须是官方的，因此又叫官方微博。官方微博传播的内容较为正式，可以在第一时间发布企业最新动态，对外展示企业品牌形象，成为一个低成本的消息发布媒体。

➤ **客服微博：**与企业的客户进行实时沟通和互动，深度交流，在互动中为客户提供高质量的在线服务，缩短企业对客户需求的响应时间。

➤ **员工微博：**分为管理者微博和普通员工微博，由于企业管理者多为行业内的知名人士，普通员工的微博影响力与其相比较而言可以忽略不计，因此员工微博主要是指管理者微博。管理者微博是以企业高管的个人名义注册，其最终目标是成为所在行业的"意见领袖"，能够影响目标用户的观念。

➤ **产品微博：**对于同时开发多个产品的品牌，还应该针对每个主要产品发布一个产品官方微博，用于发布产品的最新动态，此微博还可以充当产品客服的作用。

➤ **粉丝微博：**从粉丝的角度建立的微博，微博内容更加贴近消费者，走到消费者的"身边"，通过个性化的运营赢得粉丝的好感和认同。

## C 课堂讨论
### CLASS DISCUSSION

华为品牌的微博矩阵建设得非常全面，请同学们互相讨论一下，你们都知道哪些华为微博？然后将"官方微博""产品微博""管理者微博""粉丝微博""客服微博"分别对应填写（可重复填写）到表 6-1 中。

表 6-1　华为微博矩阵示例

（三）发起抽奖活动，与消费者积极互动

2017 年 6 月 5 日，荣耀手机微博发布消息，宣布某知名影视演员成为荣耀品牌代言人，他将出现在荣耀 9 手机的发布现场。这条微博在两天内获得了 35 997 次转发，7 052 条评论。随后，荣耀手机微博又发布消息：关注微博并转发消息就可以参加抽奖活动，抽取荣耀 9 新品手机一部，这条消息再次获得 16 341 次转发和 3 449 条评论。如图 6-6 所示。

在线上发起转发抽奖的微博活动（见图 6-7）是企业微博营销最常用的形式之一，抽奖过程由微博抽奖平台负责。企业借助明星影响力，开展转发抽奖活动，将庞大的明星粉丝群体转化成自己的粉丝，速度快、效果好，有效地增加了明星代言费的投入产出比。

图 6-6　转发关注抽奖活动

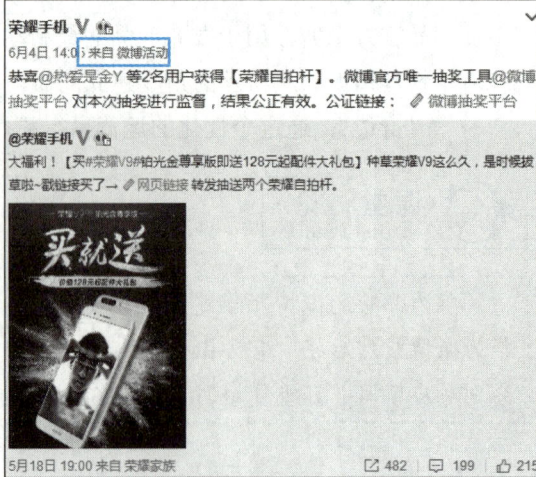

图 6-7　微博抽奖平台抽奖结果

### （四）广泛运用@功能和创造微话题

除了自身已经拥有的微博外，荣耀手机微博还通过@功能与新浪微博上其他粉丝众多的微博号进行互动，获得了大量粉丝的关注，如图 6-8 所示。用通俗的话来说，@功能的使用就是在"蹭热度"，针对热点事件或者热点人物，@他们并进行评论，可以利用这些获得广泛关注的人或事来推销自己，只要具有创意，获得大众认可，就可以达到"四两拨千斤"的效果。

图 6-8　使用@功能"蹭热度"

与此类似的是，荣耀手机微博利用微话题的方法，也能获得不错的效果。例如，华为微博矩阵共同建立了#性能怪兽荣耀 V9#，#轻摄艺术家#，#花粉早安#，#朝花集#，#第二次人机大战#等等众多微话题，从不同角度与消费者互动，进一步提升了华为手机的知名度，如图 6-9 所示。

图 6-9　热门"微话题"

### 任务实施　策划一次微博活动

微博活动是个人或企业在微博营销中非常重要的一种手段和方法，主要是通过现金、虚拟货币或者实物的奖励来吸引用户参与活动，从而达到账号推广、增加粉丝、引导消费的目的。一个好的微博活动可以让企业品牌的知名度在很短的时间内于整个微博世界众人皆知；或者可以让企业的粉丝数量成千上万地增长；或者可以引导用户疯狂购买微博推广的产品；或者三者皆有。

在新浪微博中，企业认证用户和 V 认证用户可通过微博活动平台创建有奖转发、优惠券、文字征集、试用品申请等活动。所有活动均有一个面向用户的落地活动页，普通用户可以通过该页面参加活动，博主也可以对所有活动进行增删改管理和数据监控。

由于移动端微博的限制，在移动端微博上可以查看并参与活动，但暂时不能发起微博营销活动。因此，这里以企业微博账号在 PC 电脑上创建微博营销活动为例。

**步骤 1** 登录已通过企业认证或个人 V 认证的新浪微博账号，在微博后台页面中，点击"管理中心"按钮，如图 6-10 所示。

图 6-10 点击"管理中心"按钮

**步骤 2** 进入管理总览页面后，可以看到有"添加更多服务"板块，其中显示有"粉丝服务""微博活动""微卡券"等 3 个选项卡。点击"微博活动"选项卡。如图 6-11 所示。

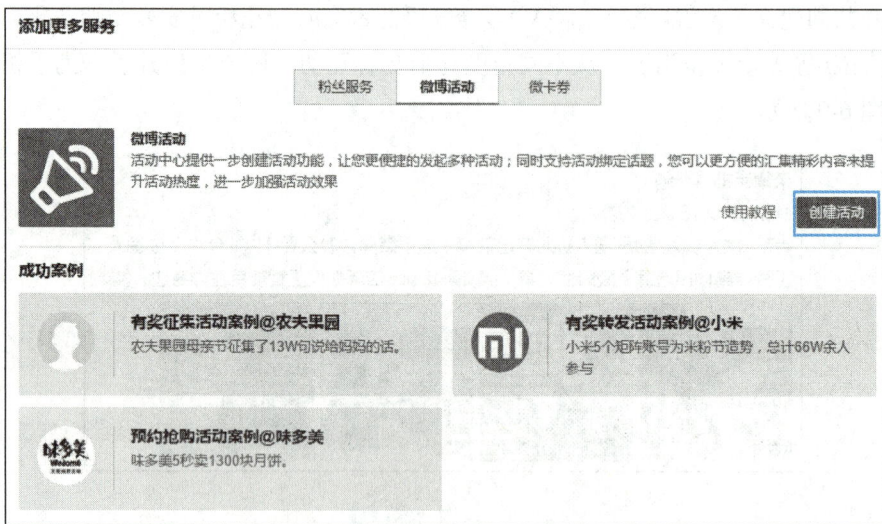

图 6-11 微博活动页面

**步骤 3** 在微博活动设置页面中，点击"创建活动"按钮可以进行微博活动的创建，如图 6-12 所示。页面中显示有 6 种微博的活动类型可供选择，分别是"幸运转盘""限时抢""有奖转发""有奖征集""预约抢购""免费试用"。

图 6-12  活动创建页面

开展"有奖转发"活动需要设置活动标题、活动话题、活动时间、活动图片、活动详情、参与资格、微博内容等。填写完成后，这条微博会在活动上线之后自动发出。

**步骤 4**  点击"有奖转发"图标，进入有奖转发设置页面。在活动标题栏中输入有奖转发的文案标题："冯超群粉丝福利，转发赢 iPhone7 手机"；在活动话题栏中输入话题："冯超群粉丝福利"；然后设置"活动时间"的时间段，为期 15 天。

**步骤 5**  设置完标题后，继续上传活动图片。点击"上传图片"按钮后选择本书配套素材"素材与实例">"项目六">"任务一"中的文件"微博活动奖品图片.png"，如图 6-13 所示。

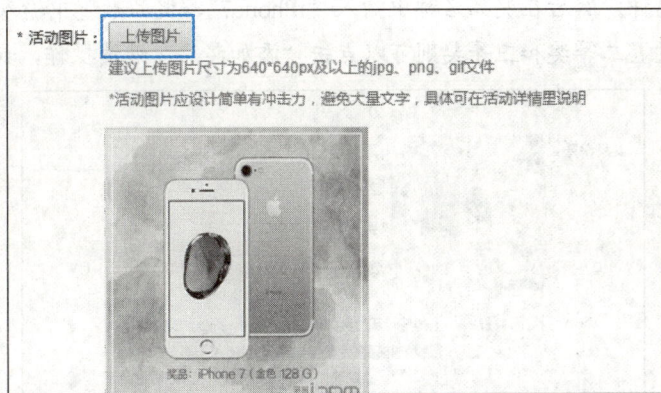

图 6-13  上传活动图片

**步骤 6**  继续设置活动详情。在活动详情编辑框和微博内容编辑框中输入如图 6-14

所示的文字。并勾选"关注活动发起人"左侧的复选框。如果还设置了@好友功能，则参与者还必须根据条件@足够数量的好友才能获得抽奖资格。

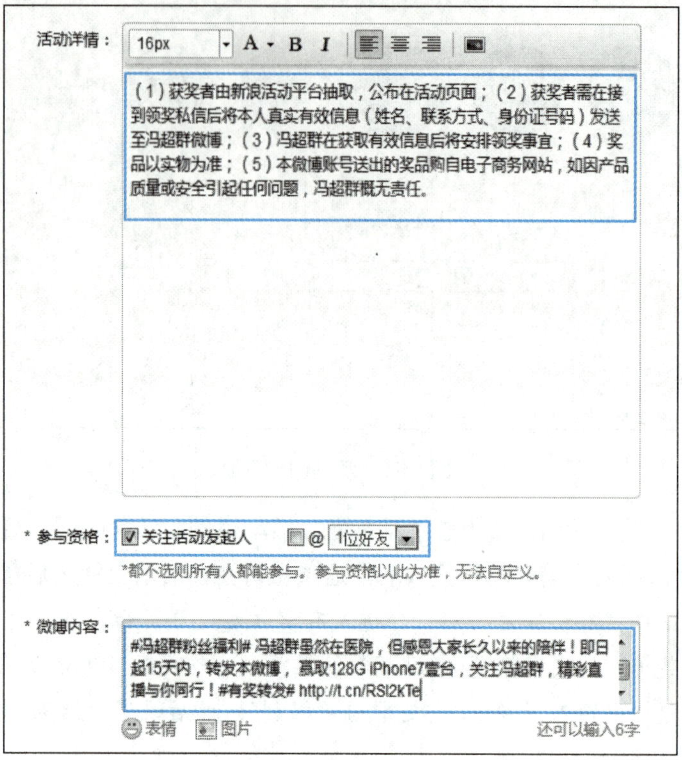

图6-14  编辑活动详情和微博内容

**步骤 7**　进行奖品设置。在奖品设置中，微博博主可以设置一等奖、二等奖、三等奖的奖品。本例只设置一等奖，仍然选择上传"微博活动奖品图片.png"图片文件。然后在奖品名称中输入"iPhone7"，奖品数量中输入"1"。如需继续设置二等奖和三等奖则可以点击"添加奖品"继续操作，如图6-15所示。

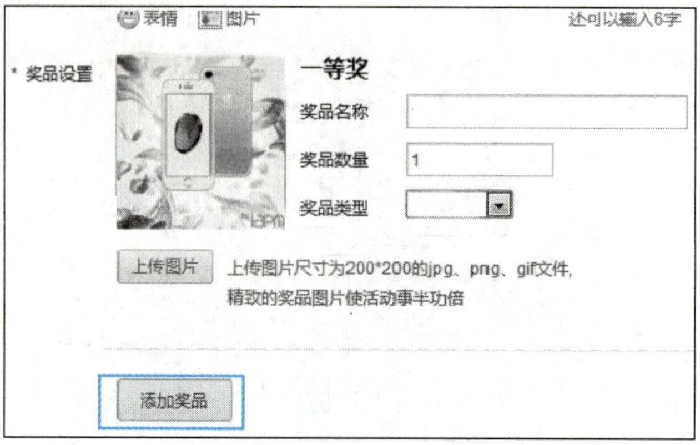

图6-15  设置奖品

**步骤 8** 所有设置完成后检查一遍，确认无误后，勾选"我已阅读并同意《微博活动平台服务协议》"左侧的复选框，最后点击"提交审核"按钮，如图 6-16 所示。

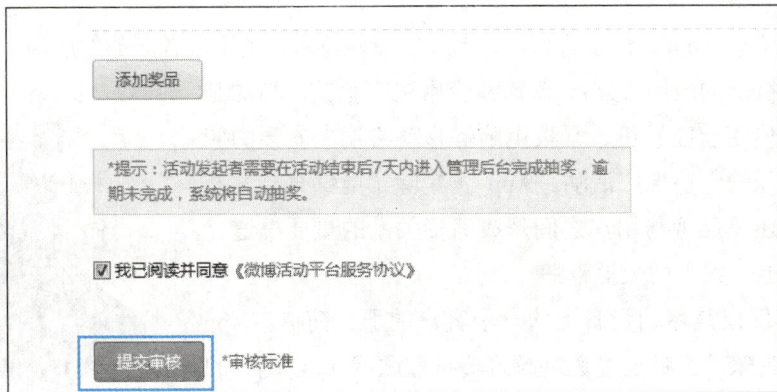

图 6-16 提交审核

有奖转发活动内容提交后，微博活动管理员会在 24 小时内审核活动内容，并将审核结果通过私信进行告知。审核通过后，活动将在设置的时间段自动上线。

# 任务二 App 营销

## 任务情景

在移动互联网时代背景下，智能手机已经成为人们获取信息的主要渠道。特别是对于快捷酒店来说，利用手机 App 进行营销推广，比其他方式更加便捷和高效。酒店拥有一个手机"前台"后，顾客无论身处何时何地，都可以通过手机在网上预订酒店客房，以及了解酒店的整体面貌、服务设施、相关优惠等信息。

因此，香梨酒店决定也建设一个自己的 App，App 相关的营销策略就交给了营销部的策划专员李晓。李晓接到任务后，详细地拟订了一份 App 营销策划方案。营销策划方案非常全面地体现了 App 的功能性和营销性，对 App 应有的看房订房、移动支付、客房展示、营销传播、优惠活动等功能都有安排。

本任务就来通过为香梨酒店撰写一篇 App 营销策划方案，带领大家学习有关 App 营销的知识。

## 知识链接

### 一、App 营销概述

App 是英文 Application 的简称，原意指某种技术、系统或者产品的应用，现在多指安装在智能手机上的应用。App 营销即应用程序营销，指的是广告主通过使用智能手机、平板电脑等移动终端上安装的应用程序所展开的营销推广活动。App 营销除了能够直接发布网络广告，还是品牌与用户之间形成消费关系的重要渠道，也是连接线上、线下的天然枢纽。

App 不仅仅是移动设备上的一个客户端那么简单。App 给移动电商带来的流量已经远远超过传统互联网（PC 端）的流量，事实证明，各大电商平台向移动 App 的倾斜也是大势所趋。原因不仅仅是移动端每天增加的流量，更重要的是由于手机移动终端的便捷，为企业积累了更多的用户，有一些

图 6-17　手机 App

用户体验到不错的 App，使得用户的忠诚度、活跃度都得到了很大程度的提升，从而为企业创收和未来的发展发挥关键性的作用。

### 二、App 营销的分类

目前 App 营销的模式多种多样，而且还在继续发展之中，对各种基于 App 的营销活动也还没有形成统一的总结性认识。本书主要从企业利用自有的 App 进行营销和利用他人的 App 进行的营销这两个方面进行分类。

#### （一）企业通过自有 App 进行营销

企业通过自有 App 进行营销一般有两种形式：一种是网站移植式 App，其形式多为购物类、社交类网站的手机客户端版本；一种是用户参与式 App，广告主通过开发有创意、互动性强的应用程序来吸引用户主动参与、体验互动，从而达到营销目的，通常为规模较大的企业所采用。

#### 1. 网站移植模式

网站移植式 App 也被称为品牌 App，是指品牌商为了与用户互动、达到传播企业信息为目的，推出量身定制的 App，多为购物类、社交类网站的手机客户端。目前，我国电商界排名前十的电商网站都推出了自己的 App，如手机淘宝、唯品会、京东、苏宁易购、聚美优品、国美在线、乐蜂网等。

企业主要使用品牌 App 来抢占人们线下的时间，由此培育品牌忠诚度，增加与客户的接触频率。

上海齐家网的 App 营销

上海齐家网是一家家居建材的团购网站，结合公司的业务模式于 2013 年推出了自己的手机客户端 App"齐家网"。

齐家网一直在探索通过更加便捷、透明的服务满足装修用户的全方位需求，而其推出品牌 App 的目的，在于以 App 为载体整合齐家网线上线下的各种服务资源，让网友随时随地享受全面的家装服务。如图 6-18（a）所示为齐家网 App 安卓版界面的长沙站首页，如图 6-18（b）所示是当地团购活动的报名入口。"齐家网" App 可以根据用户的地理位置定位到全国各分站，宣传各分站正在进行的线下和线上的团购活动，跟用户进行简单的产品宣讲和信息展示，便于用户在线购买。

（a）

（b）

图 6-18　齐家网 App 首页界面及活动页面

### 2. 用户参与模式

用户参与模式是指根据广告主的营销目标来制定产品内容，再结合目标群体对创意的需求开发出新奇的、有创意的 App 来吸引用户注意、使用和分享，然后持续吸引客户关注和深度参与。

新奇的、有创意的 App 不仅仅要求与企业品牌深度结合，有趣、好玩，而且还要对用户具有长期的使用价值。通过这些给用户带来使用价值的 App，用户可以在一个有趣的体验下了解相关的品牌信息和最新发展，对企业和商品的好感度逐渐加深，同时可以对应用进行反馈或者分享给朋友进行信息的再传播。

**经典案例**

**"抖音极速版" App 营销**

随着移动互联网的崛起，观看短视频已经成为人们日常生活中常见的娱乐方式。如果用户在轻松刷着视频的同时还能赚钱，岂不是美事一桩？抖音推出的一款别具匠心的 App——抖音极速版就实现了这一功能，如图 6-19 所示。用户下载抖音极速版 App 后，只需在闲暇之余观看短视频，即可获得金币，金币达到一定数量后，就可兑换为现金并提现。

抖音极速版 App 一经推出，其"看视频赚钱"的营销手段就吸引了大量新用户，不仅使自身用户群体进一步扩大，也大大提高了品牌的知名度和影响力。且由于用户普遍具有利他心理，故用户还会将"看视频赚钱"的好消息不断分享给身边的亲友，从而形成裂变传播效应。

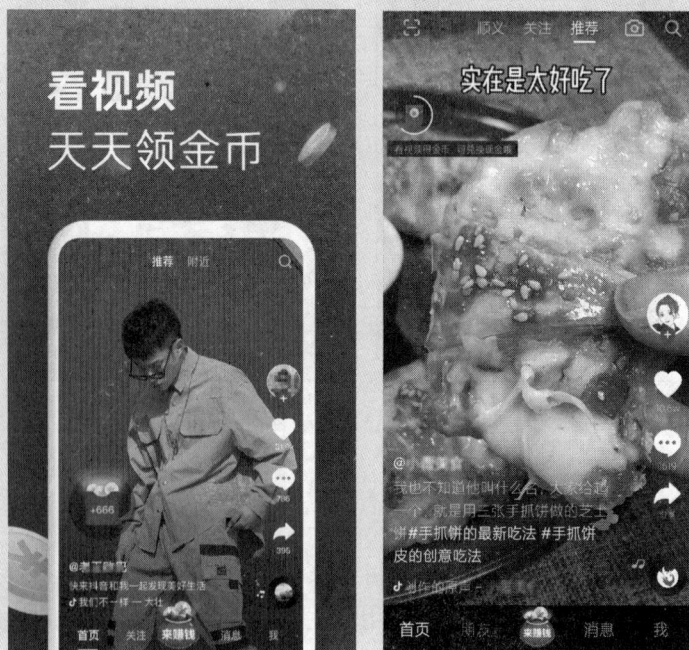

图 6-19　抖音极速版 App

## 延伸阅读
FURTHER READING

**App 的推广渠道**

制作出一款实用性强的 App 只是第一步，想要获得更好的宣传效果，还需要通过各种渠道将 App 推广出去。App 的推广渠道主要包括硬推广和软推广两个方面。

**1. 硬推广**

（1）手机厂商合作捆绑。这种硬推广相对而言价格较低，规模较大，所以排在硬推广第一位。每个捆绑手机品牌的收费不一样，大致在 0.5 元到 2 元，一次预装费用可达到几十万甚至上百万元。

（2）App 安装平台推广。目前的主流平台整理如下：

下载市场：安卓、机锋、安智、应用汇、木蚂蚁、优亿等；

应用商店：App Store、小米商店、魅族商店、OPPO 应用商店等；

客户端：豌豆荚、91 助手、360 手机助手、PP 手机助手、同步推。

**2. 软推广**

（1）新闻软文推广。新闻是最廉价的网络推广手段，撰写一篇新闻稿，花上几万元就可以发布到 100 个主流新闻门户网站上，这些网站报道之后，就会有更多的网站去转载。

（2）论坛推广。目前，各类手机论坛非常多，一般来说，论坛推广以官方帖、用户帖两种方式进行，同时可联系论坛管理员做一些推广活动。发完帖后，应当定期维护好自己的帖子，及时回答用户提出的问题，记下反馈的信息，以便下个版本更新改进。

（3）微博推广。大家每天都在用手机看微博，如果在微博上发现了好玩的 App 应用，顺手就下载了，所以微博推广的效果很好，可以获得不错的点击率。应用微博推广 App 时，在内容撰写上应做好以下几点：带上下载链接，点击之后，可直接到应用商店中的下载页；要清晰地把 App 的好处列出，最好配合多组图片和视频，用户在下载之前，就可以快速了解 App；可以结合有奖活动或者通过名人转发等推广此条微博。

### （二）企业借助他人 App 进行营销

除企业的品牌 App 以外，大部分的广告主并没有自有的 App，需要根据品牌形象和传播诉求借助其他具有广告价值的 App 进行广告投放。

插入式广告是借助他人 App 进行营销推广最基本的模式，广告主通过植入广告的形式进行广告植入，当用户点击广告的时候就会进入网站链接，可以了解广告详情或者参与活动，这种模式操作简单，只要将广告投放到那些下载量比较大的应用上就能达到良好的传播效果。插入式 App 广告的形式多种多样，一般分为以下几类。

### 1. Banner 广告条

Banner 广告条也称为横幅广告，一般在 App 的页面上方或者下方出现，一般以图片配文字的形式出现（见图 6-20）。点击横幅可以被引导至下载地址、跳转到手机网页、拨打电话和发送短信等方面。

当前，广告条还有新突破：支持动画等多种新型展现形式，广告条的最新版完美融合了最新的 HTML5 技术，可以展播动画等新型形式，最大限度地吸引用户眼球，用精美的广告画面打动潜在用户，大大提高广告转化率。

### 2. 插屏广告

插屏广告是在移动应用里以半屏或全屏大图方式展现

图 6-20　App 中的 Banner 广告条

广告（见图 6-21），是一种可控制广告展现的时间和界面的新型移动广告形式，除了插屏外还有开屏及退屏。

在使用插屏广告时，需要注意的是，应在用户等待时插入广告（如游戏加载中、上传图片等待中），或者在用户操作暂停时插入广告（如阅读暂停、游戏中途暂停、通关或通关失败、退出返回主菜单），而且要在用户访问比较频繁的页面插入广告，同时应该适当控制广告插屏的频率，以免影响用户体验。

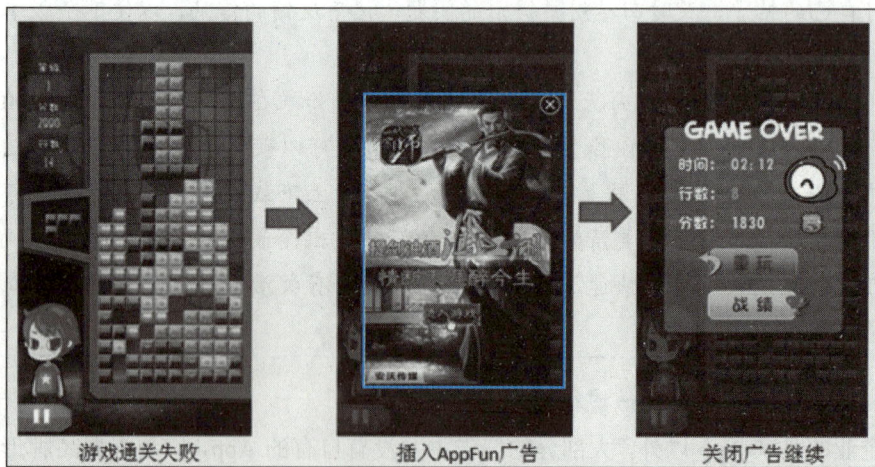

图 6-21　某游戏 App 中的插屏广告

### 3. 积分墙

积分墙是展示在 App 内的页面或者是一个栏目，该网页的内容是各种广告的任务，用户完成这些任务后将获得积分（见图 6-22）。

### 4．feed 广告

有一些用户量足够大的超级 App 会把自己变成广告平台。2015 年 1 月 25 日，作为 App 里的超级明星，微信推出了自己的第一条 feed 广告，如图 6-23 所示。

所谓 feed 广告，也叫信息流广告，就是信息整合类平台在信息列表中插入广告信息，除了标出的推广二字，这则广告看起来与平常信息无异。

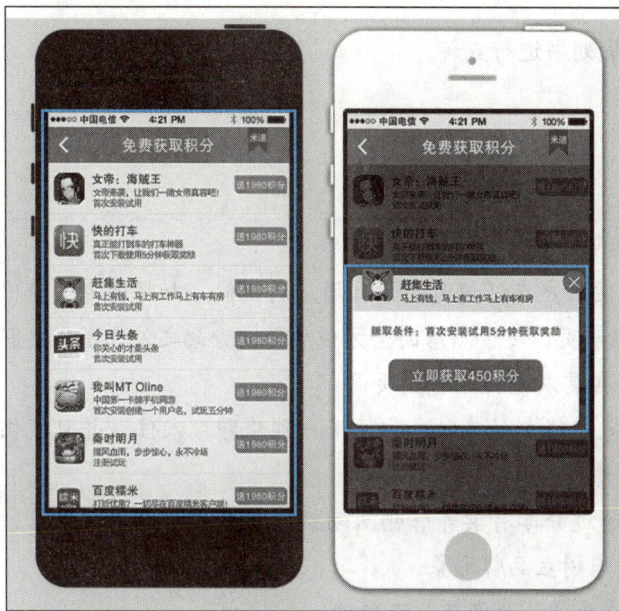

图 6-22　手机 App 积分墙

图 6-23　手机 App 中的 feed 广告

## 任务实施　　撰写一份酒店 App 营销策划方案

香梨酒店是深圳一家商务连锁酒店，位于深圳市罗湖区，内设有许多舒适的商务客房。香梨酒店的目标客户群体为商务人士、自助游爱好者、年轻一族，力求满足他们"便捷、经济"等消费要求。在香梨酒店的营业收入中，有 98% 来自于会员，同时有 81% 的份额是由会员的重复消费贡献的。香梨酒店的会员服务是维护客户关系的最主要工具。

**步骤 1**　根据上面香梨酒店的简介，对香梨酒店 App 进行定位分析，搞清楚该 App 可以解决酒店面临的哪些问题。例如：

1. 用户可以用香梨酒店 App 在任意时间、任意地点预订酒店客房；
2. 通过香梨酒店 App 的分享评论等功能为酒店树立形象，形成口碑传播；
3. 香梨酒店 App 上可链接地图导航功能，方便用户找到酒店；
4. 香梨酒店 App 可以将酒店的优惠信息，日常问候等信息推送到用户手机上，为用户的二次消费奠定基础；

5．通过丰富的酒店信息展示，如客房环境、联系方式、入住情况等，方便用户查看，减轻酒店的人工服务成本，提高工作效率。

**步骤 2** 以团队（2～4人）协作形式，撰写 App 营销策划书。策划书必须含有以下几个部分：（1）酒店 App 的需求分析；（2）酒店 App 的功能设计；（3）酒店 App 的推广方案。

**步骤 3** 老师对各组制作的策划书进行点评。

## 小提示 TIPS

酒店 App 的功能应包含但不限于以下几点：

1．酒店手机 App 应具有方便用户在任何时间预订酒店的功能。如将近期的特价房间或者酒店环境作为 App 的启动页，便于酒店的全方位展示。除此之外，还需要有分类展示酒店信息，让用户可以按需求进行浏览的页面。

2．在客房详情页里可以选择在线支付房费，方便用户到店即可入住。并且提供订单查询功能，方便客户查看订房信息。

3．提供便捷的分享功能，通过分享有奖等营销活动鼓励客户通过微博、微信、论坛等途径分享酒店信息，为酒店树立品牌形象。

4．提供评论功能，通过用户的评论为酒店打造口碑。

5．提供定位功能，让用户更容易找到酒店地址。

# 任务三 LBS 营销

## 任务情景

如今，消费者如果想要寻找某一类店铺，一般会拿起手机，在地图 App（如百度地图、高德地图等）上进行定位搜索。例如，搜索在自己当前位置周围存在哪些饭馆，按照地图导航还能很轻易地找到店铺。对于想要进行 O2O 电子商务活动的商家或企业，在地图工具上添加标注是一项十分有效的吸引客流方法。

本任务就来学习和 LBS 营销有关的知识，并在地图 App 上添加商家标注。

## 一、LBS 营销的概念

LBS 英文全称为 Location Based Services，简称"定位服务"，其包括两层含义：一是确定移动设备或用户所在的地理位置；二是提供与位置相关的各类信息服务。

LBS 营销就是企业借助互联网或无线网络，对固定用户或移动用户，完成定位和服务的一种营销方式。通过 LBS 营销，可以让目标客户更加深刻地了解企业的产品和服务。

## 二、LBS 在营销中的应用

提到 LBS，很多人首先想到的是高德地图、百度地图这样的手机地图或者网约车 App。但是，LBS 不仅仅只是一种地图和导航服务，随着技术的不断革新，LBS 为用户画像和产品营销也提供了多种可行性。

### （一）LBS 与用户画像

在移动互联网技术的深入影响下，企业及消费者行为产生了一系列改变与重塑。其中最大的变化莫过于消费者个人的一切行为在企业面前似乎都将是"可视化"的。随着对移动互联网技术的深入研究与应用，企业的专注点日益聚焦于怎样利用手机获得详细的消费者信息，判断消费者的消费特点，从而完成精准营销。于是，"用户画像"的概念也就应运而生。

用户画像（见图 6-24），即用户信息标签化，就是企业通过搜集与分析消费者社会属性、生活习惯、消费行为等主要信息的数据之后，完美地抽象出一个用户的商业全貌。用户画像为企业提供了足够的信息基础，能够帮助企业快速找到精准用户群体以及用户需求等更为广泛的反馈信息。

图 6-24  用户画像

通过 LBS 获得的地理定位数据是用户画像非常重要的依据，和地理定位有关的用户画像数据分为冷数据、温数据和热数据 3 种。

➤ 冷数据：用户的性别、年龄、收入等相对稳定的用户标签，能清晰地描绘用户是怎样样的人。

➤ 温数据：用户在 App 上的行为轨迹、订单数据等具有一定时效性的行为数据，表明用户最近对什么感兴趣。

➤ 热数据：用户的实时地理定位数据，这种数据主要描绘了用户此时此刻打开 App 的即时消费场景。

基于以上冷、温、热数据模型建立"用户画像"后进行用户营销，能更精准地洞察用户的真实需求，抓住稍纵即逝的营销机会。

下面通过两个简单的营销场景来体会一下 LBS 用户画像的营销应用：

（1）某旅行品牌 App 的 LBS 定位数据显示，某用户长期出差，经常出入五星级酒店、高档餐厅，即使没有该用户的历史订单数据，商家也能清楚地知道，该用户是一名高端用户，他自然对如家、汉庭等经济型酒店不感兴趣，而香格里拉、希尔顿等高端酒店才是应该在为他进行营销推送时经常出现的广告内容。

（2）某电商 App 女性用户，经常在该 App 上购买美妆产品，LBS 定位数据监测到，她经常在上下班时间定位在某幼儿园，可以大胆推测该女性用户有 2～6 岁的小孩，在日常的营销推送中，除了该用户喜欢的美妆产品，推送亲子产品也是不错的选择。

### （二）LBS 与产品营销

#### 1. LBS 和地理围栏

地理围栏，即用一个虚拟的栅栏围出一个虚拟地理边界，当手机进入、离开这片区域或在区域内活动时，手机可以自动接收到通知。

目前地理围栏有 3 种主流实现方式：

➤ **Wi-Fi 实现**：如百货商场的 Wi-Fi，连入或者断开后会自动收到商场的优惠券和活动信息，如图 6-25 所示；

➤ **GPS 实现**：如高德、百度地图等通过 GPS 定位的 App 都提供免费的地理围栏接口，可用于车辆的区域预警、人员区域监控、防止走失等场景。在地图 App 中，人们可以采用默认的自身位置定位，也可以在屏幕顶部的搜索栏来搜索周边的位置进行定位。一旦选择好触发位置，就可以建立地理围栏，选择进入提醒或是离开该位置进行提醒。地理围栏功能在共享单车服务中为指引用户规范停车发挥了巨大作用，如图 6-26 所示；

图 6-25　百货商场中的地理围栏应用　　　图 6-26　共享单车中的地理围栏应用

➤ **iBeacon 实现**：iBeacon 是苹果公司 2013 年 9 月发布的移动设备系统 iOS7 上配备的新功能。其工作方式是，配备有低功耗蓝牙（BLE）通信功能的设备使用 BLE

技术向周围发送自己特有的 ID，接收到该 ID 的应用软件会根据该 ID 采取一些行动。当消费者开启蓝牙后，利用手机的 App 可以获取消费者的定位信息。

地理围栏技术为场景化营销和可穿戴设备提供了无限的可能性，在移动互联网技术创新的不断推动下，智能消息推送、智能家居、智能看护等方案应运而生。

### 2．LBS 和签到

LBS+签到的模式，是 LBS 最早被运用到营销领域的营销模式。国外一家宠物食品公司 GranataPet 为了推广狗粮品牌，构思了一个非常具有创意的签到营销方案。

该公司在柏林和慕尼黑安装了 10 块户外广告板，当用户在广告牌附近签到时，用户的签到会被远程服务器所识别，在广告板内部与服务器相联接的黑盒子会控制分发器。当服务器接收用户的签到，狗粮就会从分发器弹出来，如图 6-27 所示。

起初狗的主人会很乐意为爱犬获得一些免费的零食而进行手机签到，而后续情况却是：即使狗主人不记得这则广告了，借助经典条件反射的作用，每当狗狗们都走到广告板附近，为了能吃到狗粮，都会扯着让主人去广告板那儿。

### 3．LBS 和 AR

AR 是增强现实技术（Augmented Reality）的简称，这种技术于 1990 年提出，是一种实时地计算摄影机影像的位置及角度并加上相应图像、视频、3D 模型的技术，这种技术的目标是在屏幕上把虚拟世界套在现实世界并进行互动。

随着随身电子产品，特别是智能手机 CPU 运算能力的大幅提升，预期增强现实的用途将会越来越广，其移动营销潜力十分巨大。

例如，在火爆全球的口袋妖怪游戏中，玩家可以在现实世界里去抓各种小精灵，如图 6-28 所示。通过 LBS+AR 的结合，巧妙打通了线上和线下，让游戏更具趣味性和社交性。

AR 较 VR（虚拟现实技术）而言，技术更容易实现，商业的变现能力更强。像支付宝去年推出的实景红包，天猫商城推出的双十一捉猫猫抢红包活动都利用到了 AR 的技术，也都取得了不错的宣传和营销效果。

图 6-27　狗粮广告牌

图 6-28　口袋妖怪游戏

### 三、LBS 营销的经典案例

#### （一）踏板车外送服务

国外某餐饮品牌提供了一项有趣的外送服务，用户只需在自己的智能手机上安装 Mobile Pour App，就可以随时下单订购自己喜欢的咖啡。消费者不必在家里等外卖，可尽管去继续逛街，去美容美发，踩着踏板车的咖啡配送员会实时获取消费者的定位，并很快将咖啡送到消费者的手中，如图 6-29 所示。

图 6-29　踏板车外送服务

#### （二）万人街头抢汽车

宝马公司曾经做过一个非常有意思的营销活动，用户可以通过抢夺虚拟汽车活动获取一台真实的汽车。通过下载 App，查看虚拟车的位置，当用户靠近虚拟车一公里内，即拥有这台虚拟车。每个人都可以抢走这台虚拟车，只要别人靠近该车的一公里内即可。因此，为了保护车不被抢走，用户需要一直奔跑，远离每一个靠近的抢车族。在活动的截止时间内，抢到并保留这辆车的人可以获得一辆真实的汽车。

### 任务实施　　使用百度 LBS 开放平台添加商家标注

下面以使用百度 LBS 开放平台添加商家标注为例来说明这一过程。

**步骤 1**　进入百度 LBS 开放平台主页：http://lbsyun.baidu.com/。在首页的底部找到"插件与工具"栏目，然后点击"地图快速生成工具"按钮，如图 6-30 所示。

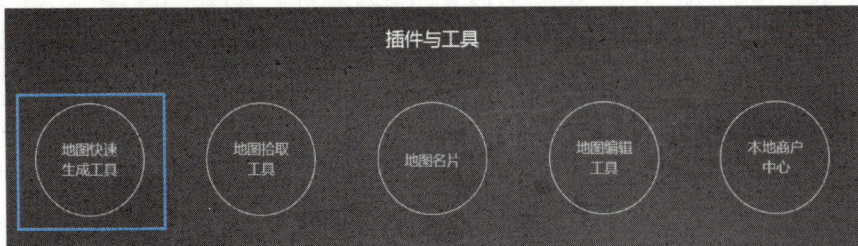

图 6-30　地图快速生成工具

**步骤 2**　进入"百度地图 API"的开发界面，如图 6-31 所示。在"1. 定位中心点"栏目中，于"当前城市"的文本输入框中输入要查找的地名或具体地点，点击"查找"按钮。

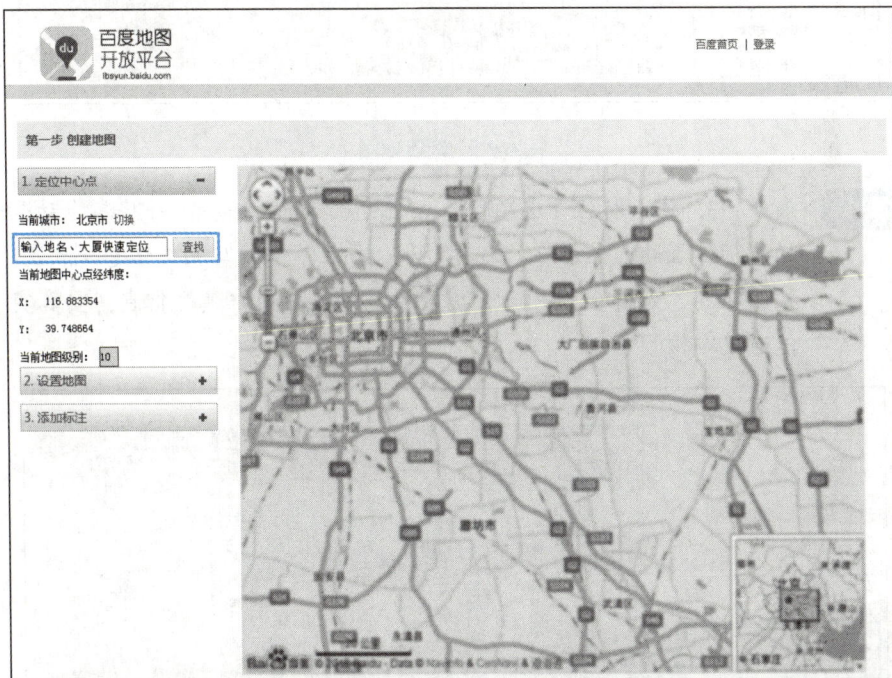

图 6-31　进入"百度地体 API"开发界面

**步骤 3**　展开"2. 设置地图"选项区，用户可以设置地图尺寸，添加按钮和地图状态，如图 6-32 所示。

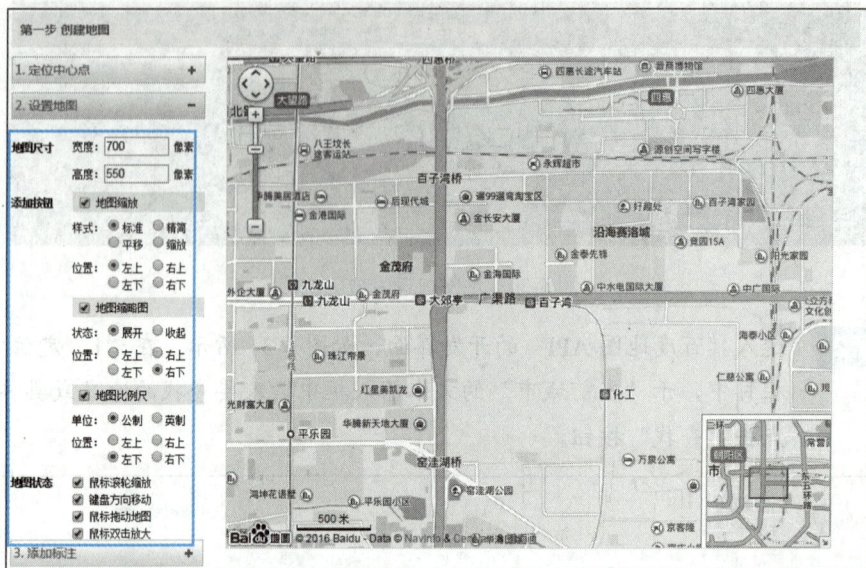

图 6-32　设置地图

**步骤 4**　展开 "3. 添加标注" 选项区，点击 "点标记" 图标，并将其拖动至地图上的目标位置处，然后在 "名称" 和 "备注" 中填写相关信息，点击 "保存" 按钮即可，如图 6-33 所示。需要注意的是，用户填写信息需要真实有效才能通过审核。

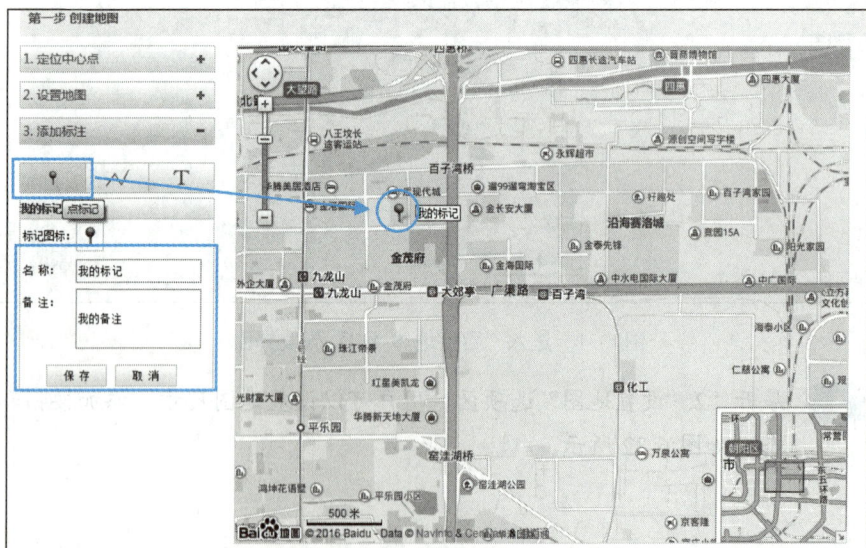

图 6-33　添加标注

## 小提示

> 除了地图应用，微信公众平台也可以进行地理位置的设置。商家在登录微信公众号的后台之后，依次进入"设置"→"公众号设置"页面，在右侧点击"所有地址"选项，然后点击右侧的"设置"超链接即可进入"设置详细地理位置"界面，输入企业或者商家当前所在的地址信息即可。设置完成后，即可在"地区"选项中看到商家的详细地址，而用户通过查看公众平台的详细资料，点击"查看地理位置"按钮，即可找到该商家的地图定位信息。

## 项目小结

本项目介绍了微博营销的概念和特点，通过对微博营销案例的分析，讲解了微博营销的具体实施过程以及部分技巧和方法，对在微博上发起微博活动的过程做了详细介绍。

本项目还介绍了 App 营销的概念和分类。App 营销分为两个部分，一个部分是自建 App 进行营销推广，即在建设有创新、有价值的 App 之后，还要对 App 进行营销推广，以此树立品牌形象；另一个部分是通过在其他 App 上发布网络广告，推广产品或者打造品牌知名度。移动端的网络广告形式多种多样，与客户的关系也非常密切自然。

最后本项目还对 LBS 营销的概念做了简单介绍，展示了 LBS 在用户画像及产品营销中的多种应用实例，说明了 LBS 在移动营销中的重要作用。

## 就业连线

### 岗位介绍：移动广告投放专员

【岗位职责】

1. 按照广告投放策略进行产品推广和广告投放工作，在控制成本、保证投放效果的前提下完成投放任务。

2. 熟悉腾讯广点通、今日头条、应用市场等移动渠道广告后台，能够独立进行广告创建，调整等操作。

3. 制定广告创意，负责广告素材的协调制作，并跟踪优化。

4．负责每日、每周、每月广告数据汇总分析，分析广告投放的效果，结合数据对广告进行调整。

5．对数据敏感，善于分析数据并根据数据对广告创意不间断地进行优化。

**【岗位要求】**

1．熟悉并热爱互联网（尤其需要了解移动互联网、电子商务、网游、社交网络等领域）行业。

2．具备较强的数据敏感度和分析能力。

3．熟练使用 Office 系列软件，并运用 excel 进行数据分析。

## 项目实训　使用微博营销推广淘宝店铺商品

### 项目背景

淘宝店铺"殷宜燕的窝"（网址：https://yinyiyandewo.taobao.com/）最初只是一家专门出售燕窝的普通淘宝店铺。经过店主殷宜的精心运营，"殷宜燕的窝"目前已经发展成为拥有安心食材、煲汤料、化妆品等共计 80 多种不同产品的知名店铺。

"殷宜燕的窝"所拥有的核心价值，就是来自粉丝的自发的品牌驱动力。殷宜经常在微博更新又做了什么好吃的、又研究出了什么好搭配等，成为粉丝们每天期待的更新内容。

微博营销对于淘宝店主来说是一个不错的选择，相对于无线直通车、钻展来说，微博营销更加"价廉物美"。淘宝店主投放无线直通车的成本很高，有时一天就会花费数千元，而且一旦不继续投入，流量很快就会下跌。

然而微博营销则不同，如果用心经营，不仅成本低廉，而且每天都会有相对稳定的流量和订单。因此，试着以本书项目四的项目实训中建立的微店和上传的产品为目标，对其进行一系列的微博营销。

### 实训目的

通过为本书项目四项目实训建立的微店进行微博营销活动，掌握微博营销的具体操作，熟悉微博营销的运营方法和增加微博人气的技巧。

## 实训内容

学习和参考微博@我是殷宜（http://weibo.com/yinyi080608）中的内容，完成以下操作。

### 一、准备工作

根据本书项目四项目实训中所建立的微店注册一个具有关联性的微博账号。

### 二、撰写图文并茂的产品介绍

撰写微博内容，从不同角度介绍店铺商品。

**步骤 1**　任选一款微店中的产品，然后根据产品文案编写产品介绍，配上 9 张商品图片；

**步骤 2**　@一位微博好友，然后为其介绍一款产品，并说明产品的特点；

**步骤 3**　寻找最近一两天内发生的社会热点事件，与微店或微店产品结合发布一条信息；

**步骤 4**　发布一条介绍产品的受众群体和美容效果的信息；

**步骤 5**　发布一条介绍产品生产和质检等过程、让消费者放心的图文微博。

### 三、编辑一些与微店和产品无关的微博信息

微博里也不能全部为产品介绍，否则就算产品再好也会让人厌烦，所以可以发一些其他内容，比如私人照片、生活照、风景照、段子或者美容知识等，让粉丝看到店主的生活点滴，更有亲近感，使得店主的形象更加真实。

**步骤 1**　发布一条有价值的美容科普知识；

**步骤 2**　发布一条搞笑笑话或段子；

**步骤 3**　发布一些带私人照片或风景的图文。

### 四、发起有奖活动，增加与顾客的互动

由于 V 认证微博申请较为烦琐，微博活动可以以纯图文的形式在个人微博发起。策划一个微博转发抽奖活动。例如，以微店中的某一个产品为奖励，提出关于微店的三个小问题，回答问题并转发微博就可以获取抽取这个奖品的资格。

# 课后习题

## 一、选择题

1. 下列用户类型没有在微博上发起微博活动的权限的是（　　　）。
   A. 企业认证用户
   B. V认证用户
   C. 普通个人用户
   D. 以上用户都有权限

2. 下列选项中属于网站移植式App的是（　　　）。
   A. 手机淘宝
   B. 抖音极速版
   C. 高德地图
   D. 微信

3. 微信朋友圈里不时出现的广告条属于（　　　）。
   A. Banner广告条
   B. 插屏广告
   C. 积分墙
   D. feed广告

4. 用户在App上的行为轨迹、订单数据等具有一定时效性的行为数据属于（　　　）。
   A. 温数据
   B. 热数据
   C. 冷数据
   D. 短数据

5. 支付宝去年推出的实景红包属于LBS技术与（　　　）的结合。
   A. 地理围栏
   B. 增强现实技术
   C. 签到模式
   D. 虚拟现实技术

## 二、填空题

1. 微博营销是指个人或企业借助微博平台进行的包括_____、_____、形象包装、_____等一系列的营销活动。

2. 微博矩阵有两个必须项，即_____和_____；加上4个选择项，即员工（管理者）微博、_____、_____和_____，共同形成"4+2"模式下的矩阵分布。

3. 插屏广告除了插屏外还有____屏以及____屏。

4. LBS包括两层含义：一是_____；二是提供_____。

## 三、思考题

1. 什么是App营销？试述App营销的方法。

2. 请列举一个微博营销的成功案例，并进行简单分析。

3. 试述LBS在营销中的各种应用。

# 项目七
# 移动电子商务安全管理

## 项目导读

几年前，手机网络在许多人的印象中还像是一个"世外桃源"，可如今，随着移动互联网的普及，手机网络已经覆盖了大部分的地区，成为人们上网的主要方式。移动互联网固然方便，但同时也滋生了危险。一方面是各种真伪难辨的消息铺天盖地而来；另一方面是用户的个人信息悄无声息地被泄露。因此，提高移动电子商务的安全性能，消除移动用户的安全隐患，是移动电子商务健康稳健发展的基本前提。

## 学习目标

### 知识目标

- 了解移动电子商务面临的主要威胁
- 了解移动电子商务的安全需求
- 了解移动电子商务的安全技术
- 了解手机病毒的概念与危害
- 了解手机病毒的防治

### 能力标准

- 能够辨识商务电子商务安全面临的主要威胁
- 掌握保护手机信息安全的方法和技巧
- 掌握手机卫士 App 的使用方法

## 引导案例

### 手机网络安全事件呈高发态势　"测测前世"竟是钓鱼链接

随着移动互联网的发展，手机网络安全事件正呈高发状态，除了冒充"10086"等伪基站短信发的链接，类似"测一测你的前世"等一些有趣的应用链接，也可能藏有盗取用户个人信息的木马程序。

浙江市民钱先生的手机不久前收到一条显示号码为"10086"发来的信息："你的手机积分可以换取 270 元钱，可以上网提现"，并附有网址链接。在按提示输入了姓名、电话、农业银行卡号和密码后，钱先生卡里的 7 948 元被提走了。

在这起系列案件中，犯罪嫌疑人冒充中国移动客服 10086，在浙江等多地通过伪基站向手机用户发送"10086 积分兑换现金"活动的链接，非法盗取近 200 万元人民币。

除了伪基站短信，利用手机和移动互联网应用程序的漏洞，进而盗取用户信息乃至获利的案件，其手法也在不断翻新。

利用用户猎奇心理，"测测你的前世是什么人"等小应用程序通过微信平台广泛传播，在骗取用户授权后，疯狂盗取个人信息。安全专家认为，正是利用用户的猎奇心理和对微信平台的信任，一些包含木马的钓鱼网页才会具有强大的传播力，一些用户的信息正是通过所谓的授权认证而泄露的。

安全专家还表示，因流量不足而到处寻觅免费 Wi-Fi 的手机用户，也要避免接入无须验证的公共 Wi-Fi。一旦连入"黑网"，就有可能因信息泄露而蒙受巨大损失。

安全专家最后提醒，手机丢失后，应第一时间冻结与移动支付相关联的银行卡账号、支付宝等，此外，也不要将自己的身份证扫描件存在移动终端上，以免被不法分子利用。

图 7-1　手机网络安全

### Q

请思考：

随着移动互联网的普及，我们迎来了一个没有时间、空间乃至硬件限制的网络时代。但就如同曾经的 PC 互联网时代，黑客、病毒等各类安全威胁也都如约而至。那么，移动互联网时代到底面临哪些安全威胁？在电子商务活动过程中，又该如何进行安全管理(见图 7-1)，从而避免损失？

## 任务一　了解移动电子商务面临的安全威胁

### 任务情景

周大铭经过不断深入的学习，对移动电子商务的认识逐渐深入。他敏锐地发现，智能手机已经成为第一大上网终端，移动电子商务也已经进入大部分的消费场景，然而移动互联网及智能终端的安全问题也随之大量暴露出来，严重地制约着移动电子商务的发展。

在探讨解决移动电子商务安全问题之前，必须先了解移动电子商务面临哪些安全威胁。周大铭通过统计和浏览最近发生的移动电子商务安全案例对此进行了简单调查。

本任务是在浏览一些移动电子商务安全案例的同时，分析移动电子商务安全面临的主要威胁。

### 知识链接

总体而言，移动电子商务安全面临的主要威胁体现在以下几个方面。

#### 一、无线窃听

在移动通信网络中，所有的网络通信内容（如移动用户的通话信息、身份信息、位置信息、数据信息，以及移动站与网络控制中心之间的信息等）都是通过无线信道传送的。而无线信道是一个开放性的信道，任何拥有适当无线设备的人均可以通过窃听无线信道而截获上述信息（见图7-2）。

图 7-2　手机窃听

无线窃听会导致通信信息和数据的泄漏，而移动用户身份和位置信息的泄漏会导致移动用户被无线追踪。这对无线用户的信息安全、个人安全和个人隐私都构成了严重威胁。

#### 二、漫游安全

在无线网络中，当用户漫游到攻击者所在的一定区域内时，在终端用户不知情的情况下，信息可能被攻击者窃取和篡改，网络服务也可能被拒绝。中断交易后，由于缺少重新认证的机制，通过刷新使连接重新建立会给系统带来风险。没有再认证机制的交易和连接的重新建立是危险的，连接一旦建立，多数站点将不再重新认证和重新检查证书，因此，此漏洞极易被黑客攻击。

### 三、身份冒充

在移动通信网络中，移动站（包括移动用户和移动终端）与网络控制中心，以及其他移动站之间不存在任何固定的物理连接（如网络电缆），移动站必须通过无线信道传送其身份信息，以便网络控制中心及其他移动站能够正确鉴别它的身份。当攻击者截获一个合法用户的身份信息时，他就可以用这个身份信息来假冒该合法用户入网发送诈骗信息。此外，攻击者还可通过冒充网络控制中心，如在移动通信网络中假冒基站以欺骗用户，骗取用户身份信息（见图7-3）。

图 7-3　身份冒充

### 四、完整性侵害

完整性侵害指网络攻击者截取信息，并私自修改、删除、插入、重传合法用户的信息或信息数据的过程。完整性侵害可以通过信息的修改阻止用户双方建立连接，也可以欺骗接收者相信收到的已被修改的信息是由原发送者传出的未经过修改的信息，还可以通过阻止合法用户的身份信息、控制信息或业务数据传输，从而使合法用户无法享受正常的网络服务。

### 五、物理安全侵害

物理安全侵害是指在使用移动终端的过程中受到人为或自然因素的危害而使信息丢失、泄露和破坏。对终端设备采取的安全技术措施包括受灾防护、区域防护、设备防盗、设备防毁、防止线路截获、抗电磁干扰和电源保护等。

### 六、RFID 被解密

RFID 技术目前应用得越来越广泛，例如手机上安装了此技术后便可成为电子钱包，在消费时直接通过手机进行付费等。一旦 RFID 被解密，将会对用户资金造成极大威胁。

### 七、软件病毒

软件病毒在这里主要指的是手机病毒（见图7-4），无论桌面网络系统还是移动网络系统，都不可避免地会面临软件病毒造成的安全威胁。用户被感染软件病毒后，

图 7-4　手机病毒

移动终端便会出现这样或那样的问题，进而导致用户信息泄露、资金损失、硬件损毁等严

重后果。

## 八、SIM 卡被复制

SIM 卡也被称为用户身份识别卡和智能卡，包括 SIM 卡、Micro SIM 卡和 Nano SIM 卡。SIM 卡在计算机芯片上存储了移动电话客户的数字信息、加密的密钥，以及用户的电话簿等内容，可供 GSM 网络客户进行身份鉴别。据报道，全球最少有几亿部手机的 SIM 卡存在安全漏洞，导致黑客可以从远端复制 SIM 卡，并盗取 SIM 绑定的银行账号内的资金。

## 九、业务抵赖

业务抵赖是指交易的一方在业务发生后否认业务的发生以逃避责任。在移动电子商务中，这类安全问题包括两个方面：一方面，交易双方的买方收货后否认交易，企图逃避付费；另一方面，卖方收款后否认交易，企图逃避付货。

## 十、移动电子商务平台的运营管理漏洞

移动商务平台是买卖双方实现交易的必须场所，如果该平台出现运营管理方面的漏洞，自然会对移动电子商务的开展造成安全上的威胁。移动商务平台运营管理漏洞可能导致的安全威胁有：

➢ 服务篡改：移动商务平台管理方如果因为工作疏忽或人为攻击，造成平台运营管理的服务遭到篡改，导致移动电子商务的某些业务无法开展或错误开展，这样就有可能使交易双方都受到损害。

➢ 账号被盗：账号是平台交易双方身份认证的有效手段，如果因运营管理不善导致账号被盗，则交易双方将遭到严重的损失。

➢ 资料泄露：当平台交易双方不需要公开的信息，由于电商平台管理不善而遭到泄露时，将对交易双方都产生一定的影响。当客户资料被泄露出去后，最直接的表现就是客户会收到垃圾短信的长期骚扰（见图 7-5）；而客户也将不再信任该平台。

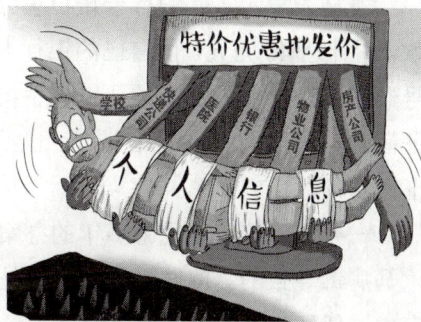

图 7-5　垃圾短信骚扰

## ● 任务实施　分析移动电子商务安全案例

**步骤 1**　阅读下面几个案例，认识移动电子商务安全面临的各类威胁。

【案例一】网约车后台车辆信息被篡改　"劳斯莱斯""吓"跑多名乘客

图 7-6 　"劳斯莱斯"开网约车"吓"跑多名乘客

贾师傅是一名网约车司机，有一天他在接单时突然发现自己的车辆信息被篡改了。贾师傅的车原本是一辆红色的菲亚特，而在手机上司机客户端的车辆信息里，他的车一会变成劳斯莱斯，一会又变成兰博基尼，车牌号却是对的，如图 7-6 所示。

贾师傅说，车辆信息的错误常让匹配到的乘客十分费解，后来还是他打电话过去跟乘客解释了一番，对方才安心地乘坐了他的车。

贾师傅说，这件事情十分影响自己的接单量，自己被这样的恶作剧折腾得身心疲惫。好在事后贾师傅及时找到网约车平台公司更正了自己的信息，日常工作也恢复了正常。

【案例二】南京民警经数月侦察，成功破解诈骗团伙的新型诈骗手段

在南京市公安局刑侦局反通信网络诈骗大队里，经常有民警会浏览一些网站、论坛，寻找与网络诈骗有关的信息（见图 7-7）。民警在一个网站的论坛上发现了一个十分火爆的帖子，细看之后引起了民警的关注。

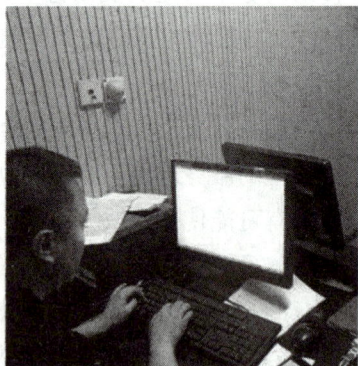

图 7-7 　民警寻找与网络诈骗有关的信息

发帖人表示，其银行卡账户里分批转出多笔巨款，累计达 40 万元。但自己的银行卡与自己的手机号码绑定，转账的话必须要输入手机收到的短信验证码，可自己的手机就在身边，也没有收到任何验证码短信。

一开始，按照该民警多年的办案经验，认为出现这样的情况，很可能是手机不慎中了木马病毒导致的。但发帖人称自己是专业的手机软件工程师，很肯定地表示自己的手机没有中过任何木马病毒。当民警将这一情况向刑侦局同志汇报后，他们表示，这很可能是一种新型诈骗手法，必须要搞清楚。

几个月后，警方通过侦查锁定修某、廖某为此案的重大嫌疑人，并迅速将其抓获。办案民警介绍，经过审查，修某交代自己通过廖某为其提供的技术设备窃取了受害者的银行信息并复制了手机卡，从而接收到银行的短信验证码，实现了上述骗局。办案民警提醒广大公民，在日常生活和使用手机时，一定要谨慎保管自身信息，绝不轻易泄露信息，尤其是银行卡、支付密码等涉及个人财产安全的信息。

**【案例三】不法分子用"手机分享网址无法直接查看域名"特征实施诈骗**

2017 年 6 月，国内首个警民联合的网络诈骗信息举报平台——猎网平台发布了一则安全播报，揭露了不法分子借用非法手机链接实施诈骗（见图 7-8）的新手段。

刘先生用手机上网浏览时看中了一款二手手机，商品特别注明了买家要通过某即时通信软件与卖家进行联系。刘先生添加对方后，经历了一番讨价还价，最终以 999 元的价格成交。但在付款时，卖家发来一个链接称，"价格修改好了，你点这个链接付款就可以了。"刘先生点开链接后发现并无异常，没有多想就付了款。之后，刘先生被卖家拉黑，且付款页面再也打不开，才意识到自己受骗了。

图 7-8　非法手机链接

安全专家指出，骗子利用手机浏览器打开的页面无法查看网址的特征实施诈骗，由于打开的页面与交易网站几乎一模一样，一般买家很难察觉异常。

为避免上当受骗，安全专家提示网民，网购时尽量通过官方渠道联系卖家，支付过程中也要选择正规的第三方支付平台，不要轻信陌生人发来的支付链接。

**步骤 2**　试着以书面形式指出以上 3 个案例分别属于哪一种安全威胁。通过这些案例，总结一些保护移动电子商务安全方面的经验。

## 任务二　了解移动电子商务安全管理

### 任务情景

周大铭在了解了移动电子商务安全所面临的主要威胁后，认识到进行移动电子商务安全管理、保护移动终端的安全、防范手机病毒的重要性。

特别是最近冒出来的手机勒索病毒，让他意识到威胁已经近在眼前。本任务就通过撰写一份防治手机勒索病毒的计划书，来学习和移动电子商务安全管理相关的知识。

### 知识链接

在移动环境下开展电子商务活动，客户、商家、银行、移动运营商等诸多参与者都会担心自己的利益是否能够得到保障。因此，国际组织、各国政府及 IT 业界人士都在致力于构建出安全问题的解决方案，期望逐步把移动电子商务的环境变得有序、可信、安全。只有保证了移动电子商务安全，才能保证移动电子商务健康、迅速地发展。

## 一、移动电子商务的安全需求

在移动电子商务中，任何与交易有关的信息都是通过互联网络交换的，都有可能被监听、篡改、冒名使用或交易后否认。移动电子商务的安全应能确保双方的合法权益不受非法入侵者的侵害，并满足以下安全需求。

### （一）认证性需求

认证是指对交易主体进行身份识别，当入侵者篡改信息、重发消息、故意发送错误信息，以及消息不全或网络数据丢失时，不会导致任意一方资金或产品的损失。认证是最重要的安全保证手段之一，是分布式网络系统中主体进行身份识别的过程。发送方与接收方共享一个密钥，通过对拥有此秘钥的验证，交易主体可建立对另一参与方的信任。

### （二）私密性需求

私密性是指保证私有交易重要信息不能被其他人截获并读取，没有人能够通过拦截会话数据获得账户信息，同时还要满足订单和支付信息的保密性。要求在一次交易过程中，入侵者很难解密消息并获取重要信息（订单、账户消息）。

### （三）完整性需求

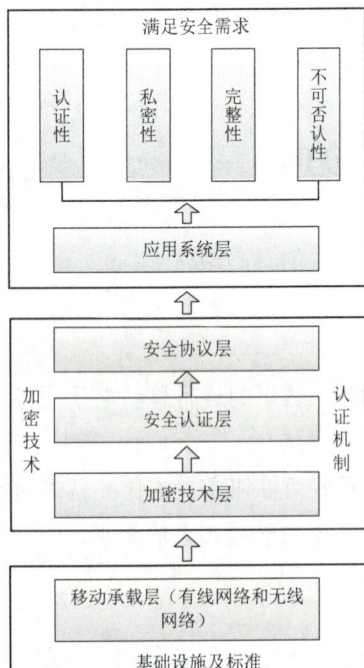

图 7-9　移动电子商务安全技术体系

数据完整性是指利用信息校验等手段保证数据在整个交易过程中没有被修改，接收方所接收的消息正是发送方发送的消息，即保护信息的完整性，或可以发现信息的变化，防止信息的替换。

### （四）不可否认性需求

不可否认性是指信息的发送方不能否认已发送的信息，接收方不能否认已收到的信息。满足不可否认性需求的目的在于通过信息主体提供对方参与协议交换的证据来保证自身合法利益不受侵害，即协议主体必须对自己的合法行为负责，对整个交易过程的指令和活动不得抵赖。

## 二、移动电子商务的安全技术

无论是终端还是网络，移动电子商务的各个层次都存在很多安全风险，必须从系统的角度考虑移动电子商务的安全。中国移动通信研发中心将移动电子商务安全技术体系分为移动承载层、加密技术层、安全认证层、安全协议层和应用系统层，如图 7-9 所示。

在图 7-9 的层次结构中，下层是上层的基础，为上层提供技术支持；上层是下层的扩展与递进。各层之间互相关联成为统一整体，以确保移动电子商务系统的安全。

移动电子商务系统是依赖移动网络和 Internet 实现的商务系统，需要利用 Internet 的基础设施和标准，所以构成移动电子商务安全框架的底层是移动承载层，包括有线网络和无线网络，它是提供信息传送的载体和用户接入的手段，是各种移动商务应用系统的基础，为移动电子商务系统提供了基本、灵活的网络服务。

为确保移动商务系统的全面安全，必须建立完善的加密技术和认证机制。在图 7-9 的安全框架体系中，加密技术层、安全认证层和安全协议层是为电子交易数据安全而构建的。其中，安全协议层是加密技术层和安全认证层的安全技术的综合运用和完善。下面就加密技术层、安全认证层、安全协议层所使用的部分技术进行简单介绍。

### （一）完整性保护技术

完整性保护技术用于提供消息认证的安全机制。通常情况下，完整性保护技术是通过数字摘要技术来实现的。数字摘要技术就是利用一个带密钥的 Hash 函数对消息进行计算，产生消息认证码，并将它和消息捆绑在一起传给接收方。接收方在收到消息后首先计算消息认证码，并将重新计算的消息认证码与接收到的消息认证码进行比较。如果它们相等，则接收方就认为消息没有被篡改；如果它们不相等，则接收方就知道消息在传输过程中被篡改。信息摘要技术的原理如图 7-10 所示。

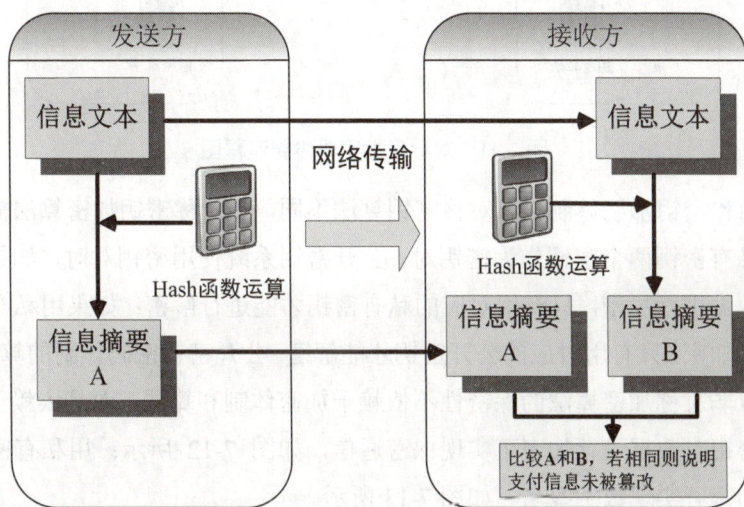

图 7-10　信息摘要的原理

### （二）认证性和私密性保护技术

认证性保护技术用来确认某一实体所声称的身份，以防假冒。在移动电子商务中，交易信息通过无线网络转发，在传输过程中可能产生一定的延迟，需要通过鉴别数据源来确认交易信息的真正来源。私密性保护技术是为了防止敏感数据泄漏给那些未经授权的实体。这两种情况都需要使用加密技术对信息进行加密。

对传输信息进行加密是实现网络信息认证性和私密性的核心手段之一。现在广泛使用的是对位进行变换的密码算法，这些算法按密钥管理的方式可以分为对称密钥加密体制与非对称密钥加密体制两大类。

➢ **对称密钥加密体制**：对称密钥加密体制是文件加密和解密使用相同的密钥，即加密密钥也可以作为解密密钥。对称密钥使用起来简单快捷，密钥较短且破译困难，但这种算法需要信使或私密信道来传送密钥，密钥的传送和管理比较困难，因此这种算法的安全性依赖于密钥的传送和管理。对称密钥加密体制的加密和解密过程如图 7-11 所示。

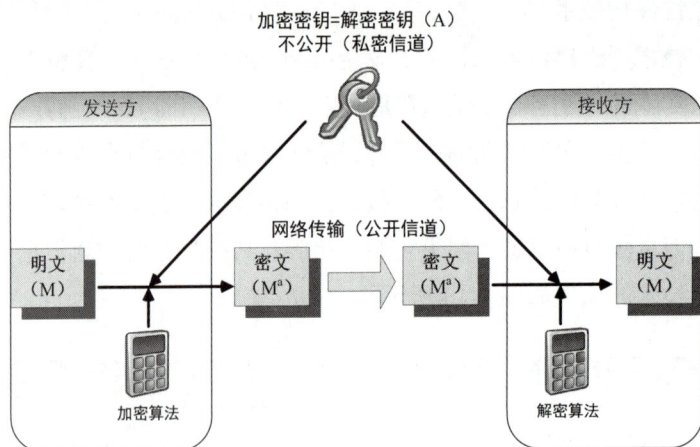

图 7-11　对称密匙密码体制流程图

➢ **非对称密钥加密体制**：与对称密钥算法不同，非对称密钥加密算法需要公开密钥和私有密钥两个密钥作为密钥对。公开密钥系统使用密钥对时，如果用公开密钥对数据进行加密，只有用对应的私有密钥才能进行解密；如果用私有密钥对数据进行加密，只有用对应的公开密钥才能解密。公开密钥密码体制的算法是公开的，所以非对称加密算法的保密性不依赖于加密体制和算法，而是依赖于密钥。用公开密钥对数据进行加密可实现保密通信，如图 7-12 所示；用私有密钥对数据进行加密可实现数字签名，如图 7-13 所示。

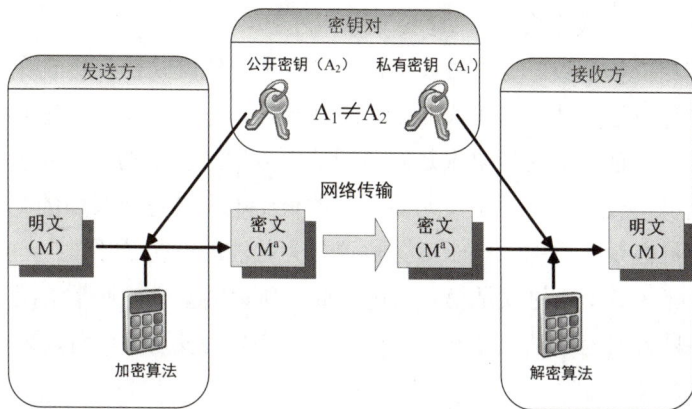

图 7-12 公开密钥对数据进行加密可实现保密通信

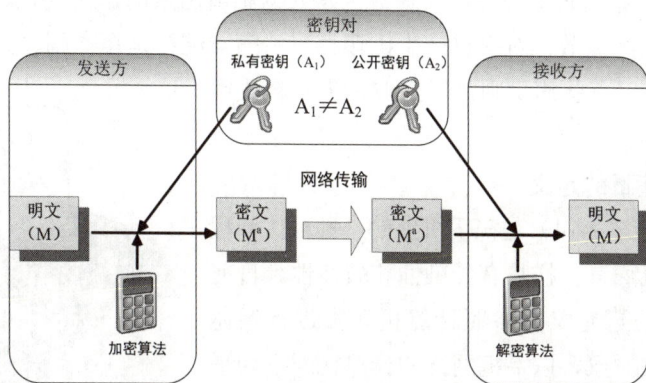

图 7-13 用私有密钥对数据进行加密可实现数字签名

### （三）抗抵赖技术

抗抵赖技术是为了防止恶意主体事后否认所发生的事实或行为，要解决此问题，必须在每一事件发生时，留下关于该事件不可否认的证据。当出现纠纷时，可由可信第三方验证这些留下的证据，这些证据必须具有不可伪造或防篡改的特点。通常，不可否认证据是由发送者使用数字证书技术产生的。

### （四）安全协议

安全协议是以加密技术为基础的消息交换协议，目的是在网络环境中提供各种安全服务，其安全目标是多种多样的。例如，认证协议的目标是认证参加协议的主体的身份，许多认证协议还有一个附加的目标，即在主体之间安全地分配密钥或其他内容。

在网络通信中最常用的、最基本的安全协议按照其目的可以分成以下几类：

➢ **密钥交换协议**：这类协议用于完成会话密钥的建立，一般情况下是在参与协议的两个或多个实体之间建立共享的秘密，如用于一次通信的会话密钥。

➢ **认证协议**：包括身份认证协议、消息认证协议、数据源认证协议等，用来防止假冒、篡改和否认等攻击。

> **认证密钥交换协议**：这类协议将认证协议和密钥交换协议结合在一起，先对通信实体的身份进行认证，在认证成功的基础上，为下一步安全通信分配所使用的会话密钥。认证密钥交换协议是网络通信中应用最普遍的一种安全协议。

> **电子商务协议**：与上述协议明显不同的是，电子商务协议中的主体是交易双方，其利益目标是矛盾的。电子商务协议最为关注的就是公平性。

一般来说，前3类安全协议是第4类电子商务协议的基础。通常情况下，在移动电子商务交易中并不只采取上述某一种安全协议来保证交易的安全性，而是采取其中两个或多个协议的组合。

### 三、手机病毒

手机病毒和计算机病毒一样，大多数也是人为制造出来的，"手机黑客"炮制"作品"后，让其在手机之间扩散，对手机产生破坏，有些病毒纯粹是恶作剧，如让手机不断出现某种怪异的铃声。但有些病毒则是以窃取机密资料或银行账号信息为目的。

#### （一）手机病毒的定义

手机病毒（见图 7-14）是在手机上的一种可执行程序，和其他计算机病毒一样具有传染性和破坏性。目前普遍认可的手机病毒定义是参照计算机病毒进行阐述的：以手机为感染对象，以手机网络和计算机网络为平台，通过发送病毒短信、彩信、电子邮件、浏览网站、下载铃声等形式攻击手机，破坏手机功能或者破坏数据，造成手机状态异常，影响手机正常使用的一种新型病毒。

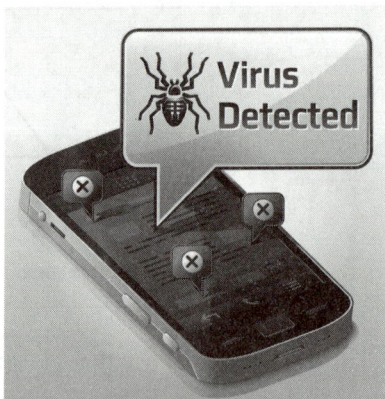

图 7-14　手机病毒

#### （二）手机病毒的危害

图 7-15　手机泄密

#### 1．对手机终端的危害

随着移动宽带网的发展，手机涉及的功能和范围也越来越广，包括各种付费业务及手机银行等安全性要求较高的业务，因此手机病毒一旦爆发，会给人们带来很大的影响和损失。目前的手机病毒对终端的影响主要包括以下几个方面：

> **攻击硬件**：消耗手机内存或修改手机系统设置，导致手机无法正常工作。

> **窃取信息**：窃取手机上保存的机密数据（见图 7-15），或修改、删除和插入移动终端中的数据，破坏数据的真实性和

完整性。随着智能手机逐渐普及，越来越多的人把手机作为存储个人信息的重要载体，使其不可避免地成为黑客的攻击对象。

➤ **恶意利用**：中毒后的手机登录 QQ 号、微信号、游戏号等，会自动散播一些不良的信息和图片，甚至会乱发病毒给 QQ 好友。黑客盗取 QQ 等社交账号后还会群发诈骗信息和虚假广告给好友。

### 2. 对移动网络的危害

手机病毒也会像计算机病毒一样，向整个网络发起攻击，攻击类型主要分为以下两种：

➤ **攻击和控制通信"网关"**：致使手机通信网络运行瘫痪。手机通信网中的"网关"是有线网络与无线网络间的联系纽带，作用就像互联网中的网关和路由器等设备。手机病毒可以利用网关漏洞对手机网络进行攻击，使手机不能正常工作。

➤ **攻击 WAP 服务器**：随着移动通信技术的发展，手机病毒会利用手机的各种方式发起对移动网络的攻击，利用通信协议中的漏洞攻击网络，通过发送大量的垃圾数据和消耗无线资源，使正常业务被拒绝。

### （三）手机病毒的防治

防范手机病毒带来的危害，需要手机用户、移动通信运营商、手机制造商和安全软件生产商多方的共同努力。

### 1. 手机用户

作为手机用户要提高安全防范意识，可以从以下几个方面来预防手机病毒：

（1）留意一些乱码电话、未知短信和彩信等手机异常情况。不要从未知来源下载应用和信息等。

（2）目前手机交换数据的主要方式包括数据线、（见图 7-16）存储卡、红外线、蓝牙和 Wi-Fi 等。用户使用时需要注意保障数据来源的安全性。

➤ **数据线和存储卡**：属于接触性传输，需要确保接触源的安全性，不要在不安全的接口使用数据线和存储卡，以免交叉感染。

➤ **红外线**：属于短距离传输，如果不常用这些连接，应尽量保持关闭状态。此外，还需要注意

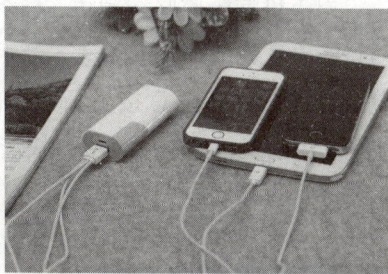
图 7-16　移动端数据线

数据来源的可信性，不接受未知的连接请求，不要随意打开未知文件、图片和应用等。

➤ **蓝牙和 Wi-Fi**：拥有保护措施，可以有效防范未授权的数据进入手机，如蓝牙可以设置连接认证的 PIN 码，Wi-Fi 可以设置更复杂的访问密码。

（3）安装手机杀毒软件或手机卫士。及时更新病毒库和诈骗号码数据库，通过手机卫士等 App 防范手机病毒或诈骗来电。

### 2．移动通信运营商

由于手机病毒的传播必须依靠网络，因此手机的杀毒重点应放在网络层面，最直接有效的办法就是让网络运营商进行网络杀毒。国内反病毒专家认为，手机防病毒应该由网络运营商牵头，如果缺少网络运营商的防御环节，仅有防病毒厂商和手机终端厂商防御，则仍然存在安全隐患，属于治标不治本。

### 3．手机制造商

手机制造商可以做的防御工作主要包括：

（1）可以为用户提供手机固件或操作系统的升级服务，通过对漏洞的修补来提高防范病毒的能力。

（2）通过系统对第三方软件进行认证的方式来提高安全性。

（3）手机在出厂之前，在内部捆绑反病毒软件，为用户提供最基本的安全服务。

### 4．安全软件生产商

安全软件生产商可以做的防御工作包括：

（1）结合手机的特点，推出更有效的手机反病毒软件，能针对手机进行全面快速的病毒扫描和准确的实时监控，保护用户的智能手机及所存储数据的安全。

（2）将存储卡或手机直接与个人计算机相连，利用个人计算机上的杀毒软件进行查杀操作。优点是个人计算机上的杀毒软件功能全面，查杀能力强，可以彻底、完全地清除系统内的病毒；缺点是不能实时查杀。

（3）提供无线网络在线杀毒，能够较好地做到杀毒能力和实时查杀的兼顾。

对手机病毒应坚持预防、查杀相结合的原则。不随意查看乱码短信，不随意下载手机软件，不随意浏览危险网站，不随意接受陌生人的红外和蓝牙请求等。一旦手机感染病毒，应尽快选择专业权威的杀毒软件进行查杀（见图7-17）。

图 7-17　手机卫士应用

## 任务实施　　撰写一份防治手机病毒的计划书

**步骤 1**　阅读下面一则新闻。

### 勒索病毒卷土重来　威胁几乎所有安卓平台手机

2017年5月12日，"勒索病毒"肆虐全球。感染上这个病毒之后，如果电脑用户不向黑客支付一定的赎金，你电脑中的文件将全部消失。据悉，目前，国内多家网络公司已经给出为感染勒索病毒的文件进行解密的方案，大多数文件可以通过杀毒软件进行恢复。正当大家觉得这会儿可以松一口气了，且慢！勒索病毒又蔓延到了手机上（见图7-18）。

近日，针对手机安卓系统用户的勒索木马病毒在国内网络出现，这是国内第一款"文件加密型"手机勒索病毒，用户一旦中招，手机内照片等文件将被加密无法打开。

这款手机勒索病毒伪装成手游"王者荣耀"辅助工具或者"千变语音秀"等软件，通过PC端和手机端的社交平台、游戏群等渠道进行传播扩散。用户手机一旦感染病毒，病毒将加密手机内的照片和下载目录里的文件，并跳出弹窗，称只有支付赎金才能帮助解密。

**步骤2**　以书面的形式，谈谈手机用户、移动通信运营商、手机制造商和安全软件生产商分别应该如何行动，来共同应对手机勒索病毒的威胁。

**步骤3**　老师对计划书进行点评。

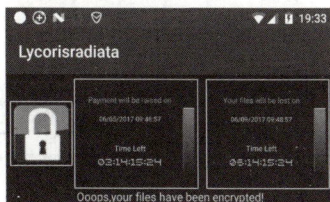

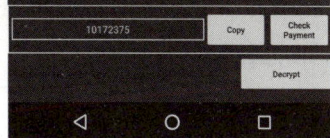

图7-18　手机勒索病毒

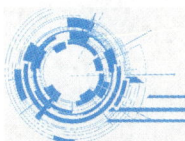

# 项目小结

本项目介绍了移动电子商务所面临的安全威胁，以及移动电子商务的4个主要安全需求。移动电子商务安全技术是实现移动电子商务安全需求的核心，它是一个以移动承载层、加密技术层、安全认证层、安全协议层和应用系统层所构建成的安全技术体系。在这个安全技术体系中，各种加密技术、认证技术和安全协议共同保障着移动电子商务的安全。

手机是目前应用最广的移动终端，手机病毒则是严重威胁移动终端安全和网络安全的最大"敌人"。防范手机病毒带来的危害，需要手机用户、移动通信运营商、手机制造商和安全软件生产商多方的共同努力。

# 就业连线

## 岗位介绍：广告销售（移动互联网方向）

### 【岗位职责】

1. 负责移动互联网商务合作拓展及合作伙伴的关系维护。
2. 负责与合作伙伴沟通洽谈与合作跟进。
3. 负责商务合作项目的内部资源整合及对外谈判。
4. 负责客户的广告投放，控制好投放产品效果。

### 【岗位要求】

1. 熟悉手机游戏和应用，曾经在广告公司、广告平台联盟或移动应用市场任职。
2. 形象好、气质佳。
3. 具有较强的沟通能力、分析能力、执行能力。
4. 有一定的互联网客户资源者优先。
5. 有一定的互联网圈内媒体资源者优先。
6. 性格活泼外向，做事踏实努力，目标性强。

## 项目实训　使用 360 手机卫士上的各种安全工具

### 项目背景

360 手机卫士是一款绿色、安全、免费、好用的手机防火墙软件，集防垃圾短信和骚扰电话、防隐私泄漏、归属地显示以，及病毒查杀等多种功能于一身。它不仅可以过滤短信、彩信、闪信、PUSH 信息和 Wap 书签，并且可以智能拒绝来电，拥有来去电号码的归属地及手机通信记录中陌生号码归属地的显示功能。

## 实训目的

通过体验360手机卫士的手机安全管理功能，掌握利用手机卫士进行安全管理的方法。

## 实训内容

### 一、防盗功能的使用

360手机卫士通过换卡短信通知、远程删除数据、追踪手机位置、遥控响警报音、远程锁定手机几大功能帮助用户在手机丢失后搜集线索，远程控制手机，将损失降至最低。

**步骤1** 以安卓手机为例。进入360手机卫士App，主界面如图7-19所示。

**步骤2** 开启防盗保护。点击360手机卫士首页底部的"工具箱"按钮进入"我的工具"。点击"更多工具"按钮。在"未添加"栏目下寻找并添加"手机防盗"功能，如图7-20所示。然后打开"手机防盗"界面，如图7-21所示。

图7-19　360手机卫士　　　　图7-20　"我的工具"界面　　　　图7-21　"手机防盗"界面

**步骤3** 点击"开启防盗"按钮。在跳转的页面中设置安全密码。然后为本手机再设置一个安全手机号码。若手机被盗，则可以通过安全号码进行相关操作。安全号码有以下用途：

（1）当丢失手机的 SIM 卡被更换时，会自动向设置的"安全号码"发送通知短信，从而获取盗贼的手机号码。

（2）若不慎忘记防盗密码，可以用任意手机发送"mima#安全号码"到被盗手机，新密码将发送到"安全手机"的手机上。

（3）任意手机发送指定短信指令"suoding#防盗密码"到被盗手机，被盗手机将被锁定，若有人连续两次输入错误密码，则将拍下其照片，并发送至"安全号码"的手机上。

（4）远程控制。开启防盗保护后，若手机丢失，则可以用任意手机发送指定短信指令到被盗手机当前使用的号码，进行远程控制。其中，将"追踪手机位置"的相关指令发到被盗手机后，发送指令的手机会收到一条短信，短信中包含被盗手机的地理位置信息，点击地址链接，即可查看地图上的定位位置。

### 二、欺诈拦截功能的使用

**步骤 1** 返回 360 手机卫士首页，打开"欺诈拦截"工具。如图 7-22 所示。

**步骤 2** 点击"诈骗鉴定"按钮，对本书配套素材"素材与实例" > "项目七" > "项目实训"中的文件"诈骗鉴定.txt"中提供的信息进行逐一鉴定，如图 7-23 所示。

**步骤 3** 点击"我要举报"按钮，对鉴定出来的诈骗信息进行举报，如图 7-24 所示。

图 7-22　打开"欺诈拦截"工具　　　图 7-23　诈骗鉴定　　　图 7-24　举报诈骗

### 三、病毒查杀功能的使用

**步骤 1** 返回 360 手机卫士首页，打开"手机杀毒"工具，如图 7-25 所示。

**步骤 2** 对手机进行一次"快速扫描"，如图 7-26 所示。

**步骤 3**　扫描完毕后下载并安装 360 手机急救箱。使用 360 手机急救箱对手机进行"顽固木马""恶意广告""网银木马" 3 个方面的检测，如图 7-27 所示。

图 7-25　打开"手机杀毒"工具　　　图 7-26　扫描手机　　　图 7-27　查杀木马和恶意广告

## 四、隐私保护功能的使用

在日常手机使用中，会产生大量的个人隐私信息。"隐私空间"是 360 手机卫士为手机用户提供的个人隐私信息安全防护功能。包括两大核心模块：隐私通讯录和程序锁。

**步骤 1**　设置隐私保护密码（必须填写），该密码是进入隐私空间的唯一凭证。每次进入隐私空间均需要输入。

**步骤 2**　隐私保护密码设置完成后，就可以通过设置隐私通讯录和程序锁将自己的通讯录和不希望他人打开的隐私 App 保护起来。

## 五、其他功能的使用

除了以上几项功能，"浏览监控""手机备份""安全扫码"等安全防护功能也有较强的实用性，可以根据需求一一进行体验试用。

## 课后习题

### 一、选择题

1. 以下不属于移动电子商务安全所面临的主要威胁的是（　　）。
   A. 无线窃听　　　　　　　　B. 身份冒充
   C. 业务抵赖　　　　　　　　D. 设备易损

2. 移动电子商务安全需求中的不可否认性需求是指（　　）。
   A. 对交易主体进行身份识别
   B. 交易信息不能被其他人截获并读取
   C. 双方不能否认已发送或已收到信息
   D. 保证交易数据没有被修改

3. 手机病毒是在手机上的一种（　　）。
   A. 可执行程序　　B. App　　C. 图片　　D. 视频

4. 以下对安全协议层、加密技术层和安全认证层的安全技术表述正确的是（　　）。
   A. 安全协议层是加密技术层和安全认证层的安全技术的综合运用和完善
   B. 加密技术层是安全协议层和安全认证层的安全技术的综合运用和完善
   C. 安全认证层是加密技术层和安全协议层的安全技术的综合运用和完善
   D. 安全协议层、加密技术层、安全认证层是并列的关系

5. 没有再认证机制的交易和连接的重新建立是（　　）。
   A. 安全的　　　B. 危险的　　C. 无所谓的　　D. 不存在的

### 二、填空题

1. 移动电子商务的安全需求包括_____、_____、_____、_____。

2. _____和_____属于接触性传输，需要确保接触源的安全性，不要在不安全的接口使用数据线和存储卡，以免交叉感染。

3. 对手机病毒应坚持_____、_____相结合的原则。

### 三、思考题

1. 在无线网络中，移动电子商务所面临的主要威胁有哪些？
2. 试说明移动电子商务安全技术体系所包含的内容。

# 参 考 文 献

[1] 陈月波.移动电子商务实务［M］. 北京：中国人民大学出版社，2016.

[2] 王忠元.移动电子商务［M］. 北京：机械工业出版社，2015.

[3] 林勇.移动电子商务及应用［M］. 西安：西安电子科技大学出版社，2016.

[4] 容湘萍，肖学华.移动电子商务［M］. 重庆：重庆大学出版社，2016.

[5] 秦成德.移动电子商务［M］. 重庆：重庆大学出版社，2016.

[6] 陈建忠，赵世明.移动电子商务基础与实务［M］. 北京：人民邮电出版社，2016.

[7] 权金娟.移动电子商务［M］. 北京：清华大学出版社，2016.

[8] 海天电商金融研究中心.一本书读懂 LBS 位置服务［M］. 北京：清华大学出版社，2016.